차이나 크라이시스

CHINA CRISIS

차이나 크라이시스

– 돌아온 트럼프, 위기의 중국

인쇄 1쇄 인쇄 2025년 1월 5일
발행 1쇄 발행 2025년 1월 15일

지은이 | 오세균
펴낸이 | 김태화
펴낸곳 | 파라북스
기획편집 | 전지영
디자인 | 김현제

등록번호 | 제313-2004-000003호
등록일자 | 2004년 1월 7일
주소 | 서울특별시 마포구 와우산로29가길 83 (서교동)
전화 | 02) 322-5353 팩스 | 070) 4103-5353

ISBN 979-11-88509-84-3 (03320)

* 값은 표지 뒷면에 있습니다.

차이나 크라이시스
CHINA CRISIS

돌아온 트럼프, 위기의 중국

돌아온 트럼프는 '레드 스윕'을 등에 업고 더욱 강해졌다. 미국과 중국 간의 '차가운 평화'의 시대가 다가오고 있다. 미국 기업의 공급망을 중국에서 분리하는 경제적 디커플링은 더 강해질 것이고 남중국해와 타이완에서 군사적 경쟁과 긴장이 더욱 높아질 가능성이 크다. 과거 냉전 시기 소련 포위전략을 연상시키는 '중국 포위'는 더욱 공고해질 것이다. 중국이 핵심이익이라고 말하는 모든 분야에서 미국과 충돌할 것이다. 전선이 넓어지면 그만큼 충돌의 위험은 커진다. 이 상황에서 중국은 맞설 것이냐 아니면 백기를 들 것이냐의 양자택일의 기로에 설 것이다.

오세균 지음

파라북스

2020년 1월, 중국을 다시 찾았을 때는 코로나19가 막 시작하면서 중국의 사정은 다급했다. 도시는 텅 비었고 버스는 운행을 멈췄다. 식당은 문을 닫았고 서민의 발인 택시는 두려움의 대상이 되었다. 지나가는 행인의 기침소리에 화들짝 놀라고 마스크를 쓰지 않는 사람은 신고 대상이 됐다. 춘롄春联과 홍등红灯으로 치장하는 춘절春节의 설렘은 사라지고 "중국 파이팅中国 加油!"과 "우한 힘내라武汉 加油!"고 쓰인 빨간 네온사인이 도심의 적막감을 더했다. 그렇게 시작된 코로나19는 미증유未曾有의 도심 봉쇄로 이어졌고, 금방 끝날 것 같았던 일상은 3년이 흐른 뒤에야 정상을 찾았다. 3년간의 통제 생활은 중국을 다시 보게 된 계기가 되었고, 추락하는 중국의 변화를 실감했다.

코로나19 발생 초기인 2020년 3월, 코로나바이러스가 창궐한 우한에서 탈출 행렬이 이어질 때 우한武漢으로 달려간 이들이 있었다. 바로 의료진이다. 코로나19가 맹위를 떨칠 때 전 중국에서 4만여 명의 의료진이 우한을 비롯한 후베이湖北로 달려가 치명적인 전염병과 힘겨운 일전을 치렀다. 당시만 해도 무슨 일이 닥칠지, 얼마나 위험할지 아무도 예상할 수 없는 극한의 상황에서 그들은 가족을 뒤로하고 음지로 향했다. 단지 의사라는 이유로, 간호사라는 이름 때문이다. 얼마나 급했던지 비행기 탑승권에 이름도 없는 티켓을 쥐고 우한행 비행기에 올랐다. 이들 때문에 당시 유행어가 생겨났다. 바로 '니싱저逆行者'다. 우리말로 하면 '역행자'이지만 중국에서는 모두가 위험하다고 피하는 곳을 거꾸로 달려가는 사람을 뜻하는 말이다. '착한 사마리아인'인 셈이다.

중국 화북지방의 물 부족을 해결하겠다며 1,467km에 달하는 물길을 연 '남수북조南水北調' 사업이나 총길이 55km의 세계에서 가장 긴 해상 다리인 '강주아오 대교港珠澳大橋'를 보면 입이 딱 벌어진다. 창어嫦娥 4호는 세계 최초로 달 뒷면에 착륙했고, 톈원天問 1호는 화성에 탐사선을 착륙시켰다. 그물망처럼 촘촘하게 연결된 고속철도 네트워크는 세계에서 가장 긴 4만km에 달한다. 인공지능AI과 5G 기술도 세계에서 미국과 선두 경쟁을 벌이고 있다.

하지만 중국의 이런 수많은 장점을 블랙홀처럼 빨아들이는 것이 있다. 바로 '오만'이다. 중국인의 기질을 두고 하는 표현 중에 '후흑'이라는 말이 있다. '면후흑심面厚黑心'의 준말이다. 권력과 정치적 성공을 위해서는 '얼굴은 두껍게厚' 하고 '마음은 검게黑' 해야 한다는 중국의 정치학자 리쭝우李宗吾의 이론이다. 중국은 국제사회에서도 이런 후흑한 면을 자주 드러내 주변국을 불편하게 한다. 남중국해와 국경 영토 문제로 인근 국가와 끊임없이 다투고 있고 타이완은 말만 꺼내도 보복한다. 중국의 이런 태도에는 청나라 때와 마찬가지로 대국관大國觀이 자리 잡고 있기 때문이다. 중화사상中华思想을 바탕으로 자국을 세계의 중심으로 여기고 주변국을 번국藩國 혹은 조공국으로 낮게 보는 태도이다. 이는 시진핑 정부에도 그대로 이어지고 있다. 중국은 자국을 대국으로 칭하는 것을 공식적인 외교 및 국내 담론에서 자주 사용하고 있다. 하지만 이런 자세는 국제사회에서 자신을 외톨이로 만들 뿐이다. 세상에 선한 영향력이 아닌 힘을 바탕으로 하는 무도한 영향력 확대는 국제사회에서 반발과 질시를 일으킨다.

이 책은 중국이 '슈퍼 차이나'로 등극하며 G2로 위상을 구가하다가 코로나를 거치며 '피크 차이나'로 몰락하는 장면을 그리고 있다. 거기에는 권력 집중, 부의 불평등, 경기 침체, 신냉전 초래 등 중국이 안고 있는 내·외부 문제가 모두 망라됐다. 중국 현지에서 보낸 특파원 생활 7년을 포함해 지난 10년간의 기록이다.

이 책은 전 중국을 다니며 발로 써 내려간 행적의 기록이자 견문록이다. 학문적 성과물이 아니기 때문에 통계와 인용은 최소화했다. 따라서 데이터 자체보다도 경향성에 집중했으면 한다. 사실 중국의 데이터를 어디까지 믿어야 하나 하는 의문도 있다. 중국에는 사업가라면 대개 3개의 장부를 작성한다는 말이 있다. "하나는 은행 제출용이고, 하나는 세무 당국 제출용, 그리고 정확한 하나는 자기가 보는 것이다." 지금의 데이터는 이후 세대가 정리할 것이라고 기대한다.

동북 지방을 6개월 돌고도 《열하일기》라는 대작을 쓴 연암 박지원 선생을 생각할 때, 긴 시간 중국에 머물 수 있었던 행운을 누리고도 흔적 하나 남기지 않는다는 것 또한 부끄러운 일이다. 이 책은 앞으로도 우리 후세와 함께할 이웃에 관한 이야기이다. 이 시기를 생각하며 후배들이 우리나라의 운명과 갈 방향에 대해 고민할 때 조금이나마 도움이 되길 바라는 마음뿐이다. 우리는 미래를 궁금해한다. 그러나 과거를 돌아보지 않고서는 앞을 가늠할 수 없다. 중국의 미래도 우리의 미래도 지금까지 밟아온 시간 위에 펼쳐지는 것이기에, 우리는 지나간 일들을 되새기며 현주소를 찾아야 한다. 그것이 미래로 나가는 발판이 되기 때문이다.

끝으로 이 책이 나오도록 인도하신 하나님께 감사하며 원고를 한눈에 알아봐 준 파라북스 김태화 대표님을 비롯한 편집진께 감사의 마음을 전한다. 원고를 꼼꼼하게 챙겨준 아내에게도 고마움을 전한다.

CHINA CRISIS

01

서문

대척점에 서다

'흑묘백묘'를 버린
시진핑의 야망

중국 '개혁개방의 총설계사' 덩샤오핑鄧小平의 고향은 쓰촨四川성 광안廣安시 외곽에 있는 세싱協興진 파이팡牌坊촌이다. 중국의 4대 직할시 중 하나인 충칭重慶에서 북쪽으로 150km 정도 떨어져 있다. 지금은 고속도로가 뚫리고 철도도 놓아 교통이 편리해졌지만, 예전에는 마을을 휘감고 흐르는 '취강渠江'에 배를 띄워 충칭을 다녀야 했다. 벽촌이었던 이곳이 전국적으로 유명해진 까닭은 순전히 덩샤오핑 생가가 있기 때문이다. 덩샤오핑 생가는 지금 '덩샤오핑 고향 유적 관광지鄧小平故里旅游区'로 단장되었다. 지난 2001년 7월 '국가중점문물'로 지정된 생가는 전형적인 배산임수背山臨水의 삼합원三合院 형식으로 지어졌다. 'ㄷ'자 모양에 청기와를 얹은 서향집 뒤로는 대나무 숲이 우거져 있고 집 앞에는 작은 호수가 있다.

생가 정중앙 처마에는 장쩌민江澤民 전 주석이 쓴 '덩샤오핑 동지 고거' 편액이 걸려 있다. 그는 이 집에서 태어나고 15살 유학을 떠나기 전까지 어린 시절을 보냈다. 생가에는 덩샤오핑이 쓰던 전통적인 나무 침대와 책상이 잘 보존돼 있다. 이곳에서 만난 관람객들은

쓰촨성 광안에 있는 덩샤오핑 생가 전경

하나같이 덩샤오핑에 대한 존경심을 나타냈다. 한 관람객은 문화대
혁명 이후 중국은 긴 시간 가난과 쇠잔함에 시달렸지만, 그가 주창
한 개혁개방으로 중국은 점점 강해졌고 지금은 세계 강대국 중 하
나가 되었다며 자랑스럽게 말했다. 생가를 찾는 관광객 중에는 선
전과 광저우 등 동부 연안 개발지역 주민들이 가장 많다고 한다. 덩
샤오핑의 개혁개방으로 큰 혜택을 받았다고 믿기 때문이다.

　생가 부근에 세워진 박물관 격인 기념관은 덩샤오핑의 파란만
장한 삶의 궤적을 담았다. 역사적인 중국의 개혁개방 노선을 선언한
1978년 중국공산당 제11기 중앙위원회 3차 전체 회의11기 3중전회 회
의장과 1981년 허베이河北성 스자좡石家庄에서 열린 인민해방군 사열
당시 덩샤오핑이 탄 '훙치'는 옛 주인을 잃었지만, 위용은 예전 그대

유명 화가 천롄타오(陳蓮濤)가 덩샤오핑에게 선물한 〈쌍묘도(双猫图)〉. 흑묘백묘론과 관련돼 덩샤오핑이 사무실에 오랫동안 애장했다. 현재 쓰촨성 광안의 덩샤오핑 기념관이 소장하고 있다.

로다. 특히 덩샤오핑이 평소 가장 아끼던 '흑묘백묘 화〈쌍묘도〉'는 그의 실용주의 사상을 잘 느낄 수 있다. 흑묘백묘론黑猫白猫论은 '검은 고양이든 흰 고양이든 쥐만 잘 잡으면 좋은 고양이'라는 '부관흑묘백묘 능착노서적취시호묘不管黑猫白猫 能捉老鼠的就是好猫'의 줄임말로, 1970년대 말부터 덩샤오핑이 취한 중국의 실용주의 경제정책을 말한다. 예로부터 덩샤오핑의 고향인 쓰촨四川은 '천부지국天府之国'으로 불렸다. 하천이 많고 땅이 비옥해 농사짓기에 제격이었기 때문이다. 그래서 농민들은 곡식을 지키기 위해 고양이를 키워 쥐를 잡았다. 여기서 유래한 말이 '흑묘백묘'이다. 덩샤오핑의 실용주의 사상에도 어릴 적 이곳에서 보고 배운 삶의 지혜가 담겨 있다.

덩샤오핑 추모관에는 생전 집무실과 방을 그대로 재현해 놓았

위는 1988년 김대중 전 대통령이 덩샤오핑에 선물한 친필 휘호. 서산대사의 시로 "눈길을 걸을 때 함부로 밟지 마라. 내가 걷는 발자국이 뒤에 오는 이의 길잡이가 되리니."라는 뜻이다. 아래는 1961년 7월 김일성이 덩샤오핑에 선물한 자개함.

다. 창틀까지 떼어다 그대로 옮겨 놓았다. 이곳에는 덩샤오핑이 해외 국빈으로부터 받은 선물도 전시돼 있는데 특별히 눈길을 끄는 것은 1961년 7월 김일성에게 받은 자개함과 1988년 김대중 전 대통령이 친필로 써 준 휘호다. 김 전 대통령은 서산대사의 시 "눈길을 걸을 때 함부로 밟지 마라. 내가 걷는 발자국이 뒤에 오는 이의 길잡이가 될 것임을 명심하라."를 붓글씨로 썼다. 위아래로 전시된 남북 정상의 선물이 추모관에서 묘한 대조를 이룬다.

덩샤오핑의 동상도 고향 생가에 세워진 것보다 선전深圳 롄화산蓮花山에 세워진 것이 훨씬 더 크고 웅장하다. 덩샤오핑에 대한 전 중국인의 사랑을 느낄 수 있다. 시진핑 중국 국가주석도 덩샤오핑 탄생 100주년인 2004년 5월 17일, 저장浙江성 서기 시절 관리들

선전 렌화산 정상에 세워진 덩샤오핑 동상. 높이 6m, 무게 6톤에 이르며, 청동으로 주조되었다. 2012년 12월 시진핑은 총서기로 선출된 뒤 이곳을 방문했다.

과 함께 생가를 방문해 나무를 식수하고 '저장림浙江林'이란 표지석을 세웠다. 그리고 8년 뒤인 2012년 12월, 공산당 총서기에 선출된 뒤 가장 먼저 선전을 찾아 렌화산에 있는 덩샤오핑 동상에 헌화하고 덩샤오핑의 계승자임을 자임했다. 그는 "개혁은 멈추지 않을 것이고 개방은 중단되지 않을 것이다."라고 다짐했다.

덩샤오핑이 1980년 경제특구 1호로 지정한 선전은 거대도시로 성장했다. 상주인구 1,500만 명에 1인당 소득은 2만 3,000달러로 서울에 맞먹는 도시 규모이다. 선전 시민들은 "예전에 선전은 자그만 어촌에 불과했는데 현재 이처럼 발전한 것은 덩샤오핑의 지도 때문이다."라고 말한다. 중국판 '한강의 기적'을 이룬 선전의 발전 동력은 단연 IT 산업을 비롯한 제조업이다. 선전 중심 푸톈福田구에 있는 화창베이华強北 전자상가는 선전의 고도성장을 이끈 IT 제조업의 메카이다. 특히 글로벌 기업을 배출할 정도로 IT 생태계가 잘 갖춰져 있다. 이런 창업 분위기 속에 글로벌 스마트폰 업체 화웨이华为와 샤오미小米, 중국 내 최대 전기차업체 비야디BYD, 텐센트腾讯가 모두 선전을 기반으로 성장했다. 지금의 선전은 덩샤오핑의 개방 정책이 가져다준 행운이라고 말한다.

덩샤오핑은 중국식 사회주의 시장경제를 위해 웬만한 부작용을 감수하는 발전 제일주의를 채택했다. 하지만 덩샤오핑의 이런 정책은 결과적으로 부의 불평등을 초래했다. 또한 1989년 천안문 시위를 유혈 진압할 정도로 공산당 지배에 대한 도전을 허락하지 않았다. 덩샤오핑은 생전 "공산당 타도, 사회주의 타도는 완전한 서방화, 소위 공화국을 세우려는 것이다."라고 말했다. 1997년 2월 19일, 덩샤오핑은 홍콩 반환을 불과 넉 달 앞두고 93세를 일기로 숨을 거뒀다. 온 중국인의 애도 속에 장례식을 치른 뒤 그의 유해는 인민해방군 수송기에 실려 홍콩 앞바다에 뿌려졌다. 홍콩 반환을 소망했지만 애를 먹었던 덩샤오핑의 유지를 따른 것이다. 개혁개방으로 중국의 획기적인 발전을 이룩했지만, 떠날 때는 아무것도 남기지 않았다. 장쩌민 전 주석은 "덩샤오핑 동지는 공산주의를 견지했고 중국의 개혁개방과 사회주의 현대화 건설의 총설계자로 손색이 없었다."라고 추모했다.

덩샤오핑에 의해 강력히 추진된 개혁개방 정책 30여 년, 중국은 '아시아의 병자아편전쟁 이후 19세기 말의 중국을 가리키는 말'에서 세계 제2위 경제대국으로 위상을 높이며 꽃을 피웠다. 중국은 이런 경제력을 바탕으로 외교, 안보 분야로까지 역할의 범위를 넓혀가고 있다. 하지만 몸집을 키운 중국이 덩샤오핑이 경계한 양극화와 패권주의로 회귀하는 건 아닌지 전 세계가 긴장하며 주목하고 있다. 실제로 지금 중국은 덩샤오핑의 '도광양회韜光養晦, 재능을 감추고 인내하며 은밀하게 힘을 기른다'의 길에서 벗어났다.

중국은 미국과 남중국해 영유권 문제로 첨예하게 대립하고 있고, 일본과는 센카쿠 열도중국명 댜오위다오, 釣魚島 분쟁으로 긴장 상태에 있다. 2016년부터 우리나라와는 사드 배치로 갈등을 겪고 있다. 덩샤오핑 시대에도 댜오위다오 문제는 해결하지 못하는 난제였다. 1978년 10월, 중국 최고 지도자로는 처음으로 일본을 방문했을 때 덩샤오핑은 기자클럽에서 댜오위다오 분쟁에 대한 질문을 받았다. 일본 기자는 직설적으로 센카쿠尖閣 열도는 일본 고유의 영토라고 생각하며 의심의 여지가 없다고 보는데, 이 문제에 있어 양국의 의견이 다른 것 같아 유감이라며 어떻게 생각하느냐고 물었다.

이에 대해 덩샤오핑은 이렇게 대답했다. "이것을 우리는 댜오위다오釣魚島라고 부르죠. 이름부터가 다르네요. 이 부분에 있어 양국의 입장이 확실히 다릅니다. 중일 국교 정상화를 이룰 당시, 양측은 이러한 문제를 다루지 않기로 합의했습니다. 중일 평화우호조약을 논의할 때에도 마찬가지로 이 문제를 다루지 않기로 약속했습니다. 중국인의 지혜로는 이렇게 문제를 미루는 방법밖에 생각할 수 없었습니다. 왜냐하면 이 문제에 발을 들이면 복잡해질 수밖에 없기 때문입니다. 그런데도 몇몇 사람들은 이런 문제에서 트집을 잡아, 중일 관계 발전을 방해하려 합니다. 그래서 우리는 양국 정부가 이 문제를 피하는 것이 더 현명하다고 생각합니다. 이러한 문제는 잠시 미뤄둬도 괜찮습니다. 10년을 기다려도 상관없습니다. 우리 세대는 지혜가 부족해 이 문제를 해결하지 못하지만, 다음 세대는 우리보다 더 똑똑할 것입니다. 분명 모두가 수용할 수 있는 해결 방법을 찾을 수 있을 것입니다."

하지만 다음 세대인 시진핑 정부는 센카쿠 분쟁에 해결책을 찾지 못하고 있다. 미국과는 무역전쟁을 넘어 패권경쟁으로 치닫고 있다. 덩샤오핑의 도광양회 지침을 버리고 도전과 대결의 유소작위有所作爲의 길로 나섰다. 시진핑 주석은 평소 중국 고전을 매우 좋아하고 자주 인용하는 것으로 유명하다. 특히 공자, 맹자, 손자의 가르침을 좋아한다. 시진핑 주석은 《손자병법》의 "불가승자수야, 가승자공야不可勝者守也, 可勝者攻也"를 생각하고 있는 듯하다. "이길 수 없을 때는 방어하고, 이길 수 있을 때는 공격한다"는 뜻이다. 시 주석은 지금이 미국을 공격할 때라고 보고 있는 듯하다.

중국은 말끝마다 '핵심이익核心利益'이란 말을 꺼낸다. 이 핵심이익은 합의나 양보가 불가능한 최상위급 국가이익으로 전쟁을 치르고서라도 지켜야 할 이익이다. 마지노선이다. 그런데 이 핵심이익이 수시로 고무줄처럼 무한정 확장되고 있다. 원래 중국이 처음으로 꺼낸 '핵심이익'은 하나였다. 2003년 1월 미국 국무부장관 콜린 파월Colin Powell과의 회담에서 탕자쉬안唐家璇 외교부장이 타이완 문제를 중국의 핵심이익으로 규정했다. 그러다 중국은 티베트 분리 독립 움직임에 맞서 핵심이익을 국가 주권, 안보, 영토 보전, 정치 체제, 사회 안정 등으로 규정했다. 그 뒤 남중국해와 같은 해양 영토 문제와 일대일로와 같은 경제적 전략, 사이버 주권과 기술 안보로 범위가 크게 확대됐다.

미중 신냉전에 들어서는 경제적 안정과 기술적 독립이 핵심이익에 포함됐다. 특히 반도체 산업과 AI 인공지능 등 첨단 기술과 관련된 분야가 중요하게 다뤄지고 있다. 전래동화에 나오는 호랑이처럼 "떡 하나 주면 안 잡아먹지"라며 야금야금 자신의 야욕을 채우는 듯하다. 문제는 이렇게 핵심이익이 무한정 확장하면서 미국과의 충돌 접점이 더욱 많아지고 위험은 커지고 있다는 데 있다. 특히 트럼프가 재등장하면서 사소한 충돌이 큰 싸움으로 번질 수 있다. 트럼프 행정부는 중국을 '전략적 경쟁국가'이자 수정주의 세력으로 보고 있다. 중국이 자신의 핵심이익과 영향력을 확대하기 위해 기존의 국제 규범과 질서를 바꾸려는 시도를 하고 있다고 믿으며, 이는 미국의 이익과 민주적 규범에 대립되는 행동이라고 생각한다. 전쟁에서 2등은 존재하지 않는다. 바로 패배를 의미할 뿐이다.

02

트럼프에 대한 기억:
패배의 징후

주장에 드리운
어두운 그림자

2018년 3월 2일, 트럼프 대통령의 트윗 하나가 세계 무역질서의 물줄기를 바꿨다. "무역전쟁은 좋은 것이고, 이기기 쉽다Trade wars are good, and easy to win"로 시작된 무역전쟁은 세계 총생산량GDP의 40%를 차지하는 양국의 무게감만큼이나 큰 파문을 불러오고 있다. 무역분쟁을 협상으로 풀어보려는 양국의 노력이 여러 차례 있었지만 번번이 실패했다. 지금 미중 간의 협상은 양쪽 모두 일방적이라고 인식하는 데 문제가 있다. 협상은 주고받을 때 성립된다. 하지만 미국은 막대한 무역적자로 손해만 봤다는 피해의식이 강하고, 중국은 미국의 압박에 밀려 항복문서에 서명하는 모양새는 취하고 싶지 않다.

1839년 11월 3일, 광둥성의 주장珠江, Pearl River 하구에 있는 후먼虎門에서 벌어진 촨비穿鼻 전투는 청나라와 영국 간 아편전쟁의 서전을 치렀다. 이곳에는 아편 담뱃대를 부러뜨리는 거대 조각상이 세워져 있다. 씻을 수 없는 굴욕을 잊지 말자는 상징물이다. 하지만 아편은 표면적인 이유일 뿐, 그 이면에는 심각한 무역적자와 경제적 통제에 대한 갈등이 깔려 있었다. 아편전쟁 당시의 영국 의회와

아편담뱃대 부러뜨리는 조각상. 광동성 동관 후먼 태평광장에 있다.

현재 미국 의회는 많이 닮아 있다. 자국의 경제적 이익을 보호하고, 국제적 패권을 유지하기 위해 갈등을 관리하며, 때로는 무력이나 강경한 외교적 수단을 동원하는 공통점이 보인다. 180년 전 그랬던 것처럼 광둥에서 미국과 중국 사이에 패권전쟁의 서막이 오르고 있다.

중국 남부를 흐르는 최대 강줄기인 주장珠江은 중국에서 창장長江과 황허黃河 다음으로 3번째로 긴 강이다. 주장珠江은 크게 시장西江, 베이장北江, 동장東江 등 3개의 주요 지류로 이루어져 있다. 주장의 가장 큰 지류인 시장西江이 포산佛山 인근에서 베이장北江과 합류한 뒤, 이후 동장東江과 합류해 주장이 형성되고, 광둥성의 성도인 광저우廣州를 지나 남중국해로 흘러간다. 주장 삼각주珠江三角洲는 주장의 지류들이 합류해 남중국해로 흘러가는 과정에서 형성된 넓은 삼각주 지대이다. 이 삼각주 지역에 광저우와 선전, 포산, 둥관, 중산, 주하이, 마카오, 홍콩 등 중국 남부의 핵심 도시들이 모여 있다. 따라서 이 지역 경제권은 중국에서 가장 산업화된 도시들로 구성돼 있으며 제조업과 첨단기술, 금융, 무역의 중심지이다. 중국 전체 수출의 약 25% 이상을 담당하고 있으며 중국 전체 GDP의 약 10% 이상을 차지하는 중국 경제의 핵심 성장 엔진이다.

이 주장이 흐르는 광저우 강변에서 매년 두 차례, 봄과 가을에 광저우 '캔톤페어Canton Fair', 즉 중국수출입상품교역회中国进出口商品交易会가 열린다. '캔톤Canton'은 광저우广州의 옛 영어식 이름이다. 서양 국가들이 과거 중국과 교류할 때 광둥어 발음으로 '캔톤'이라고 부르게 되었고, 이것이 오늘날까지도 일부 영어권에서 사용되고 있다. 1957년부터 시작된 이 박람회는 해마다 20만 명 이상의 전 세계 바이어가 찾는 세계 최대 규모로, 중국에서 가장 크고 오래된 무역 박람회이다. 2019년 캔톤페어는 미중 무역전쟁 이후 처음으로 열린 박람회로, 중국 기업이 미국 이외의 시장을 공략하는 전략적 전환이 이루어질지를 살펴볼 수 있는 기회가 되었다. 잠실운동장 15개를 합한 규모의 전시장에 6만 개가 넘는 참가 부스가 마련됐고 3주간 진행된 박람회에는 전자제품과 기계, 건축자재, 소비재, 의류, 식품, 건강 제품 등이 단계별로 전시됐다.

하지만 2019년 캔톤페어의 열기가 예년만 못했다. 박람회의 주 고객이던 미국과 유럽 바이어가 눈에 띄게 줄었기 때문이다. 특히 미국 바이어 참가자 수가 수백 명, 심지어 수 천명이 감소했다는 보고가 있을 정도다. 미국의 대중국 관세가 급증하면서 중국과 거래를 하려는 미국 바이어들이 줄어든 영향이 컸다. 행사장 인근에 공장을 두고 있는 한 제화업체는 무역전쟁을 절감한다고 말했다. 이 회사 영업부 관계자는 트럼프 정부가 관세를 40% 부과하면서 일부 주문이 예정보다 많이 미뤄졌다며 일부는 지금까지도 계속 미뤄지고 있다고 말했다. 사정이 어렵다 보니 업체마다 바이어를 유치하기 위한 경쟁이 뜨거웠다. 가죽가방 생산업체의 마케팅 이사는 트럼프 대통령이 관세를 점점 올리고 있는데 아마 모든 기업이 다 영향을 받을 거라며 인터뷰해 보면 아마 모든 기업의 반응이 다 같을 거라고 말했다. 중국의 가장 큰 무역 파트너인 미국과의 무역분쟁은 박람회 계약건수에 직접적인 타격을 주었다. 캔톤페어 기간 이뤄진 대미 수출 계약액은 1년 전에 비해 3분의 1가량 줄었다.

박람회장 인근에 있는 둥관东莞은 세계의 공장이라고 불리는 중국 제조업의 메카이다. 약 1만 개 이상의 제조업체가 둥관에 입주해 있으며 전자제품과 기계, 섬유, 의류와 같은 전통적인 제조업뿐만 아니라 전자와 IT 부문의 글로벌 공급망까지 잘 갖추고 있다. 애플과 삼성, 화웨이 같은 글로벌 IT 기업의 제조 파트너들도 둥관에 입주해 있다. 1990년대 이후 급속하게 성장해서 선전과 함께 중국 개혁개방을 선도했던 대표적인 상공업도시지만 미중 무역전쟁 이후 둥관은 활기를 잃었다.

텅 빈 창고와 불 꺼진 공장 건물 외벽엔 공장과 창고를 세놓는다는 임대광고가 곳곳에 나붙었다. 공장 임대주는 임대 놓을 공장이 지금 다 비어 있는 상태라며 어떤 곳은 이미 비었고 어떤 곳은 곧 이사 갈 예정이라고 말했다. 그러면서 마음에 드는 곳이 있으면 그냥 정하면 된다고 덧붙였다. 늘어난 빚을 감당하지 못해 파산한 업체도 늘었다. 공장 곳곳에 법원의 압류딱지가 붙었다. 파산 공장 인근 주민은 공장 문을 닫은 게 아니라 파산한 거라고 확인했다. 나랏돈을 빌려 놓고 미국 가서 안 돌아오니까 공장이 압류된 거라고 설명했다. 실제로 제조업체들의 상황은 훨씬 심각해 보였다.

켄톤페어에서 만났던 한 사장은 둥관에서 10년째 청바지 공장을 운영하고 있다. 이 사장은 매년 200만 벌에 가까운 청바지를 생산해서 OEM 방식으로 미국과 유럽, 호주에 수출하고 있다. 큰 규모는 아니어도 수출만으로 매년 2,000만 달러의 매출을 올리던 알토란 같은 회사이다. 하지만 이 회사는 얼마 전부터 인건비가 더 싸고 관세 부담을 덜 수 있는 동남아 지역으로 공장 이전을 심각하게 고민하며 이미 물색 중이다. 현재 미국 시장의 주문량이 줄고 있어

도산한 둥관의 공장 기계에
붙은 법원 압류문

걱정이라며 미국 고객사가 관망하고 있고 자신의 회사도 큰 풍파를 이길 힘이 없다며 위험을 감수하고 싶지 않다고 털어놨다.

실제로 중국 중소기업의 체감 경기를 반영하는 차이신財新 제조업 구매관리자지수 'PMI'는 지속적인 하락세를 보였다. 차이신 제조업 PMI가 여러 차례 50 이하로 떨어지며 경기 둔화를 나타냈다. PMI가 50 이하라는 것은 제조업 경기가 위축되었다는 것을 의미한다. 이는 글로벌 수요 둔화와 2018년부터 시작된 미중 무역전쟁으로 인한 영향을 반영한 것이다. 여기에 팬데믹의 영향으로 큰 충격을 받았다. 2020년과 2021년, 둥관에서는 상당수의 중소 제조업체들이 도산하거나 폐업했다. 특히 해외 주문 의존도가 높은 업체들이 큰 타격을 입었다. 둥관에 위치한 전자부품 제조업체와 완구 제조업체들은 미국과 유럽의 수요 감소로 인해 공장을 유지하지 못한 사례가 많았다. 신냉전의 그늘이 중국의 최대 제조업 허브에 짙게 드리우고 있다.

현실적으로 미국보다 '잃을 게' 많다는 게 중국의 고민이다. 애당초 보복관세로는 싸움이 될 수 없다. 또한 미국이 주도하는 세계 무역질서가 결코 중국에 이롭게 돌아가고 있지 않다. 2018년 체결된 'USMCA미국-멕시코-캐나다협정'는 단적인 예이다. 협정에서 미국, 캐나다, 멕시코, 세 나라 가운데 어느 나라든 '비시장경제' 국가와 자유무역협정FTA 체결을 위한 협상을 할 때 나머지 두 나라의 동의를 받도록 규정하고 있다. 사실 냉전시대와 같은 무역협정이지만 현재 미국, 유럽연합EU, 일본 등은 중국을 '비시장경제 국가'로 분류하고 있다. 중국은 중국봉쇄 독소조항이라고 반발하고 있지만 세계 무대에서 울림이 없다. 결국 열쇠는 미국이 쥐고 있는 셈이다.

2024년 9월, 첫 번째 대선 토론에서 카말라 해리스와 도널드 트럼프는 중국 문제를 놓고 격론을 벌었다. 트럼프는 중국에 대해 강경한 입장을 재확인하면서, 중국산 수입품에 대한 관세를 최대 60%까지 인상할 계획이라고 밝혔다. 반면 해리스는 트럼프의 정책이 불필요한 무역전쟁을 일으켰다며 트럼프 정부가 중국에 반도체 칩을 판매해 중국 군사력 현대화에 기여했다고 맹공을 퍼부었다. 트럼프는 경제적 대립을, 해리스는 미국의 경쟁력 강화에 방점을 둔 상반된 전략을 제시했지만, 두 후보 모두 중국을 주요 외교적 도전 과제로 보았다.

미국 의회는 2019년에 화웨이와 ZTE中興通訊, 중싱통신를 포함한 중국 통신장비 기업들에 대한 규제를 강화하는 법안을 통과시켰다. 이 법안은 미국의 국가안보를 이유로, 미국 기업들이 화웨이와 ZTE에 미국산 반도체 칩과 부품을 판매하지 못하도록 했다. 이러한 조치는 이들 기업이 중국 정부와 밀접한 관계를 맺고 있으며, 이로 인해 미국의 안보에 위협이 될 수 있다는 우려에서 비롯된 것이다. 이 금지법안에 공화·민주 양당 의원들이 공동으로 참여했다. 미국 조야가 미중 무역전쟁에 한 목소리를 내고 있는 증거다.

한발 더 나아가 미 카토CATO연구소 무역정책연구센터장인 댄 아이켄슨은 흥미로운 비유를 했다. 제2차 세계대전을 연합군의 승리로 이끈 드와이트 데이비드 아이젠하워Dwight David Eisenhower 연합군 사령관의 리더십 얘기다. 1944년 6월 6일 개시된 노르망디 상륙작전으로 해안에서 많은 병사들이 죽을 것이 확실했지만 그는 더 큰 임무를 위해 '필요한 희생'이라고 봤다는 것이다. 미국은 중국과의 디커플링으로 미국에 인플레이션이 발생하더라도 감수하겠다는 생각을 가지고 있다. 미국 법무부는 2020년 2월, 중국의 세계 1위 통신장비 업체인 화웨이에 대해 기술절도 및 기밀정보 도용 혐의로 기소했다. 중국과의 갈등이 증폭된 상황에서도 미국은 갈 길을 그대로 가는 모양새다. 양국 모두 이미 투키디데스의 함정Thucydides Trap에 빠졌는지도 모른다.

5G 스마트폰이 쏘아올린
신냉전의 시작

미중간 무역전쟁이 한창이던 2019년 2월, 스페인 바르셀로나에서 열린 세계 최대 모바일 전시회 MWC 2019Mobile World Congress에서, 삼성과 화웨이는 자체 개발한 5G 폴더블 폰을 놓고 처음으로 격돌했다. 선진시장 선점을 노린 삼성은 MWC 2019 직전, '갤럭시 폴드Galaxy Fold'를 전격 발표했다. 삼성은 5세대5G 지원과 함께, 접을 수 있는 디스플레이를 장착한 최초의 상용폰을 내놓았다. 이에 맞서 화웨이도 'MWC 2019' 개막 하루 전날 신제품 공개행사를 가졌다. 이 자리에서 화웨이는 5G 통신 기능을 탑재한 폴더블 폰 '메이트Mate X'를 공개하며 분위기를 잡아갔다. 위청둥余承東 화웨이 소비자 사업부 CEO는, 경쟁사인 삼성을 염두에 둔 듯 이번에 자사가 공개한 메이트X는 디스플레이를 펼쳤을 때 화면이 8인치에 달한다며 자신감을 드러냈다. 특히 3년간 개발에 매달려 '접는' 경첩Hinge 부분에 많은 공을 들였다고 강조했다.

　언팩 행사 이후 행사장 밖으로 나온 위청둥 CEO는 많은 중국인들에게 둘러싸여 환호를 받았다. "화웨이 대박!" "중국 파이팅!"을

2019년 2월 스페인 바로셀로나에서 열린 MWC 행사에 참가한 화웨이 참관단

외치는 중국인들 사이로 국가대표로서의 '화웨이'가 부상했다. 화웨이가 초대한 중국의 핵심 고객들과 파트너들은 위청둥 CEO와 엄지척을 하며 자긍심 가득한 표정으로 기념사진 찍기에 바빴다. 중국 매체들은 삼성의 갤럭시 폴드와 비교하며 메이트X가 더 크고 얇은 디스플레이를 제공한다는 점에서 긍정적으로 평가했다. 메이트X는 일순간 중국 내에서 자부심의 상징으로 떠올랐다.

하지만 이 행사를 끝으로 화웨이는 한동안 5G 스마트폰을 생산하지 못했다. 미국의 제재가 시작됐기 때문이다. 미국 정부는 2019년부터 화웨이를 블랙리스트에 올려 미국 기업들이 화웨이와 거래하는 것을 금지했다. 특히 5G 관련 기술의 핵심인 반도체와 소프트웨어 공급을 못 하도록 막았다. 또 화웨이는 구글의 안드로이드 운영체제와 그 관련된 플레이스토어를 사용할 수 없게 되었다. 이로 인해 화웨이는 자체 운영체제인 '훙멍鴻蒙, 하모니' OS를 개발하고, 스마트폰과 다른 장치에서 이를 적용하고 있다. 2020년 이후 미국은 화웨이에 반도체를 공급하는 외국 기업들예컨대 TSMC에게도 미국 기술이 포함된 반도체를 화웨이에 판매하지 못하도록 규제했다. 이는 화웨이의 스마트폰 및 네트워크 장비 생산에 큰 타격을 주었고, 화웨이는 이에 대응해 자체 칩셋 개발에 나서고 있지만 미국의 기술 제재로 인한 어려움을 완전히 해결하지는 못한 상태이다.

화웨이Huawei 통신장비를 둘러싼 보안 논란은 2012년 10월 9일 미국 하원 정보위원회 보고서에서 비롯됐다. 하원 정보위는 화웨이가 중국 정부의 스파이 역할을 할 가능성이 높다고 경고했다. 특히 기밀이든 기밀이 아닌 정보든 화웨이와 ZTE중싱통신가 중국 정부의 영향력에서 자유롭지 못하기 때문이라고 지적했다. 당시 마이크 로저스 미 하원 정보위원장은 이 회사들이 미국 주요 기간산업에 장비와 서비스를 제공하는 것과 관련해 미국의 핵심 국가 안보 이해관계를 저해한다고 결론지었다. 그는 또 미국의 주요 통신회사들은 민간기업에서 운영되기 때문에 민간 네트워크 제공업체들이 다른 제조업체를 찾길 조언한다며, 정부 시스템과 계약업체들 역시 이 중국 회사의 제품을 제외해야 한다고 주장했다.

이후 화웨이가 미국에서 진행하던 네트워크 장비 회사인 3Com 기업 인수 합병이 무산됐다. 트럼프 정부는 2018년 화웨이 장비 사용금지를 명시한 미 국방수권법에 서명했고, 2019년 3월 뮌헨 안보회의에서 안보 동맹국들에게까지 화웨이 보이콧 동참을 요청했다. 마이크 펜스 당시 미국 부통령은 뮌헨 안보회의 연설에서, 중국은 법을 통해 중국 정부의 거대 안보기구가 기업들의 네트워크나 장비와 관련된 모든 데이터에 접근할 수 있도록 했다고 주장했다. 2017년에 만들어진 중국의 사이버 보안법을 겨냥했다. 법에 따르면 중국 내 모든 기업은 정부의 정보 요구에 응해야 한다고 규정하고 있다. 화웨이가 중국의 정보수집 통로가 되고 있을 거란 의혹이 생기는 이유이다.

중국 정부는 법의 취지를 왜곡하고 있다며 맞받아쳤다. 2019년 3월 리커창 총리는 전인대 기자회견에서 "중국 정부가 자국 기업에게 다른 나라에 스파이 활동을 하라고 요구하는지 물어보는데, 그렇게 하는 것은 중국법에 맞지도 않고, 중국의 처리 방식도 아니다. 그렇게 하지 않았고 앞으로도 결코 그렇게 하지 않을 것이다."라고 반박했다. 이런 입장 표명에도 화웨이 '백도어backdoor' 논란은 잦아들지 않았다. 화웨이의 통신장비가 불법적인 접근백도어을 통해 민감한 데이터를 유출할 통로가 될 수 있다는 의혹은 여전했다. 미국 정부가 화웨이 멍완저우孟晩舟 부회장을 체포한 일 역시 표면상으로는 이란 제재 위반을 이유로 들고 있지만 사실상 화웨이에 대한 견제라는 분석이 많다.

2024년 기준, 화웨이는 전 세계 통신장비 시장에서 30%의 점유율로 계속해서 1위를 차지하고 있다. 미국의 제재와 일부 국가에서의 장비 사용금지에도 불구하고, 중국에서 5G와 광통신 네트워크에 대한 수요가 높아 화웨이의 강세가 유지되고 있다. 스마트폰 시장에서도 화웨이는 2024년 1분기 중국에서 강력한 성장을 보이며 시장점유율 17%로 1위를 되찾았다. 이는 주로 메이트Mate 60시리즈와 노바Nova 12시리즈의 인기에 힘입은 것으로, 전년 대비 출하량이 70% 증가했다. 미국의 제재로 인해 한동안 4G폰만 출시하던 화웨이는 2023년에 Mate 60 Pro를 통해 5G 시장에 복귀했다. 이 스마트폰은 화웨이가 자체 개발한 5G 칩인 기린Kirin 9000s를 탑재했으며, 이는 중국 파운드리 기업 SMIC中芯国际 · 중신궈지와 협력해 칩을 생산하면서 제재를 우회한 결과이다. 하지만 글로벌 시장에서는 제재로 인해 점유율이 제한적인 상황이다.

화웨이는 세계 최고의 IT 기업들과 경쟁하려면 그에 걸맞는 환경이 필요하다는 런정페이 회장의 주문에 따라 둥관东莞에 대규모 연구단지도 건설했다. 화웨이의 둥관 연구단지Ox Horn Campus는 2018년부터 단계적으로 개장되었으며, 이후 여러 연구 및 개발팀들이 이곳에서 활동하고 있다. 화웨이 둥관 연구단지는 약 190만m²에 달하는 대규모 단지로, 파리, 베로나, 프라하 등 유럽 도시의 건축 양식을 본뜬 건물들이 12개의 구역으로 나뉘어 들어서 있다. 건물 사이를 직원 전용인 셔틀기차가 운행되고 있다. 화웨이는 이곳에서 5G, 인공지능AI, 클라우드 컴퓨팅 등 첨단기술에 관한 연구를 진행하고 있다.

화웨이는 외부에 일절 공개하지 않던 보안연구센터도 일부 공개했다. 화웨이 네트워크 보안업무에 종사하는 직원은 전체의 1.6% 정도인 1,500명에 달한다. 업계에서 볼 때 굉장히 많은 전문 인력이 네트워크 테스트를 담당하고 있다. 출시를 앞두고 마무리 테스트 중인 최신 스마트폰은 검사실 환기조차 허가를 받아야 한다. 기밀 유출을 막기 위한 조치라고 한다. 화웨이는 향후 5년간 20억 달러를 투자해 보안 분야에 대한 연구를 확충해 나간다는 계획이다.

지금까지 화웨이 장비에서 백도어가 실제로 발견되었다는 결정적인 증거는 없지만, 화웨이가 글로벌 네트워크 장악을 통해 앞으로 도래할지도 모르는 사이버 전쟁에서 '트로이 목마'의 역할을 할 것이라는 의심과 논란은 여전하다. 일부 보안전문가들은 화웨이의 기술에 대한 불투명성과 중국의 법적 요구사항인 사이버 보안법에서 화웨이가 자유로울 수 없다는 점을 지적하고 있다.

이 보안 논란은 정치적, 경제적 요인과 맞물리며 미중 무역전쟁과 연관되어 더 큰 국제적인 이슈로 발전했다. 이후 화웨이는 최근 몇 년간 미국 정부로부터 지속적인 제재를 받고 있다. 여러 유럽 국가들도 이에 동참해 화웨이 장비 사용을 제한하거나 배제하는 움직임을 보이고 있다. 이에 대응해 화웨이는 자체 기술개발과 다른 대체 공급망을 찾는 노력을 하고 있다. 하지만 미국의 제재는 미중 신냉전 시대와 맞물리면서 더욱 강력해지고 있다.

중국식 반도체
대약진 운동

2020년 4월, 시진핑 주석은 중앙재경위원회 제7차 회의에서 '쌍순환双循环'이라는 개념을 처음 제시했다. 국내 대순환을 주체로 국내 국제 이중 순환을 상호 촉진하는 새로운 발전 구도를 구축해야 한다고 강조했다. 한마디로 요약하면 대외 의존에서 벗어나 내수 주도형 성장을 통해 경제자립을 강화하겠다는 뜻이다. 이후 쌍순환 전략은 2020년 10월에 열린 제19기 중앙위원회 5차 전체회의에서 이를 구체화한 제14차 5개년2021~2025 계획과 2035년 장기 목표에 국가 전략으로 확정됐다. 이런 중국의 쌍순환 전략은 미중 무역전쟁에서 비롯됐다. 미국이 중국의 주요 기술 기업에 대한 제재와 수출통제를 강화하면서 해외수출 의존도가 높은 산업이 큰 타격을 받고, 중국 경제의 취약점을 노출시켰기 때문이다. 이에 따라 중국 정부는 자급자족형 경제구조를 강화하고자 했다.

이런 쌍순환 전략에 따라 중국 정부는 반도체 산업 육성을 최우선 과제로 삼았다. 중국은 반도체를 핵무기와 동등한 전략 자산으로 간주하고 있다. 이는 반도체가 경제뿐 아니라 군사와 안보 측면에서 국가의 경쟁력을 좌우하는 핵심기술이기 때문이다. 중국은 2025년까지 반도체 자급률을 70%까지 높이는 목표를 세워두고 있다. 2014년과 2019년 두 차례 조성된 '빅펀드Big Fund, 대기금'라고 불리는 국가반도체펀드 2,000억 위안약 300억 달러을 칩 제조와 설계, 장비개발 등 반도체 가치 사슬 전반에 투입했다. 중국의 대표적인 반도체 회사인 SMIC中芯国际, 중신궈지와 같은 파운드리 회사와 창장메모리테크놀로지长江存储, YMTC, 하이실리콘화웨이의 반도체 설계 자회사, 화홍华虹 반도체 등이 지원을 받았다.

하지만 이런 중국의 기술자립 노력에도 미국의 반도체와 첨단기술에 대한 제재가 강화되면서 한계를 노출하고 있다. 군사대국화를 추구하는 중국을 견제해야 한다는 데에 미국 내 여론은 하나다. 이런 정서를 바탕으로 미 백악관과 공화·민주 양당이 한몸이 되어 꺼내든 카드가 중국 반도체 산업에 대한 전방위 제재이다. 미국은 2022년 10월 미국 기술을 사용한 첨단 반도체 장비나 인공지능 칩 등의 중국 수출을 제한하는 수출통제를 시작으로 제재를 본격화했다. 이후 중국 메모리 반도체 제조사 창장메모리 등 36곳을 수출통제 명단Entity List에 추가했다.

'반도체 굴기'를 국가 전략목표로 삼고 있는 중국으로서는 반도체 생태계가 뿌리째 흔들리는 충격을 받았다. 미국이 대중 첨단장비 수출금지로 제재를 가하면서 중국 반도체 업체의 폐업과 감원이 잇따랐다. 중국 제조 2025 계획에 따라 2016년에 세워진 중국 최대 메모리 반도체 업체 YMTC는 직격탄을 맞았다. 미국 상무부가 2022년 10월, 첨단 반도체 장비 수출을 금지하면서 YMTC 2공장의 장비 설치 작업이 중단되기도 했다. 2024년 중반 중국 장비업체인 AMEC, Naura, Piotech 등을 통해 장비를 확보했지만, 결함률이 높아 생산 수율 개선이 YMTC의 주요 과세가 되고 있다.

YMTC는 미국의 블랙리스트에 오른 지 한 달 만에 주요 고객사였던 애플로부터 주문이 중단됐다. 이 때문에 6,000명의 직원 가운데 10%가량을 해고했다. 더욱이 해고직원에게 이미 지급한 주택보조금 일부를 회수해 비난 여론이 일었다. 한 경제평론가는 "결국, 한 달 만에 대량 감원하고 심지어 직원들에게 배상까지 요구했다. 직원들은 매일 밤늦게까지 야근하다가 결국 쓰레기 취급을 당해 한탄했다."라고 말했다. YMTC에 대한 제재 여파로 세계 2위 반도체 패키징업체인 미국 앰코테크놀로지 상하이 공장도 YMTC의 주문이 줄면서 타격을 입었다. 근로자 4,000여 명이 1주일간 휴가를 가야 했고 진행 중이던 공장증설도 중단했다.

미국의 반도체 제재 여파로 2022년 중국 반도체 관련 기업 5,746곳이 문을 닫았다. 기술력도 한계를 드러내고 있다. 이뿐 아니라 코로나19 기간 돈잔치로 끝난 중국의 반도체 회사는 부지기수이다. 2017년 삼성을 따라잡겠다며 1,280억 위안, 24조 2,000억 원의 자금계획을 세워 공사에 들어간 우한 홍신반도체HSMC는 7나노 노광장비 인수식까지 성대하게 치렀지만 반도체 하나 만들지 못하고 2021년 사라졌다.

우한뿐만 아니라 난징에도 짓다가 만 공장 이른바 '란웨이烂尾' 반도체 공장이 있다. 난징 더커마德科码반도체는 2015년 30억 달러, 4조 원가량을 투자해 8인치 반도체 칩을 생산할 계획이었지만, 1기

공장을 세운 뒤 자금이 끊기면서 2020년 6월 법원의 파산결정으로 청산절차를 밟았다. 장쑤성 화이안淮安에 세운 또 다른 더커마는 더화이德淮로 이름을 바꾼 뒤, 지방정부의 자금 지원까지 받았지만 결국 경매에 넘어갔다. 이처럼 사업규모가 3,000억 원이 넘는 대규모 '란웨이' 반도체 공장이 10곳이나 된다.

시진핑 주석은 2018년 5월 중국과학원 제19차 원사대회에서 "차보즈卡脖子 문제를 해결하기 위해 핵심기술 개발을 가속화하자"라고 강조했다. 이때부터 쓰이기 시작한 차보즈는 외부의존이 심해 기술자립을 막는 핵심기술을 뜻하는 말이다. 중국이 생각하는 '차보즈卡脖子'의 핵심은 '반도체'이다. 이 때문에 중앙정부뿐만 아니라 각 지방정부도 물불을 가리지 않고 반도체기업 유치에 사활을 걸고 있다. 지방마다 반도체 산업단지를 만들고 기업을 유치하기 위해 투

짓다가 만 란웨이 반도체 공장. 다양한 자재들이 곳곳에 방치되어 있다.

자유치 및 자금지원, 토지제공, 세금감면 등 파격적인 우대조치를 제공하고 있다. 시진핑 주석의 최대 관심사 중 하나인 만큼 잘만 되면 세금과 일자리가 생기고 덤으로 파격적인 승진까지 기대할 수 있기 때문이다. 하지만 지방정부의 보조금 '먹튀'만 늘고 있다. 중국은 반도체 자력갱생을 부르짖으면서 2023년 양회기간 중앙 과학기술위원회를 당에 신설해 시진핑 국가주석이 직접 챙기기로 했다.

하지만 해를 거듭하면서 도산하는 반도체업체만 늘고 있다. 2023년에는 중국의 반도체 관련 기업 약 10,900곳이 문을 닫으며, 이는 하루 평균 30개 업체가 폐업한 셈이다. 2022년 폐업한 5,746곳에 비해 급증한 수치로, 미국의 기술 수출규제, 투자제약, 시장 수요 둔화, 그리고 공급과잉 등 여러 경제적 요인이 작용했다. 중국 스마트폰 업체 오포OPPO는 반도체 자체 칩 설계 자회사인 제쿠 Zeku를 폐쇄하고 약 3,000명의 엔지니어를 해고했다. 이는 중국 반도체 업계에서 가장 큰 규모의 해고로, 회사 측은 글로벌경제 불확실성과 스마트폰 시장둔화를 주요 원인으로 꼽았다. 하지만 제쿠의 폐쇄가 미국의 제재 가능성에 대한 대응조치일 수 있다는 추측이 나오고 있다.

특히 미국뿐만 아니라 일본과 네덜란드가 제재에 동참하면서 중국 반도체는 사면초가에 몰렸다. 중국반도체산업협회CSIA는 제재가 글로벌 반도체 생태계를 위협하고 자유무역을 훼손하는 행위라고 비판하며, 세계 반도체산업의 공급망 불안정을 초래할 것이라고 경고했다. 친강秦剛 당시 외교부장도 "올림픽 육상경기에서 늘 상대선수 발을 걸어 넘어뜨리고, 심지어 상대선수를 패럴림픽에 출전하게 한다면 이는 공평한 경쟁이 아니다."라며 미국을 겨냥했다. 미국의 전방위 제재를 돌파하기 위해 중국은 2024년 5월 또다시 3,440억 위안^{약 475억 달러} 규모의 3차 대기금을 조성했다. 이전 두 차례의 대기금보다 더 큰 금액이다. 반도체 제조장비와 차세대 먹거리인 AI 반도체 핵심기술 개발에 투자할 계획이다. 이런 중국식 '반도체 대약진운동'이 어떤 결과를 도출해 낼지 알 수 없다.

하지만 반도체는 국제적으로 긴밀하게 연결된 산업이어서 공급망을 자국 내로 완전히 통합하는 데는 현실적인 한계가 있다. 또한 중국 반도체산업의 성장이 국제 정치와 경제 상황에 큰 영향을 받고 있어 지속적인 기술발전을 기대하기 어렵다는 관측도 있다. 특히 미국이 중국의 반도체 굴기^{屈起}를 기술자립이 아닌 반도체 생태계를 장악하려는 도전으로 보는 한 양국의 마찰 접점은 더욱 확대될 수밖에 없다.

무역전쟁의 도화선,
'카피' 스텔스기 젠-31

신냉전 이전부터 미국과 중국은 군사기밀 해킹을 놓고 첨예하게 대립했다. 2014년 11월 중국 광둥성 주하이珠海에서 중국 최대 규모의 항공 에어쇼가 열렸다. 주하이는 마카오와 국경이 맞닿아 있는 개혁개방의 상징적인 도시다. 덩샤오핑이 제안하고 중국공산당 제11기 3중 전회에서 결정한 개혁개방정책에 따라 1980년 8월, 선전深圳과 동시에 주하이도 경제특구로 지정됐다. 이후 40여 년이 흐른 지금, 주하이는 현대식 도시로 완전히 탈바꿈했다. 주하이에서는 국경을 넘어 마카오로 출퇴근하는 주하이 거주민을 많이 볼 수 있다. 하루 4만 명 이상이 국경을 넘는다는데 출퇴근 시간엔 출입국 절차를 밟는 데만 2시간 이상이 소요된다.

'중국 개혁개방 1번지'로 불리는 선전深圳에서 매일 홍콩으로 출퇴근하는 농민공의 모습과 흡사하다. 그런 주하이가 중국 정부의 지원 아래 항공산업의 메카로 급부상했다. 에어쇼 기간, 세계 각지에서 온 항공업계 관계자와 관람객들로 주하이에 있는 웬만한 호텔은 가격이 2~3배 뛴다. 그나마 방을 잡지 못한 경우도 많아 대학 기숙사촌을 찾아야 할 정도이다. 특히 행사가 일반 관람객에게 개방된 주말에는 행사장으로 가는 고속도로 22km 구간이 차량들로 큰 혼잡을 이룬다.

세계 5대 에어쇼 반열에 들어섰다는 주하이 에어쇼가 당시 국내에 처음부터 관심을 받았던 건 아니다. 한중 국방교류 차원에서 추진해온 한국 공군의 특수비행팀 '블랙이글'의 주하이 에어쇼 참가가 개막을 불과 1주일 남겨두고 돌연 취소되면서 관심의 대상으로 떠올랐다. 공군은 블랙이글이 사용하고 있는 T-50B 항공기는 한국항공우주산업KAI이 제작했지만, 미국 록히드마틴사의 핵심기술이 적용돼 미국 측의 동의가 필요하다는 것이다. 항공기의 전자장비 기술 등이 중국에 노출될 수 있다는 미국 측의 우려를 수용했다. 하지만 중국군 싱크탱크인 군사과학원 셰융량謝永亮 박사는 신문기고를 통해 블랙이글 팀 불참과 관련해 '왜 미국은 중간에서 주하이 국제에어쇼를 방해하는가?'라는 제하의 글로 미국을 맹비난했다. 개막을 불과 1주일 남겨두고 불참하겠다고 일방통보했으니 어쩌면 당연한 일이다.

반면 미국은 에어쇼에 전략수송기 'C-17 글로브매스터3'를 참가시켰다. C-17 수송기 참가를 놓고 미국 내에서 논란이 일었다. 왜 한국의 블랙이글 팀이 타는 T-50B의 참가는 제동을 걸면서 미국은 정작 자국 전략 수송기를 에어쇼에 보내느냐는 것이다. 미 국방 전문 매체인 디펜스원은 "미국의 에어쇼 군사 참여는 위선적"이라고까지 비판했다. 이런 미국 내 비판 여론 때문이었을까. 에어쇼 현장에 전시된 C-17 수송기는 일절 내부를 공개하지 않았다. 또한 관람객을

2014년 주하이 에어쇼에서 처음으로 공개된 스텔스 전투기 '젠-31'

대상으로 홍보도 하지 않았다. 그냥 에어버스사의 A380 점보 여객기를 연상하게 하는 육중한 동체만 외부에서 볼 수 있었다.

　미중 간의 신경전은 주하이 에어쇼에서 처음으로 공개되며 언론의 주목을 받은 중국의 5세대 스텔스 전투기 '젠殲-31'에서 폭발했다. 젠-31은 중국의 두 번째 스텔스 전투기로, 중국의 첫 번째 스텔스 전투기인 젠-20에 이어 개발된 기체이다. 젠-31은 최대 속도 마하 1.8에 도달할 수 있으며, 스텔스 성능을 유지하면서 공대공 미사일이나 공대지 미사일, 정밀유도 폭탄 등을 장착할 수 있다. 비행거리도 한반도와 일본열도까지 아우를 수 있는 2,000km에 달한다. 젠-31은 레이더 회피 성능을 극대화한 스텔스 기술이 적용되어 있으며, 외관상으로는 미국의 F-35와 유사한 디자인을 하고 있다. 기체 외부의 재질과 형상이 레이더 탐지를 최소화하도록 설계되었다. 첨단 스텔스 기능에 미국의 F-35와 외양은 비슷하면서도 가격이 낮아 해외 바이어들의 관심을 끌었다.

다만 엔진은 약점으로 꼽혔다. 2012년 첫 시험비행에 성공한 젠-31은 중국이 자체 개발한 엔진을 탑재했다. F-35는 단발 엔진인 반면 젠-31은 쌍발엔진이다. 그럼에도 불구하고 기동성면에서 F-35에 미치지 못한다는 평가가 많았다. 이를 개발한 중국항공그룹의 전前 대표인 리우가오주오치우高倬 씨도 인터뷰에서 젠-31은 기동 시범비행을 성공적으로 이루어냈지만, 아직 검증단계라며 엔진의 파워면에서 좀 더 노력을 기울여야 한다고 인정했다. 하지만 젠-31 스텔스기를 기동성만으로 평가할 수 없으며 스텔스기 자체로서의 역할이 더 중요하다는 지적도 있다. 스텔스기는 전쟁이 발발하면 적진 깊숙이 들어가 공격을 감행할 수 있기 때문에 상대국의 지도부를 조기에 무력화시킬 수 있다. 따라서 전략무기로서의 가치를 가볍게 봐서는 안 된다는 것이다.

그런데 에어쇼 이후 최신예 스텔스 전투기 F-35 설계 등의 기밀정보가 중국 사이버 스파이에 의해 빼돌려졌다는 보도가 나왔다. 독일 시사주간지 슈피겔Der Spiegel은 2015년 1월, 에드워드 스노든 전 미국 국가안보국NSA 요원이 폭로한 기밀문건에서 이 같은 사실을 확인했다. 슈피겔은 미국이 주도하는 첩보동맹 '다섯 개의 눈Five Eyes'이 수집한 중국의 스파이 활동과 관련한 내용을 소개하면서 중국이 사이버 스파이 활동을 통해 F-35 설계와 관련한 막대한 분량의 정보를 수집했다고 전했다. 유출된 정보는 F-35 레이더와 엔진 설계도, 배기냉각 방법 등이다. 유출 시기는 2007년으로 보고 있다. 중국의 차세대 스텔스 전투기 젠-31과 젠-20이 이렇게 유출된 정보를 바탕으로 만들어졌을 것으로 추정된다. 미중 무역전쟁은 이때 스텔스기 기술을 탈취당한 이후 누적된 경계심과 반성에서 비롯된 깃이라는 분석이 많다.

중국은 이전에도 군사협력에서 러시아의 불신을 받은 적이 있다. 전투기 불법복제 때문이다. 1995년 중국과 러시아는 수호이 Sukhoi-27SK 200대를 중국 선양비행기공업집단이 생산하기로 합의했으나, 95대를 생산한 시점에서 중국 측이 일방적으로 계약을 해지했다. 그리고 이후 불법 복제된 중국산 젠-11B를 생산했다. 게다가 젠-11B를 러시아산 Su-27과 Su-30MK의 후속기종으로 수출시장에 내놓았다. 더욱이 Su-33 함재 전투기는 젠-15로, Su-30MK는 젠-16으로 복제됐다.

2015년에 중국은 24대의 수호이 Su-35 전투기를 약 20억 달러에 구매하기로 합의해, 2019년까지 계약 전투기가 인도되었다. 이 과정에서 중국은 Su-35에 장착된 첨단 AL-41F1S 터보팬 고성능 엔진을 통해 자국 전투기 개발에 응용했다. 라다Lada급 잠수함과 관련해서도 중국은 러시아로부터 구매한 4척의 잠수함 가운데 2척은 중국에서 현지 생산될 예정이다. 라다급 잠수함은 소음억제 기술과 단일선체 디자인에서 중국이 배울 수 있는 중요한 플랫폼으로 평가된다. 중국은 이를 통해 자국의 차세대 재래식 잠수함 개발을 가속화하고 있다.

중국은 현재 유인전투기뿐만 아니라 무인기 개발에 전력을 쏟고 있다. 하지만 '날카로운 검'이라는 뜻의 '리젠利劍'으로 불리는 스텔스 무인기까지 복제 논란이 일었다. 리젠은 외형상으로 미국의

스텔스 무인기인 X-47B와 유사해 복제 의혹이 제기됐다. X-47B
는 노스럽 그루먼Northrop Grumman에서 개발한 무인공격기로, 리젠
과 비슷한 날개 모양인 '플라잉 윙flying wing' 디자인을 사용한다. 이
디자인은 스텔스 성능을 높이는 데 효과적이다. 이 때문에 서방국
가들이 복제 논란을 제기했지만 공식 확인된 바 없다.

아시아 최고 갑부 리카싱,
'Sell China'

홍콩은 중국과 서방세계, 특히 미국 간의 경쟁과 갈등의 상징적인 전장이 됐다. 미국은 홍콩 문제를 통해 중국의 권위주의적 통치를 비판하며 민주주의와 자유라는 가치를 내세우지만, 중국은 이를 내정으로 규정하고 외부의 간섭을 강력히 반대하고 있다. 그 중심에 홍콩보안법이 있다. 홍콩보안법은 중국 전국인민대표대회전인대에서 2020년 5월 28일 압도적 찬성으로 통과되고, 6월 30일 전인대 상무위원회의 만장일치 통과로 7월 1일부터 시행에 들어갔다. 일국양제一國二制 원칙에 따라 홍콩 법률은 기본적으로 홍콩 의회인 입법회를 통해 제정되지만, 중국 의회인 전인대가 제정에 나선 것이다.

중국이 이 같은 무리수를 둔 이유는, 홍콩 의회인 입법회에서 보안법 통과가 불가능하다고 생각했기 때문이다. 〈환구시보〉는 사설을 통해 "보안법의 통제가 없는 홍콩은 미국 등 외부 세력의 개입으로 엉망진창이 돼가고 있다. 중앙정부 차원의 보안법 마련이 시급하다."라 주장했다. 2019년 7개월간 이어진 범죄자 본토 인도법안송환법 반대 시위가 직접적인 도화선이 됐다. 2019년 6월 9일 100

만 명이 넘는 홍콩 시민들이 홍콩 빅토리아 공원에 모여 송환법 철회를 요구했다. 1년여간 시위자 약 9,000명이 체포됐고, 이 가운데 1,300여 명이 기소됐다. 홍콩 정부가 결국 송환법 철회를 선언했지만, 시위 과정에서 일부 반중 시위대는 중국 국기인 오성홍기를 불태웠다. 홍콩 정부는 2003년에도 국가보안법 제정을 추진했지만, 홍콩 시민 50만 명이 거리로 나와 "국가보안법 반대"를 외치자, 법안을 취소한 바 있다.

이런 상황에서 베이징 정부가 직접 개입해 홍콩 사태를 정리한 것이다. 홍콩보안법 통과로 미중간의 갈등은 더욱 격화됐다. 2020년 트럼프 행정부 시절 미국 재무부는, 홍콩의 자치권을 훼손하고 시민들의 표현이나 집회의 자유를 제한한 개인 11명을 제재했다. 당시 캐리람Carrie Lam 행정장관과 보안국장이었던 존 리John Lee Ka-chiu, 경무처장이던 크리스 탕Chris Tang Ping-keung과 홍콩 주재 중국 연락판공실 주임이었던 뤄후이닝駱惠宁 등이 명단에 올랐다.

제재 대상에 오른 당시 캐리람 홍콩 행정장관은 한 언론과의 인터뷰에서 일상생활에 불편이 없느냐는 질문에 "당신 앞에는 은행 서비스를 제공받지 못하는 홍콩특별행정구 수반이 앉아 있다. 나는 매일 현금을 사용하고 있다."라고 말해 화제가 됐다. 캐리람 행정장관은 전 세계 정부 지도자 가운데 고액인 7억 4,000만 원 정도의 연봉을 받는 것으로 알려졌다. 그런데 미국의 제재로 월급을 은행에 맡길 수조차 없다며 "집에 현금이 산더미처럼 쌓여 있다. 은행 계좌가 없기 때문에 정부가 내 월급을 현금으로 지급하고 있다."라고 말했다. 미 국무부는 캐리람 홍콩 행정장관과 거래하는 금융기관을 색출하겠다고 엄포를 놓았다. 거래 금융기관이 드러나면 '제3자 제재', 즉 세컨더리 보이콧을 가할 수 있다고 경고한 것이다. 이 때문에 신용카드는 물론 홍콩 내 중국 국영은행조차 이용하지 못하고 있는 것으로 알려졌다.

미 재무부는 홍콩의 자유와 민주적 절차를 억압하는 데 직접적인 책임이 캐리람 장관에게 있다고 지적했다. 하지만 캐리람 장관은 미국의 부당한 제재는 영광스러운 일이라고 반박했다. 2022년 6월 퇴임한 캐리람 전 홍콩 행정장관은 여전히 미국의 제재로 인해 은행 계좌를 사용할 수 없다. 홍콩 민주화 사태 당시, 경찰 조직 최고 수장인 보안국장으로 지내던 존 리 행정장관도 미국의 제재를 받고 있다. 그는 자신이 임명한 인사들에 대한 제재 해제를 미국에 요청할 것이냐는 질문에 "제재를 무시할 것이다. 한 국가의 안보를 해치려는 계획은 우리에 의해 좌절됐다. 제재는 우리가 의무를 수행하도록 하는 결의를 더욱 확고히 했다."라고 답했다. 홍콩이 자치권을 상실하면서 홍콩 정부나 친중국 성향을 지지하는 홍콩 '블루Blue'만 남고, 민주화 지지 세력인 '옐로Yellow' 캠프는 홍콩을 떠났다.

게다가 미국의 홍콩 특별지위 폐지 방침에 따라 '헥시트Hexit'도 점점 현실화하고 있다. 헥시트는 홍콩Hong Kong과 엑시트Exit의 합성어로, 글로벌 기업과 금융자본이 대거 홍콩에서 빠져나가는 현상을 가리킨다. 국제도시로서의 홍콩보다는 광둥성의 조용한 도시로 남길 바라는 중국의 정책이 홍콩의 쇠락을 앞당기고 있다. 다국적 외국 기업이 떠나고, 중국 본토 기업이 그 자리를 차지했다. 영어가 사라진 자리에 중국 표준 푸통화普通话가 안착하고 있다. 이 때문에 싱가포르가 홍콩을 대체할 아시아 경제·상업 중심지로 급부상했다. 홍콩의 중국화化로 정치적 불확실성이 커지면서 2023년 한 해 동안 다국적기업 4,200곳이 싱가포르로 옮겼다.

미국 마이크로소프트MS, 구글 모회사 알파벳, 중국 짧은 동영상 플랫폼 틱톡, 글로벌 자동차업체 제너럴모터스GM와 롤스로이스, 영국 가전업체 다이슨 등 외국 기업들이 싱가포르로 아시아 본부를 속속 이동했다. 같은 기간 홍콩에 터를 잡은 해외기업 수는 1,336개에 그쳤다. 싱가포르의 3분의 1 수준이다. 홍콩은 1997년 영국의 반환 이후 30년도 안 돼 싱가포르에 '아시아 비즈니스 허브' 자리를 넘겨주게 됐다. 타이완이나 영국 등에서는 홍콩인들의 대거 망명을 수용한다는 방침을 밝히면서 홍콩 엑소더스탈출는 속도를 내고 있다.

홍콩의 최고 갑부이며 한때 아시아에서 알리바바 마윈馬雲 회장과 최고 갑부자리를 놓고 경합했던 기업가는 단연 홍콩의 청쿵長江 그룹 리카싱李嘉誠, Li Ka Shing 회장이다. 홍콩 비즈니스 매거진에 따르면 리카싱 회장은 2024년 기준 전 세계 억만장자 순위에서 38위를 기록하고 있다. 그의 순자산은 약 362억 달러로 홍콩에서 가장 부유한 인물이다.

홍콩은 '리카싱의 도시'라고 말할 정도로 영향력이 매우 크다. 홍콩에는 이런 말이 있다. 홍콩 사람은 리카싱이 세운 집에 살고, 그가 발전한 전기를 쓰고, 그가 생산한 물을 마시고, 그의 통신업체를 통해 전화하고 인터넷을 사용한다. 또 그가 운영하는 슈퍼마켓에서 채소를 산다. 홍콩 사람이 1달러를 쓰면 5센트는 리카싱의 호주머니로 들어간다는 말이 있을 정도이다. 리카싱 회장은 90세를 훌쩍 넘긴 고령에도 불구하고 아주 정정하다. 리 회장은 알람을 정확히 오전 5시 59분에 맞춰놓고 전날 아무리 늦게 자더라도 예외 없이 일어난다고 한다. 아침 6시 뉴스를 들으면서 하루를 시작하고, 골프를 1시간 반 정도 친다고 한다. 이후의 모든 시간은 사업을 위해 눈코 뜰 새 없이 바쁘게 보낸다.

리카싱 회장은 2015년 2월 9일 홍콩 증권거래소에서 신년 기자 회견을 통해 그룹 사업구조 개편안을 전격으로 발표했다. 리 회장은 부동산 투자회사 청쿵실업과 항만, 통신 등을 주력으로 하는 허치슨 왐포아를 합병한 뒤 이를 다시 부동산과 비非부동산 기업으로 분리하겠다고 발표했다. 부동산은 CK부동산長地이 맡고, 비非부동산은 CKH홀딩스長和가 운영하는 2개의 지주사로 재편하겠다는 것이다. 그러면서 신규 지주사 본사를 카리브 해에 있는 영국령 캐이맨 제도 Cayman Islands로 이전하겠다고 선언했다. 캐이맨 제도는 알려진 바와 같이 버진 아일랜드British Virgin Islands나 버뮤다Bermuda와 함께 세계 3대 조세 회피처이다. 세금을 아껴보겠다는 얘기인데 리카싱 회장은 지주사 본사 해외 이전을 놓고 상당히 고심했던 것으로 보인다.

기자회견에서 리 회장은 자신의 자금을 홍콩에서 빼내려는 것이 아니라고 강하게 부인하면서 홍콩 증시에 상장한 75%의 기업은 본사를 해외에 두고 있다며 그중에는 민영기업이나 국영기업이나 할 것 없이 이런 방법을 쓰고 있으므로 트집 잡을 일이 아니라고 말했다. 그러면서 자신은 1971년 홍콩 증시에 처음 상장할 때부터 지금까지 주주의 이익을 가장 우선시해 왔다며 올해도 주주들에게 보너스를 더 많이 주는 걸 희망하고 있다고 덧붙였다.

리카싱 회장이 그룹 구조개편안을 발표한 뒤, 리 회장의 청쿵실업长江实业과 허치슨왐포아和記黃埔의 주가가 연일 뛰기 시작했다. 외국인들의 매수세가 몰린 것이다. 하지만 리 회장의 사업구조 개편안은 더 큰 역풍을 맞고 있다. 리 회장의 발표 뒤 중화권 언론은 모두 리 회장의 '홍콩 엑소더스'에 주목하고 있다. 리 회장이 홍콩 철수가 아니라고 말했지만 곧이곧대로 믿는 언론은 없다. 오히려 비난의 수위를 높이고 있다. 중국 매체는 지난 2년간 '차이나 엑소더스'를 이어가고 있다고 보도했고, 〈환구시보〉는 사설에서 중국 내리 회장의 투자액은 '바닷속 물방울 하나'에 불과하다며 리 회장이 더는 중국인의 이상적인 본보기가 아니라고 배신감을 드러냈다.

타이완 〈자유시보〉는 리 회장이 그룹 본사를 영국령으로 옮기려고 하는 것은 중국과 홍콩의 사법제도를 신임하지 않는다는 표현이라고 분석했다. 또 리 회장의 결정은 1997년 홍콩의 주권반환 전본사를 영국으로 옮긴 HSBC홍콩상하이은행보다 더 큰 충격을 주며, 중국의 일국양제 원칙에 불신임 표를 던진 것이라고 주장했다. 중국과 홍콩의 미래가 비관적이라는 것을 보여주듯 리카싱 회장은 중국과 홍콩의 자산을 잇달아 매각하면서 '셀 차이나'에 속도를 냈다.

2013년 7월 수퍼마켓 체인 '바이자百佳: PARKnSHOP'를 매각하고, 상하이 오리엔탈 파이낸셜 센터Shanghai Oriental Financial Center, 베이징 잉커센터Yingke Center를 잇따라 처분했다. 이렇게 2013년 이후 판 부동산 규모만 250억 위안, 우리 돈 4조 원에 달한다. 2017년

엔 홍콩의 랜드마크 중 하나인 73층 높이의 '더센터The Center' 빌딩
을 402억 홍콩달러약 51억 달러에 매각해 당시 역사상 가장 큰 상업
용 건물 거래 중 하나로 화제가 되었다. 반면 유럽에서 돈 될 만한
회사를 인수하는 작업은 속도를 높이고 있다. 본사 이전 발표 뒤 보
름도 안 돼 리카싱 회장은 곧바로 영국 굴지의 철도, 통신회사 인
수 작업에 착수한다. 영국 3대 열차 임대업체인 '에버숄트 레일그룹
Eversholt Rail Group'을 약 25억 달러에 인수했다. 영국 통신사 O2까
지 인수하려 하면서 영국 유력일간지 〈데일리메일〉은 "아시아 최
대 갑부가 곧 대영제국 전체를 사들일 것"이라는 제목의 기고를 게
재하기도 했다. 이뿐이 아니다. 네덜란드 의약품 스토어 체인 '덕스
Dirx'와 스웨덴 '엘레비오Ellevio' 전력망을 인수했다. 2017년에는 호

홍콩 랜드마크 73층 높이의 더센터. 2017년 402억 홍콩달러에 매각되었다.

주의 듀엣Duet 그룹을 57억 달러에 인수했다.

리카싱 회장은 왜 중국, 홍콩의 자산은 팔고 유럽 자산 구매에 열을 올리고 있을까? 홍콩 현지에서 만난 전문가들은 우선 경제적인 이유를 꼽는다. 중국 부동산 거품 붕괴 조짐이 나타나고 있고 경기하강 압력이 더해지자 서둘러 정리했다는 분석이다. 제프리 찬 홍콩 증권업협회 회장은 인터뷰에서 홍콩 부동산 경기가 제일 좋을 때 자신의 부동산을 매각하는 것은 매우 정상적인 것으로 상인으로서 그는 가격이 제일 높다고 생각할 때 매각한 것이라고 말한다. 그것은 주주에 대한 책임이기도 하다고 설명했다.

또 다른 해석도 있다. 그룹 개편을 통해 저평가된 지주사의 가치를 높이려는 전략이라는 평가다. 시웡칭 홍콩 부동산 개발회사 명예회장은 현재 홍콩증시에서 부동산을 보유하고 있으면 기업의 가치는 하락한다고 말한다. 부동산 보유 회사자산은 적어도 30% 저평가되고 심지어 40~50%까지 떨어진다고 한다. 그래서 부동산과 분리해 상장하는 게 중요하다고 말한다. 그런데 청쿵실업과 허치슨왐포아 모두 부동산을 보유하고 있어서 리카싱 회장이 두 회사를 합병한 뒤 부동산 부문과 비非부동산 부문으로 재편해 기업공개를 하려는 것이라고 말한다. 그래서 비非부동산 지주사 같은 경우 주가가 오르면 더 많은 자금을 모을 수 있기 때문이다.

하지만 홍콩 현지에서 더 주목하는 사업 이전의 비밀은 따로 있다. 리카싱 회장으로서도 말할 수 없고 밝히기도 어려운 부분이다. 바로 베이징 지도부와의 불편한 관계다. 홍콩 언론들은 바로 이 점을 주목하고 있다. 리카싱 회장과 시진핑 국가주석과의 관계 악화가 '탈홍콩'을 부추겼다는 지적이다. 리카싱 회장과 시진핑 주석의 악연은 홍콩 행정장관 선거가 치러진 2012년 3월로 거슬러 올라간다. 홍콩 방송 평론가로 유명한 라우란칭劉鑾程 박사는 당시를 이렇게 회고한다. 선거가 한창 무르익어 갈 무렵, 시진핑 당시 부주석은 홍콩 인근 선전深圳에서 리카싱 회장과 만나 렁춘잉梁振英 후보 지지를 당부했지만, 리카싱 회장은 단호하게 거절했다고 한다. 이는 시진핑 부주석에게 있어 항명적 행동으로 비춰졌고 관계가 틀어지는 계기가 됐다. 당시 리카싱 회장은 친기업 후보인 헨리탕唐英年 후보를 강력히 지지했다.

이런 불편한 관계는 2014년 홍콩 민주화 시위 때도 계속됐다. 리카싱 회장이 렁춘잉 행정장관 퇴진을 요구하는 시위대에 침묵으로 일관하면서 베이징 지도부와의 불화가 커졌고, 2014년 9월 시 주석과 홍콩 경제인과의 면담자리는 관계를 더욱 악화시켰다. 물론 이에 대한 반론도 있다. 중국인이 사업할 때 "가난하면 부자와 겨루지 않고, 부자는 관료와 다투지 않는다."라는 말이 있듯이 사업을 하는 사람은 결코 국가 지도자와 다투지 않는다고 말한다.

홍콩의 경영 여건이 예전만 못하다는 분석도 있지만 결코 놓칠 수 없는 분명한 사실은, 시간은 가고 있고 한 나라 두 체제, 즉 일국양제一國兩制 원칙은 2047년 종료된다는 것이다. 현재 외교와 국방만 중국이 행사하고 있을 뿐 홍콩은 자치권을 행사하고 있다. 그런데 앞으로 20여 년 후면 홍콩은 명실상부하게 중국의 영토로 편입된다. 이때부터는 일국양제가 아니고 일국일제一國一制다. 바로 중국식 사회주의가 홍콩에 그대로 이식되는 것이다. 토지 소유권이 모두 국가 소유로 귀속된다. 많은 부동산을 보유하고 있는 리카싱 회장은 닥쳐올 현실에 미리 대비한 것으로 보인다.

2023년 이후 중국 본토에서도 또다시 '차이나 런China Run'이 등장했다. 중국에서 외국으로 자산이나 자본을 대규모로 이동시키는 현상을 가리키는 말이다. 중국 국가외환관리국SAFE에 따르면 2023년 9월 중국의 순자본 유출 규모는 약 750억 달러로, 2016년 1월 이후 가장 높은 월간 유출액을 기록했다. 내수경기 약화와 미국과의 금리차 확대, 경제 및 금융 안정성에 대한 우려가 복합적으로 작용한 것으로 보인다. 하지만 공동부유의 타깃인 된 빅테크 제재로 "중국은 투자 불가능하다"는 인식이 널리 확산된 원인도 크다. 자본뿐만 아니라 사람도 떠나고 있다. 남미를 통해 미국으로 밀입국하는 중국인이 늘고 있다. 모두가 중국에서 더 이상 미래를 찾을 수 없다는 생각을 하고 있다.

화웨이의 '노아의 방주' 프로젝트

글로벌 기업으로 성장한 화웨이지만 시작은 초라했다. 화웨이 런정페이 任正非 회장은 1987년, 선전의 한 공업단지 인근 아파트에서 창업했다. 밑천은 300여 만 원에 불과했고, 인근 홍콩에서 전화교환기를 떼다 파는 대리점 사업이 전부였다. 이렇게 모은 돈으로 통신기술 개발에 뛰어든 화웨이는 창업 31년 만인 2018년 매출 1,000억 달러를 돌파했다. 천리팡陈黎 芳 화웨이 부회장은 화웨이 발전 원칙은 '집중'이라며, 화웨이는 설립 30년 동안 다른 일을 한 적이 전혀 없다고 말했다.

하지만 세계 제일의 통신장비 업체라는 명성 뒤엔 각종 의혹이 꼬리표처럼 따라다닌다. 고속 성장한 화웨이의 배후에 중국군과 중국 정부가 뒤를 봐주고 있다는 주장이다. 실제로 창업주인 런정페이는 중국 인민해방군 엔지니어 출신이다. 런정페이는 당 기관지 〈문회보文汇报〉에 군대 시절 중국 최초의 정밀도 계량컵인 공기 압력 저울을 개발해 보도되기도 했다. 게다가 화웨이라는 회사 이름도 '중화를 마음에 품고 할 일은 한다'는 "심계중화, 유소작위心系中华, 有所作为"의 마지막 두 글자에서 따왔다. 1990년대 후반과 2000년대 초반에 중국의 통신산업을 대표하는 4대 통신사인 지퉁吉通, 다탕大唐, 중싱中兴, 화웨이는 '거대중화'의 굴기를 상징하는 대표 기

• 여적은 글을 쓰고 남은 먹물을 말하는데, 기록에서 빠진 사실을 의미하기도 한다.

업으로 성장했다.

화웨이가 회사경영과 지배구조를 비밀에 부치고 있는 점도 의혹을 부채질했다. 이와 관련해 런정페이 회장은 화웨이에 8만여 명의 주주가 있는데 그들이 모두 직원이며 직원이 아닌 사람이 없다고 말했다. 그러면서 자기 주식 비중은 많아야 1.4%라며 그래서 조금은 오해가 있는 것 같다고 설명했다. 하지만 여전히 의문은 남아 있다. 회사 상장을 하지 않았기 때문에 정확한 주주구성을 알 수 없는데다 지분구조도 여전히 베일 속에 있다고 평가받고 있다. 공산당 노선을 따르는 노동조합 성격의 공회위원회가 지분의 99%를 소유한 것으로 알려졌다.

베일에 싸여 있던 '비밀의 왕국' 화웨이가 최초로 내부를 공개한 적이 있다. 전 세계적으로 불붙고 있는 보안 논란 때문이다. 화웨이는 중국의 실리콘밸리라 불리는 선전에 본사를 두고 있으며 여의도 면적의 3분의 2 정도인 200만m² 규모로 자리 잡고 있다. 화웨이는 현재 '2012 노아의 방주 Noah's Ark' 프로젝트를 통해 자율주행과 인공지능 칩셋, 원격수술 등 화웨이만의 핵심 인공지능 기술에 집중하고 있다.

노아의 방주 프로젝트는 2012년에 시작된 인공지능AI 연구 및 개발 프로젝트로, AI 기술을 활용해 화웨이의 통신 네트워크 장비와 서비스의 효율성을 극대화하고, 고객에게 더 나은 성능을 제공하는 것을 목표로 삼고 있다. 성경에 나오는 '노아의 방주'로 연구소 이름을 지은 데는 런정페이 회장의 특별한 신념이 담겨 있다. 런정페이 회장은 미래는 디지털 홍수의 시대라고 생각하고 화웨이가 미래의 디지털 홍수 시대에서 살아남을 기술을 만들어야 한다고 생각했다. 그 핵심기술이 바로 인공지능이고 그런 이유로 연구소 이름을 '노아의 방주'라고 지었다는 것이다.

화웨이 '노아의 방주' 연구실 내부

  화웨이는 10년 전부터 5G 장비와 소프트웨어 개발에 투자해 왔다. 이런 노력의 결과로, 현재 전 세계 5G 표준기술 특허의 20% 이상을 차지하고 있다. 실제로, 전 세계적으로 약 20만 명의 직원 중 50% 이상이 연구개발 인력이다. 화웨이의 연구개발R&D 투자 규모는 매년 꾸준히 증가하고 있다. 2022년 기준으로 화웨이는 약 2,550억 위안약 378억 달러을 연구개발에 투자했다. 약 23조 6,100억 원약 180억 달러에 불과한 삼성 R&D연구개발 투자액의 두 배나 된다. 매출 대비 R&D 비율도 삼성전자는 약 9.2%에 불과하지만, 화웨이는 약 25.1%이다. 화웨이가 기술혁신과 제품개발에 얼마나 공을 들이고 있는지 알 수 있는 대목이다.

03

격화되는 전선:
군사와 경제

중국 로켓군
손바닥 보듯 보는 미국

중국 인민해방군 로켓군은 2024년 9월 25일 오전 8시 44분, 대륙간 탄도미사일ICBM을 태평양 쪽 공해상을 향해 발사했다. 44년 만의 일이다. 로켓군은 훈련용 모의 탄두를 탑재한 ICBM 한 발을 발사했으며, ICBM은 정해진 지역에 정확하게 명중했다고 발표했다. 그러나 ICBM 제원이나 비행궤적, 구체적인 탄착지점은 공개하지 않았다. 이 발사는 하이난 섬에서 이루어졌으며, 미사일은 태평양의 프랑스령 폴리네시아 인근 해역에 떨어진 것으로 알려졌다. 또한 미국은 정찰기를 통해 ICBM의 비행경로와 데이터를 수집했으며, 둥펑东风, DF-31AG나 이와 유사한 신형 ICBM일 가능성이 높은 것으로 보고 있다.

둥펑DF-31AG은 최대 사거리가 약 11,000~12,000km에 이른다. 비행거리가 1만km 이상인 대륙간탄도미사일임을 암시하며, 중국이 미국 본토를 포함한 먼 거리를 타격할 수 있는 능력을 과시한 것으로 평가받고 있다. DF-31AG는 2017년 베이징에서 열린 중국군 창설 90주년 기념 열병식에서 처음 공개되었다. 이 미사일은 중

둥펑(DF)-31AG. 2017년 베이징에서 열린 중국군 창설 90주년 기념 열병식에서 처음으로 공개되었다.

국의 기존 DF-31A를 기반으로 하여 성능이 향상된 모델로, 고체 연료를 사용하며 이동식 발사대에서 발사할 수 있어 기동성이 강화되었다. 당시 시진핑 주석은 중국 인민해방군 군복을 입고 사열을 마친 뒤 연설에서 "우리 군대는 모든 군대를 이길 수 있고 국가 안보와 발전의 이익을 지킬 능력이 있다."라고 강조했다. 중국은 연례 훈련이며 다른 국가나 목표를 겨냥한 것이 아니라고 주장했다. 하지만 미중 간의 전략적 경쟁이 고조되는 상황에서 군사적으로 확대될 수 있음을 알리는 신호탄이다.

앞서 중국은 1980년 5월 태평양 해역으로 대륙간탄도미사일인 DF-5호 한 발을 발사했다. DF-5는 중국의 첫 대륙간탄도미사일로, 약 9,000km를 날아 남태평양 해역에 떨어졌다. 중국은 그동안 내부 사막 지역인 신장新疆이나 네이멍구内蒙古, 동북쪽 바다인 보하이만渤海湾 등에서 대륙간탄도미사일 발사시험을 진행했다. 미 국방부는 중국이 사거리 약 1만km의 DF-31과 DF-41을 포함해 ICBM

약 350발을 보유하고 있을 것으로 추정한다. 이 ICBM 시험발사는 결성 3주년을 맞은 오커스AUKUS, 미국·영국·호주 안보 동맹 견제 목적이 깔려 있다는 분석이다. 하지만 중국 내부적으로 로켓군의 부패 스캔들과 지휘부 숙청 속에서 중국군에 대한 국민적 신뢰를 회복하고 자신감을 높이기 위해 ICBM 발사에 나섰다는 시각도 있다.

시진핑 중앙군사위 주석은 2015년 12월 31일, 군 현대화사업의 하나로 '로켓군火箭軍'을 창설했다. 1956년, 중국인민해방군 내 로켓군 창설을 처음으로 주장한 사람은 '중국 로켓의 아버지'로 불리는 첸쉐썬钱学森이다. 첸쉐썬은 "중국인은 자력으로 로켓을 만들 수 있는 충분한 능력이 있다."며 "중앙군사위원회에 새로운 군종을 창설할 것과 '화군火军'으로 명명한 로켓 장비 부대"를 제안했다. '로켓군'이 창설된 배경이다. 중국 로켓군은 약 12만 명의 병력과 40여 개 여단으로 구성돼 있다. 로켓군은 핵과 전술 미사일을 총괄 운용하는 부대로, 인민해방군의 육군·해군·공군에 이어 제4군으로서의 위상을 지니고 있다. 중국 핵능력의 절반 이상이 로켓군의 관리 아래에 있다. 이 때문에 공산당 중앙군사위원회가 직접 지휘, 통제하는 전략부대이다.

2015년 개편 전까지만 해도 '제2포병부대第二炮兵部队'라는 명칭을 사용했다. 중국은 1964년 10월 16일 첫 핵실험에 성공하자마자 미사일 부대 창설준비에 들어가 1966년 7월 마오쩌둥의 비준으로 '제2포병부대'가 창설됐다. 그러나 비밀리에 운용되다가 1984년 10월 1일 건국 35주년 기념 군사퍼레이드에서 처음 공개되었다. 미사일을 운용함에도 포병부대란 이름을 붙인 것은 당시의 국제정세를 고려한 저우언라이周恩來 총리의 판단으로 알려져 있다. 50년 만에 이름을 바꾼 '로켓군'은 2015년 9월 3일 전승절 열병식 때 보란 듯이 80% 넘는 무기를 처음으로 공개했다.

당시 눈길을 끈 것은 '둥펑DF-21D'와 '둥펑DF-26'의 첫 공개다. '항공모함 킬러'로 알려진 DF-21D는 사거리가 최대 1,500km이고, 개량형 DF-26은 사거리 최대 4,000km로 태평양상의 미군 전략기지인 괌까지도 도달할 수 있어 '괌 킬러'라고 불린다. 여기에 사거리 8,000km의 대륙간탄도미사일로 미국 서부와 유럽 등이 사정권인 DF-31A, B와 사거리 14,000km로 미국 본토가 사정권인 'DF-41'도 있다. 다시 말해 시진핑 주석의 군사 굴기의 의지가 담겨 있는 부대다.

그런데 이 로켓군의 내부 부패가 최고 감찰기관의 조사를 통해 알려지면서 큰 파문이 일었다. DF-5와 같은 액체연료를 사용하는 미사일이 제대로 유지 관리되지 않았으며, 심지어 로켓 연료 대신 물이 채워졌고, 뚜껑이 제대로 작동하지 않는 미사일이 기지 창고에 가득 쌓여 있다는 보도가 흘러나오기 시작했다. 로켓군의 부패가 수면 위로 떠오르면서 이 부대만의 일이 아닐 것이라는 추측이 나왔다. 군 전반에 만연한 부패로 중국군의 실제 전투능력까지 의심받는 상황에 이르렀다.

잘 드러나지 않는 군부 내 부패 문제가 드러난 건 7개월짜리 단명에 그친 리상푸李尚福 전 국방부장의 해임에서 비롯됐다. 중국 국방부는 국무원의 군사업무 담당부서로, 1954년 9월 제1차 전국인민대표대회 제1차 회의의 결의에 따라 출범했다. 초대 국방부장은 한국전쟁 때 중국군 총사령관이었던 펑더화이彭德怀가 맡았다. 중국 국방부는 실질적인 군사 지휘권이 없으며 인민 무장의 징집과 조직, 장비, 훈련 및 군인 계급, 급여 관리 등의 역할만 맡는다. 2023년 3월 취임한 리상푸 국방부장이 8월 29일 중국-아프리카 평화 안보 논단에 참석한 뒤 공식 석상에서 돌연 자취를 감췄다. 임명된 지 불과 5개월 만이다.

'실각설'이 제기됐지만 당시 중국 당국은 리 부장이 갑자기 사라진 이유를 별도로 설명하지 않았다. 두 달 뒤인 10월 24일 전인대 상무위원회 제6차 회의를 통해 그는 국방부장·국무위원·중앙군사위원직에서 면직됐다. 그리고 2024년 6월 27일, 중국공산당 중앙정치국은 '리상푸 문제 심사결과와 처리 의견에 관한 보고'를 통과시키면서 그의 당적을 제명하고, 제20차 당 대회 대표 자격 박탈을 결정했다. 상장대장급 계급도 취소했다. 중앙정치국은 중앙군사위원회 기율검사위원회·감찰위원회 조사결과 리상푸 전 국방부장은 정치기율을 엄중히 위반한 채 조직심사에 저항했고, 거액의 금전을 수수해 뇌물수수죄 혐의가 있고, 정당하지 않은 이익을 도모하기 위해 타인에게 금전을 건네 뇌물공여죄 혐의가 있다고 밝혔다.

리 전 부장의 혐의는 로켓군의 장비도입과 관련된 비리로 보인다. 리 전 부장의 아버지 리사오주李绍珠는 홍군 대장정과 한국전쟁에 참전했고 인민해방군 철도병 서남지휘부의 부사령관을 역임했다. 그는 신중국의 국방 현대화와 철도사업 발전에 탁월한 공헌을 한 인물로 평가받고 있다. 이 때문에 중국 매체는 '홍얼다이红二代, 혁명가 2세'

인 리상푸가 아버지의 가르침을 저버리고, '장문호자将门虎子, 장군 집안의 뛰어난 후계자'에서 '장문적자将门贼子, 장군 집안의 도둑'로 전락했다고 비난했다. 리상푸는 중앙군사위 장비발전부장 출신이다. 충칭대 자동화학원에서 석사 과정을 밟은 뒤 항공 엔지니어 출신으로 인민해방군에 합류한 리상푸는 시창위성발사센터西昌卫星发射中心 주임과 사령관 등을 역임하며 위성개발 프로그램에 몸담았던 인물이다. 중앙군사위 장비발전부장 재임 당시인 2018년 러시아로부터 전투기 10대와 S-400 미사일 시스템을 불법 구매했다는 이유로 미국의 제재 대상에 올랐지만, 시진핑 주석은 그를 국방부장에 발탁했다.

중앙정치국은 리상푸의 직전 전임자인 웨이펑허魏凤和 전 국방부장 역시 뇌물수수 등으로 당적 제명 처분을 내렸다. 웨이펑허는 로켓군 전신인 제2포병부대의 일반 병사로 시작해 상장까지 오른 입지전적인 인물이다. 또 2015년 말 출범한 로켓군의 초대 사령원상장, 대장급이자 로켓군 출신 첫 국방부장이다. 군 기율위는 리상푸의 조사를 시작한 지 21일 만인 2023년 9월 21일 웨이펑허에 대한 조사를 착수했다. 리상푸가 웨이펑허에게 거액의 뇌물을 공여해 인사상의 이익을 취득했다는 혐의를 받았다.

이 두 명의 전·현직 국방부장뿐만 아니라 2023년 3월 공산당 중앙군사위 기율감찰위가 비밀리에 연행해 조사한 로켓군 현직 사령원이던 리위차오李玉超 상장대장과 전임인 저우야닝周亚宁, 2017~2022년까지 3명의 전임 로켓군 사령원이 모두 낙마했다. 또 로켓군 부사령원이었던 장전중张振中 중장과 리촨광李传广 중장, 로켓군 장비부장 뤄홍吕宏 소장 등도 중대한 위법 혐의로 조사를 받았다. 로켓군 수뇌부에 대한 일제 사정은 2023년 7월부터 시작한 조달 관련 부패·범죄 조사를 본격화하면서 드러났다. 당시 중국 중앙군사위 장비발전부는 2017년 10월 이후 발생한 조달 관련 부패와 범죄 신고를 받는다는 통지를 발표했다.

하지만 이번 군 수뇌부 퇴진에는 뇌물뿐만 아니라 군내에서 치명적인 군사기밀 유출과 관련이 있다는 보도가 나왔다. 로켓군은 중국군 중 가장 높은 보안 등급을 지닌 부대로, 국가의 핵심 전략 자산이다. 그런데 미국 공군 산하의 중국 항공우주 연구소CASI가 2022년 10월 24일, 255쪽에 달하는 보고서를 발표했다. 이 보고서에는 중국 인민해방군 로켓군PLARF에 대한 세부 기밀 정보가 대거 담겼다. 로켓군의 부대 조직과 주둔지 위치, 탄약고의 수량과 좌표뿐만 아니라 각급 지휘관들의 이름과 가족 상황, 군 계급까지 상세히 기술되었다. 또한 로켓군의 운영 능력과 지휘 체계에 관한 기밀도 담겼다. 이러한 정보가 미국에 의해 완전히 파악되었다는 사실에 중국군 수뇌부가 경악했다고 한다.

이 일로 군 기율감찰위가 군부 내 조사에 착수했고, 로켓군 고위 장성들이 잇따라 낙마하는 계기가 됐다는 분석이다. 중국은 미국이 제20차 당대회가 열리는 시점에 로켓군의 기밀을 의도적으로 공개한 것은, 중국을 위협하고 타이완 통일에 대한 중국의 의지를 저지하려는 전략적 목적을 지닌 것으로 보았다. 부패척결이라는 명분을 내세웠지만 결국 군부 내 친미세력 척결을 위해 살계경후殺鷄儆猴, 즉 닭을 죽여 원숭이를 겁먹게 하는 것처럼 본보기로 삼은 것이다.

중국군의 치명적 결함, '실전 경험'

중국이 러시아와 합동 군사훈련 횟수를 늘리고 있다. 빈도와 범위 모두 확대되고 있다. 특히 러시아의 우크라이나 침공 이후 양국 간의 군사협력이 더욱 심화되었고, 남중국해, 동해, 발트해 등 다양한 지역에서 합동훈련이 실시됐다. 2024년 가장 대규모로 진행된 군사훈련은 '대양Ocean–2024'라고 명명된 중국과 러시아의 합동 해군훈련이다. 9월에 시작된 이 훈련은 태평양, 북극, 지중해, 카스피해, 발트해에서 이루어졌다. 400척 이상의 전함과 잠수함 및 지원함, 120대 이상의 항공기, 그리고 9만 명 이상의 군병력이 참여했다. 이 훈련은 중국과 러시아의 군사협력 강화가 목적이지만 공통의 목표는 분명하다. 미국을 비롯한 서방국가이다. 대양–2024 군사훈련에 대해 러시아의 푸틴 대통령은 지난 30년간 최대 규모의 훈련이라고 평가하면서, 미국과 서방 동맹국들이 러시아와 중국을 견제하려는 시도에 대응하기 위한 중요한 조치라고 강조했다. 시진핑 주석도 이 훈련을 통해 중국과 러시아가 군사협력뿐만 아니라 전략적 협력을 더욱 심화시켰다고 평가했다.

중국과 러시아는 2024년에 '대양−2024'뿐만 아니라 총 6회 이상의 합동 군사훈련을 시행했고, 2023년에도 5회 이상의 대규모 합동 군사훈련을 실시했다. 2023년 7월 실시된 '북부/연합Northern/ Interaction −2023 훈련'은 중국군 북부전구가 주관해 동해와 동중국해에서의 합동 공중순찰과 해상훈련을 전개했다. 특히 러시아군은 처음으로 해·공군을 파견했다. 중러 양국은 2021년 8월 중국 북서부 닝샤寧夏에서 진행된 '서부/연합−2021' 합동 훈련에 병력 1만 3,000명과 군용기와 무인기, 대포, 대공포 등을 동원했다. 합동 군사훈련은 2003년 처음 실시된 이후 2024년 10월까지 102회 이뤄졌으며, 이 가운데 절반 이상이 2017년 이후에 실시됐다. 미중 신냉전이 시작될 즈음이다.

이처럼 중국이 러시아와 합동 군사훈련에 부쩍 열을 올리는 이유는 군사적 충돌에 대비하는 것으로 보인다. 시진핑 주석은 군부대를 방문할 때마다 실전 같은 훈련을 강조했다. 2023년 4월, 시진핑 주석은 남중국해를 관할하는 중국군 남부전구 해군을 방문하면서 실전조건 하에서의 훈련을 강화하고, 새로운 전투개념과 훈련방법을 혁신해야 한다고 지시했다. 2023년 9월에도 헤이룽장성 하얼빈에 위치한 78집단군을 방문해, 군이 전투준비와 훈련강화를 최우선 과제로 삼아야 한다고 말했다. 중국군의 약점인 실전경험을 러시아와의 합동 군사훈련을 통해 벌충하려는 목적이 강해 보인다. 러시아군은 조지아에서 벌어진 남오세티아 전쟁, 체첸 자치공화국에서 벌어진 체첸전쟁, 크림반도를 놓고 벌인 러시아−우크라이나 전쟁, 시리아 내전에 참전했다. 하지만 중국군은 45년 넘게 실전경험이 없다. 중국 지도부가 가장 걱정하는 부분이다.

　과거 중국은 실전경험이 부족한 상태에서 치른 뼈아픈 기억이 있다. 베트남전이다. 1979년 2월 17일부터 3월 16일까지 베트남과의 전쟁에서 중국은 일방적으로 승전을 선언하고, 개전한 지 한 달 만에 철수했다. 베트남 북부의 산업시설을 파괴함으로써 서남 국경의 전략적 안전을 확보했다고 자평했다. 하지만 당시 베트남군이 민병대예비군 수준이었음을 고려한다며 중국의 승리라고 보기 어렵다. 중국 정규군의 인명 손실이 컸기 때문이다. 그때 베트남군의 주력부대는 캄보디아에 주둔하고 있었다. 베트남은 캄보디아의 크메르루주Khmer Rouge 정권을 타도하고 헹 삼린 정부를 지원하기 위해 대규모 군대를 파견한 상태였다. 중국군 통계자료에 따르면, 베트남과의 전투에서 중국군은 전사 7,814명, 실종 955명, 부상 2만 3,586명 등 총 3만 2,000명이 넘는 인명손실을 입었다. 중국군의 상처뿐인 승리의 원인이 중국군 내부에 있다는 평가가 많다.

　베트남과의 전쟁은 1979년 2월에 발발했지만, 원래 예정된 공격 시점은 한 달 앞선 시점이었다. 하지만 장쩐張震 당시 총후근부總后勤部 부장의 제안에 따라 공격 시점이 한 달 늦춰졌다. 총후근부는 주로 군수와 물자를 담당하는 부서로, 장쩐 장군이 전쟁을 앞두고 베트남전 부대를 시찰했을 때, 인민해방군이 사용하던 무기에 심각한 결함이 있다는 사실을 발견했다. 총기 고장이 빈번하고, 불발탄도 많았다. 수류탄의 3분의 1은 불량품이었으며, 던져도 폭발하지 않는 경우가 많았다. 뿐만 아니라 당시 인민해방군의 전투능력은 오합지졸 수준이었다. 많은 신병들이 기본적인 사격조차 익숙하지 않았고, 체계적인 훈련도 받지 못했다. 많은 부대원들은 2년간 훈련을 받지 않은 대부분 후방 생산부대 출신으로 드러났다. 또 지휘관들의 상황도 좋지 않았다. 상당수는 실전경험이 없었고, 심지어 지도를 읽는 독도법조차 모르는 이들도 있었다. 장쩐 장군은 중국군의 충격적인 실태를 보고 베이징으로 돌아와 군사위원회에 전쟁개시 시점을 한 달 연기할 것을 건의했다. 결국 군사위는 작전개시 시점을 2월로 미루게 되었다. 한 달 동안 각 참전부대는 실전훈련을 시작해 전투력을 강화하고 무기교체도 이뤄졌지만, 오랫동안 묵혀 있던 문제들이 해결되지 않은 채 전쟁이 시작되었다.

1979년 3월 16일, 중국군이 철수한 날, 베트남이 말을 듣지 않으니 엉덩이를 때려줘야겠다며 침공을 명령한 덩샤오핑邓小平은 뼈아픈 연설을 남겼다. "많은 문제가 드러났다. 첫 5일 동안 사상자가 많았고, 부대가 제대로 전개되지 못했으며, 지휘관들은 부대를 어떻게 배치해야 할지 몰라 부대가 매우 밀집되어 있었다. 베트남군은 포격과 산골짜기를 이용해 우리의 많은 병력을 손상시켰다." 라고 평가했다. 반면 베트남군은 과거 중국군에게 배웠고, 이후에는 프랑스와 미국과의 전쟁을 겪으며 수십 년간 끊임없이 실전경험을 쌓았다. 이 때문에 베트남군은 개개인의 전투력이 매우 뛰어났고 다양한 전술을 활용할 수 있었다. 중국군은 1962년 인도와의 전쟁 이후 10년 이상 대규모 전쟁을 치르지 않았고, 실전경험이 베트남군보다 오히려 부족했다.

베트남전 지휘관을 맡았던 쉬스요許世友 광저우 군구 사령관은 1979년 4월 20일, 열린 승리축하회에서 교훈으로 삼아야 할 베트남

중국군 62식 전차. 베트남군의 대전차 무기에 취약하고 좁은 산악 정글 도로에서도 허점을 드러냈다.

전의 치명적 문제점 4가지를 꼽았다. 그러면서 그는 "전우들이 피와 목숨을 바쳐 얻은 교훈이니, 우리는 이를 반드시 중시해야 한다."라고 강조했다.

1. 오랜 기간 전쟁을 치르지 않아 많은 이들이 전쟁에 적응하지 못했다.
2. 전장 변경 후, 각 부대가 상하간에 서로를 잘 알지 못했다.
3. 준비가 충분하지 못해 전쟁 후반에 식량공급이 지연되고 부상자 수송에 심각한 지장이 있었다.
4. 병사들이 장비사용에 익숙하지 못했고, 무기가 전장과 매우 적합하지 않았다.

당시 중국군이 베트남과 졸전을 펼친 이유는 1960년대 이래 정치 문제 때문에 전력 증강이 거의 이뤄지지 않았고 문화대혁명 때문에 고급 지휘관 상당수가 숙청되있으며, 군사훈련도 전투보다는 정치교육에 더 매진했기 때문이다. 이전의 한국전쟁이나 인도와의 분쟁에서 보인 매서움이 사라졌다. 중국군은 현재 이런 문제점에서 얼마나 개선이 이뤄졌는지 알 수 없다. 다만 분명한 점은 중국군은 베트남 전쟁 때보다 훨씬 더 긴 기간 평화의 시기를 거치면서 전쟁 경험이 없다는 것이다. 여기에 부패까지 만연하면서 실전 력을 얼마나 갖췄는지 의문이 든다. 실전 험이 많은 러시아조차 우크라이나전쟁 수렁에 빠져 헤어 나오지 못하는 상황에서 중국은 핵무기만 의지하고 있는 건 아닐까.

미중 남중국해 힘겨루기,
'신형대국관계'

미중 '신형대국관계'는 2012년 5월 베이징에서 열린 미중 전략 경제 대화 기간 중에 처음 쓰이기 시작했다. 그리고 이듬해인 2013년 6월 캘리포니아에서 열린 오바마 전 대통령과의 정상회담에서 시진핑 주석이 처음으로 '신형대국관계新型大国关系'를 공식 제안했다. 시진핑 주석은 미중 관계가 새로운 유형의 대국관계로 발전해야 한다며, 충돌을 피하고 상호존중을 바탕으로 평화 공존과 윈윈win-win 협력을 추구해야 한다고 말했다. 중국은 자국의 사회주의 체제를 인정받고, 미국이 이를 존중하기를 기대했다. 또 갈등을 피하고, 경쟁이 있더라도 군사적 충돌로 이어지지 않게 관리하자는 중국의 입장을 표명한 것이다.

그러나 오바마 전 대통령은 중국을 대등한 상대로 대할 수 없다며 제안을 거부했다. 중국의 의도가 국제질서를 재편하려는 시도라고 본 것이다. 대신 오바마 대통령은 민주주의, 인권, 법치주의와 같은 미국의 핵심가치를 존중하는 것이 진정한 협력의 전제조건이라고 강조했다. 시진핑 주석이 제안한 '신형대국관계'는 직접적으로

"아시아는 건들지 말라"는 명시적인 표현은 포함되지 않았지만, 중국의 이런 의도를 의심케 할 만한 대목이 있다. 중국이 말하는 상호 존중의 의미는 미국이 아시아에서 중국의 핵심이익을 존중하고, 특히 남중국해나 타이완 문제와 같은 민감한 지역에서 미국의 개입을 자제하라는 암묵적인 요구로 해석될 수 있기 때문이다. 이러한 맥락에서, 중국이 "아시아 문제는 아시아 국가들이 주도해야 한다."는 메시지를 간접적으로 미국에 전달했다고 볼 수 있다.

중국은 스스로를 '대국大國'라고 생각한다. 그리고 그렇게 불리길 좋아한다. 신형대국관계라는 주장의 저변에는 아시아 국가들이 중국 황제에게 고개를 조아리고 조공하던 시대를 그리워하는 세계관이 들어 있다. 그래서 모든 사안을 그렇게 보고 처리하려는 경향이 있다. 현대 중국 지도자를 양복 입은 청나라 사람으로 보면 이해가 빠르다. 남중국해도 이런 역사관과 민족주의에 기대어 관할권을 주장한다. 실제로 양제츠杨洁篪 전 중국 외교부장이 2010년 7월 베트남 하노이에서 열린 아세안 지역 포럼에서 남중국해 문제를 논의하던 중 여러 나라들이 중국을 비판하자, "중국은 대국이고, 다른 나라는 소국이다. 이건 사실이다."라고 말해 논란을 일으킨 적이 있다. 아편전쟁 당시 청나라 황제 도광제道光帝를 연상케 한다. 영국의 통상요구를 거부하며 툭 던진 그의 말 한마디, "천조天朝는 외국과 무역할 필요가 없다."는 결국 백년치욕으로 남았다. 중국은 아직도 이런 대국관에서 벗어나지 못하고 있다. 남중국해는 그래서 위험하다. 필연코 싸움을 일으킬 것이다.

현실적으로 무력충돌로 비화할 수 있는 위험한 영역은 '남중국해'이다. 남중국해 영유권을 둘러싼 미국과 중국의 갈등이 심상치 않다. 특히 남중국해에서 중국이 영유권을 주장하며 인공섬 건설로 주변국들과의 긴장을 고조시켰으며, 미국은 항행의 자유를 강조하며 중국의 인공섬 군사화에 반대했다. 남중국해에 접해 있는 나라는 모두 8개국이다. 중국을 비롯해 인도네시아, 말레이시아, 필리핀, 베트남, 싱가포르, 부르나이, 타이완이다. 현재 중국은 남중국해에 있는 파라셀Paracels, 시사/西沙과 스프래틀리Spratlys, 난사/南沙, 맥클스필드 군도Macclesfield Bank, 중사/中沙, 프라타스 군도Pratas, 둥사/東沙가 온전히 중국 땅이라고 주장하고 있다. 2020년 중국은 필리핀, 베트남 등 이해 당사국에게는 국제법상 허용되는 '기선부터 12해리'의 영해만 인정하고, 남중국해의 90%가 중국의 영해라고 일방적으로 정했다. 서태평양의 약 362km²을 차지하는 구단선九段線이다. 구단선이라는 'U자형선'은 중국이 남중국해의 영유권을 주장하기 위해 설정한 경계선이다. 이 경계선은 처음 1947년 중화민국당시 국민정부에 의해 11단선으로 발표되었다. 이후 1953년에 중화인민공화국이 11단선에서 2개의 선을 제거해 9단선으로 조정했다. 이런 중국의 해상 영유권의 주장 근거는 '역사적 종주권'이다. 2,000년 전 한나라 시대에도 중국의 역대 왕조가 그 바다를 경영했다고 주장하고 있다. 이른바 황제 종주권이다.

2008년 11월 개관한 하이난海南성 하이커우海口시에 있는 하이난성박물관에 가보면 남중국해가 역사적으로 중국 땅임을 알리는 전시물로 가득 차 있다. 총 건축 면적 4만m² 규모로 지어진 박물관에는 1,000여 점의 유물을 전시해 놓았다. 또 2단계 공사에 들어가 '화광초華光礁 1호' 난파선의 보호 및 복원과 난파선에서 인양된 약 1만 점의 도자기를 바탕으로, 남중해 역사, 해상 실크로드, 지정학 및 해양 생물·광물 자원 등과 관련된 유물과 표본을 중점적으로 전시할 예정이다. 화광초 1호는 남송 중기에 푸젠福建성 항구에서 출발해 하이난을 경유해 동남아시아 지역으로 향하다 시사西沙군도에 있는 화광초華光礁 해역에서 침몰한 무역선으로 추정된다. 중국은 이 화광초 1호를 통해 남중국해에서 오랜 역사적 관계를 주장하는 데 활용하고 있다.

중국은 인근 충하이琼海시에 더 크게 남해박물관을 2018년 4월에 건립했다. 총 건축면적이 70,593m²에 달하고 7만 점 이상의 다양한 소장품을 전시하고 있다. 평소에도 박물관에서는 '남해 인문 역사 전시'와 '남해 자연 생태 전시'를 하고 있으며, 특히 눈에 띄는 것은 남중국해 영유권과 관련해 전시하고 있는 일본 지도였다. 일본 쇼와昭和 14년1939년 출판된 남해해역지도南海海域地图로, 가로

왼쪽은 남송 시기 무역선 '화광초 1호' 모형. 하이난성박물관에 전시되어 있다. 오른쪽은 시사군도 수복 기념비 모형. 중국 남해박물관에 전시되어 있다.

30.4cm, 세로 42.5cm 크기의 남중국해 지도이다. 이 지도는 남중국해를 '남지나해南支那海'로, 남사군도를 '신남군도新南群島'로 표기하고 있다. 또한 지도에는 '신남군도'가 일본이 점령한 타이완 가오슝高雄 시에 속한다고 명시되어 있다. 중국은 이런 역사적 자료에 근거해 남중국해가 중국 영해임을 선전하고 있다.

중국은 2010년대 들면서 '남중국해 군사화' 또는 '인공섬의 군사기지화'에 속도를 냈다. 이에 그동안 제3자로서 남중국해 분쟁에 거리를 두고 있던 미국이 개입하기 시작했다. 2013년 12월부터 중국은 남중국해의 산호초 7곳을 인공섬으로 바꾸기 시작해 면적이 약 12km²로 확장됐다. 개간이 끝나자 중국은 섬을 무장해 무기 체계를 구축하고 그 가운데 가장 큰 섬들인 메이지자오美濟礁, Mischief Reef, 주비자오渚碧礁, Subi Reef, 후오훙수자오火红十字礁, Fiery Cross Reef에 긴 활주로를 건설했다. 2015년 11월 아시아태평양경제협력체 APEC 정상회의 참석차 필리핀을 방문한 오바마 전 미국 대통령은 필리핀 해군함정에 올라 중국의 인공섬 매립을 중단하라고 요구했다. 더 나아가 오바마 행정부는 남중국해에서 함정을 동원해 '항행의 자유 작전FONOP'을 전개했으며, 이는 트럼프와 바이든 행정부에서도 계속됐다. 특히 트럼프 행정부 시절 4년 동안 총 27차례나 실시됐다. 오바마, 바이든 행정부 시절 4차례와 비교해 월등히 많다.

2016년 7월 12일, 네덜란드 헤이그의 국제 상설중재재판소PCA는 "중국이 주장해 온 남중국해 9단선 영유권 주장은 근거가 없다."고 판결했다. 영유권 분쟁에 종지부를 찍나 했지만 중국은 이를 거부했다. 중국의 외교 원로 다이빙궈戴秉国 전 국무위원은 "미국의 항공모함 10척이 남중국해에 와도 중국은 겁먹지 않을 것"이라며 상설중재재판소의 남중국해 판결은 휴지조각에 불과하다는 말도 서슴지 않았다. 시진핑 주석도 2016년 7월, 중국공산당 창립 95주년 기념식에서 "중국은 절대 우리의 정당한 권익을 포기하지 않을 것"이며 "중국 인민은 먼저 사달을 일으키지 않겠지만, 사달이 일어나는 것을 두려워하지 않는다."라고 말해 무력충돌도 피하지 않겠다는 강경한 입장을 드러냈다.

판결 직후 중국은 오히려 보란 듯이 영유권 분쟁 중인 남중국해 난사군도 인공섬 두 곳에서 민항기 시험비행에 나서는가 하면 5척 이상의 핵잠수함을 배치하기도 했다. 또한 중국이 영유권 분쟁 해역인 남중국해 인공섬에 대공포와 격납고까지 구축하고 있는 사실도 드러났다. 이런 군사기지화 시도는 남사군도 인공섬 5곳에서 나타났으며 강화된 방어력을 갖췄다고 평가받고 있다. 당시 중국 정부는 자국 도서에 군사시설을 배치하는 것은 정상적인 행위라고 주장했다.

당시 겅솽耿爽 중국 외교부 대변인은 "중국이 자기 영토에 시설물을 건설하고 필요한 국토방어 시설을 배치하는 것은 완전히 정상적이다."라고 말했다. 우리가 북핵에 대응하기 위해 사드를 배치한 것을 놓고 보복에 나선 중국이 이런 말을 했다는 것 자체가 참으로 민망한 일이다. 이에 미국은 중국의 영유권 주장을 인정하지 않으며, 국제법에 따라 모든 나라는 공해를 항행할 자유가 있다는 점을 내세워, 주기적으로 미 해군의 군함을 보내 항행의 자유 작전을 전개하고 있다. 특히 중국이 영해를 주장하기 위해 만든 인공섬 주변을 보란 듯이 지나다니는데, 중국은 현재로선 어찌하지 못하고 군사훈련으로 맞대응하고 있다. 이와 관련해 해리 해리스 전 미국 태평양 사령관은 "우리는 훈련을 계속할 것이고 국제법이 허락하는 공해상에서 하늘에서 우주에서 사이버에서 우리의 권리를 지킬 것이다."라고 강조했다.

2024년 8월 31일, 중국과 필리핀이 영유권 분쟁 중인 남중국해 스프래틀리군도중국명 난사/南沙, 필리핀명 칼라얀에서 중국 해경선과 필리핀 해안 경비대의 선박이 근접 충돌했다. 8월 한 달 동안 남중국해에서 중국과 필리핀이 7차례나 충돌했다. 중국은 이처럼 충돌이 잦아지는 이유로 필리핀의 배후에 미국이 있다고 보고 있다. 미국은 필리핀과의 군사적 협력을 강화하고, 필리핀 정부에 5억 달러의 군사 자금을 지원한다고 발표했다. 이로 인해 남중국해에서의 긴장은 더욱 고조되고 있다.

특히 남중국해에서 7번째로 필리핀 해안경비대와 중국 해경의 충돌 당시, 중국은 미국의 P-8A 대잠수함 초계기가 현장 인근에서 비행하고 있던 점에 주목했다. 중국은 미국이 남중국해 문제에서 직접적인 지원자로 역할을 하고 있다고 생각한다. 중국은 필리핀의 남중국해에서의 잇단 충돌을 "이소부대以小搏大", 즉 작은 나라가 대국과 맞서려는 시도로 해석하고 있다. 그래서 끊임없이 필리핀에 "미국을 믿지 말고 직접적인 협상을 하자"고 요구하고 있다. 미국의 바둑판 위의 돌이 되고 결국 버려지는 꼴을 맞을 수 있다고 말한다. 2024년 4월, 미국 · 일본 · 필리핀이 3국 정상회의를 통해 남중국해 문제 등을 거론하며 중국을 견제하고 나서자, 중국 정부가 강하게 반발하며 일본과 필리핀을 겨냥해 "바둑돌은 결국 버림받을 것"이라고 경고했다.

하지만 미국과 필리핀은 1951년에 상호방위조약Mutual Defense Treaty을 맺었다. 이 조약에 따라 두 나라는 어느 한쪽이 태평양 지역에서 공격받을 경우, 이를 상호 방위 의무로 간주하고 협력하기로 했다. 특히 남중국해에서의 영유권 분쟁과 관련된 필리핀의 안보 문제에서 중요한 역할을 하고 있다. 따라서 남중국해에서 중국과 필리핀이 충돌할 경우 미국의 개입으로 나타날 수 있다. 중국도 이 점을 잘 알고 있다. 그럼에도 중국은 무력시위를 벌이고 있다. 항공모함인 랴오닝함과 산둥함 2척을 남중국해에 파견해 첫 합동훈련을 벌였다. 남중국해가 다시 뜨거워지고 있다.

중국 정부의 해양 전위대,
'중국 어선'

중국은 남중국해를 통해 막대한 천연자원, 특히 석유와 가스 매장 량을 확보하려 한다. 더불어 주요 해상무역로를 통제하려는 목표도 있다. 또한 바다를 통한 군사적 영향력을 확대하려는 전략도 포함 되어 있다. 그런데 중국어선들이 바다에서 이런 중국 정부의 전위

2010년 9월 센카쿠열도(중국명 다오위다오) 해역에서 중국 '민진위'(閩晉漁)5179호와 일 본 해상보안청 순시선의 충돌

대 역할을 하고 있다. 30만 명으로 추산되는 해상'민병대'이다. 이들
은 남중국해나 다른 분쟁 지역에서 종종 중국 해경이나 해군과 협
력하며 해양자원을 수탈하면서도 동시에 해양영토 주장을 실현하
려는 도구로 사용되고 있다. 이들은 어민과 어선으로 둔갑해 불법
조업을 한다. 그러면서 관련국과 해상충돌도 일으킨다. 이들은 무
장하고 있고 쾌속정을 탄 경우가 많아 단속도 어렵다. 실제로 이들
은 일본과 영유권 분쟁 해역인 센카쿠열도^{중국명 댜오위다오} 해역을 침
범하거나 불법조업을 하며 긴장을 고조시켰다. 또 미국의 항행의
자유 작전^{FONOPs} 중에 중국어선들이 미국 항공모함의 항로를 방해
하기도 했다.

　　중국의 민병대는 국공내전 시기 공산당이 지역 주민들을 정보
원이나 짐꾼으로 활용하면서 시작되었다. 민병대는 중국의 국방법

중국 어민이 인양한 미군 탐지 장비를 중국 해군에 인도하고 있다.

에도 중국의 3대 무장 역량에 포함돼 있다. 인민해방군, 무장경찰武警, 그리고 민병대가 여기에 포함된다. 해상민병대는 해상에서 활동하는 민병대다. 이들은 준군사 세력으로 분류되어 상대방 군함이 쉽게 군사적 대응을 할 수 없다는 점을 활용한다. 중국은 평상시에 해상민병대를 활용해 신분을 숨긴 채 감시 및 정찰 임무를 펼친다. 더 나아가 이들은 집단행동으로 상대국의 단속활동에 저항한다. 상대국 해군과 해경이 강제로 법을 집행하면 민간인을 폭력적으로 대응한다는 비난한다.

남중국해 영유권을 놓고 분쟁하고 있는 인도네시아 정부는 2015년 5월, 남중국해에서 조업하던 외국 선박 41척을 나포한 뒤 해군을 동원해 폭침시키기도 했다. 특히 2009년 남중국해에서 나포된 8척 이상의 중국어선이 포함되면서 중국 정부와 외교 갈등을 빚은 적이 있다.

이처럼 민간 어선으로 위장한 해상민병대는 국경선이 없는 해상에서 자국 해역처럼 휘젓고 다닌다. 특히 상대국이 자국보다 약하다고 생각하면 더 과감하다. 그래서 남중국해와 서해에서 더 활개를 치고 있다. 중국 정부가 뒷배를 봐주기 때문이다. 중국 정부는 상대국이 불법조업으로 중국어선을 나포하면 곧바로 항의에 나선다. 체포한 자국민을 즉시 송환할 것을 요구한다. 피해가 발생하면 보상도 요구한다.

더구나 더 큰 문제가 발생하면 외교적으로 압박한다. 그런 일이 2014년 10월에 발생했다. 당시 한국 해경이 불법조업 중인 중국어선을 검문하는 과정에서 해경이 쏜 총에 중국인 선장이 맞아 숨지는 사건이 발생했다. 중국은 발끈했다. 중국 외교부 대변인은 즉각 정례브리핑을 통해 "한국의 폭력적 법집행 행동으로 중국어선 선장이 사망하게 된 데 대해 경악하고 이에 대헤 강력한 불민을 표시한다."며 "한국이 즉각 이 사건을 진지하고 철저하게 조사하고 책임자를 엄하게 처벌할 것과 조사 및 처리 관련 상황을 즉각 중국에 통보해줄 것을 요구한다."라고 말했다.

이런 강경한 태도와 달리 중국은 북한의 불법조업 어선 단속에 대해서는 완전히 다른 태도를 보였다. 2014년 9월 12일 밤 10시쯤일이다. 서해에서 조업중이던 중국 다롄의 '랴오와위辽瓦渔' 55090 선박을 북한 해경이 나포해 벌금 25만 위안약 4,200여 만 원을 부과하고 선원만 풀어준 사건이 일어났다. 중국 선원 6명은 구타를 당해 상처를 입고, 갖고 있던 돈마저 모두 빼앗긴 채 닷새 후 귀환했다. 선박은 돌려받지 못했고 선원들은 자신들의 배가 북한 해역에 진입한 적이 없으며, 고기를 잡기 위해 군사분계선을 넘은 적도 없다고 주장했다. 이들은 중국 영해에서 정상적으로 활동하던 중 북한군이 배에 올라 주먹질과 발길질을 했고 기관총으로 위협해 북한 해역으로 강제로 끌려갔다고 주장했다. 하지만 중국 외교부는 주북한 중국 대사관에 이 같은 사실을 알리고, 조용히 북한 외무성과 협상을 벌였다.

어선이 억류된 지역은 북위 38°08', 동경 123°57'이다. 동경 124도 부근 해역은 중국과 북한 해상경계선의 민감 수역으로, 북한에 의해 중국 선박이 종종 억류되는 해역이다. 이 해역에서 2012년 5월 8일, 중국 저인망어선 3척이 조업하던 중 북한의 소형함정에 의해 나포되었다. 북한은 120만 위안의 배상금을 요구했고 12일 후 억류된 선박과 선원들은 석방되었다. 2013년 5월 5일에도 랴오푸위 辽普渔 25222호 어선이 북한 순찰선에 의해 나포되었다. 북한은 선주에게 60만 위안의 벌금을 부과하고 16일 후 배와 선원들을 풀어주었다. 중국은 정치적 잣대에 따라 다르게 대응하고 있다. 지금까지 중국은 북한의 불법조업 중국어선 단속에 대해 공개적으로 불만을 표시한 적이 없다.

문제는 이들 위장한 중국어선들이 서해를 마치 자신들의 내해처럼 빈번하게 침입하면서 우리의 영해를 갈수록 조금씩 잠식하고 있다는 데 있다. 남중국해에서 쓰던 수법이다. 중국어선들은 금어기가 풀리면 구름떼처럼 몰려가 어장을 거의 싹쓸이한다. 이 때문에 동중국해는 물론 우리의 서해, 남해까지 진출하면서 불법조업에 대한 우려가 크다. 중국어선의 출정식은 '물 반 어선 반'일 정도로 장관이다. 2015년 9월 16일, 중국 남부의 거점 항구인 저장성 닝보 宁波 상산항象山港에는 2,000여 척의 어선들이 대규모 선단을 이뤄 일제히 출항에 나섰다. 해마다 이맘때면 중국의 항구에선 조업 재개를 축하하는 대규모 풍어제와 함께 출정식이 열린다. 풍어를 기원하며 술잔을 돌리며 제를 올리고 폭죽을 터트린다. 6월부터 시작된 석 달간의 금어기가 끝나기 때문이다.

중국은 해양 생태계와 어족자원 보호를 내세워 1995년부터 매년 금어기를 시행하고 있다. 출정식을 마친 어선들은 만선의 꿈을 안고 경주하듯 앞다퉈 출어에 나선다. 금어기가 종료되면 보하이만과 산둥성을 시작으로 하이난성, 푸젠성, 저장성, 광둥성, 광시성 등의 어선 수십만 척이 먼바다로 나선다. 이들이 향하는 해역은 우리의 서해, 남해와 가까워 우리 어선들과의 어장 싸움이 치열하다. 중국어선들이 가을철 대규모 고기잡이에 나서면서 우리 서해와 남해에서 싹쓸이식 남획과 함께 우리 해경과의 충돌 가능성도 그만큼 높다. 중국어민들의 불법 활동은 서해뿐 아니라 동중국해와 남중국해, 심지어 아프리카 인근 바다에서도 이뤄지고 있다. 2020년 4월 남아공 인근 바다에서 불법조업을 하던 중국선원 100명이 억류되는 일까지 발생했다. 당시 남아공 정부는 배타적 경제수역EEZ에서 불법으로 조업하던 6척의 중국어선을 적발하고 억류했다.

중국어선의 불법조업에 대한 우려가 확대되자 2016년 6월, 우리 해군과 해경이 사상 처음으로 중립수역에서 불법 조업하는 중국어선에 대해 합동단속에 나섰다. 이에 중국 정부는 한국의 문명적이고 이성적인 법집행을 희망하며, 중국어민들의 합법적인 권익을 보호하고 안전사고가 발생하지 않도록 해줄 것을 당부했다.

불법조업으로 골머리를 앓고 있는 우리 해경은 2016년 무기사용 카드를 처음으로 꺼냈다. 10월 7일 오후 3시 8분쯤 인천 옹진군 소청도 남서방 76km 해상에서 불법조업을 하던 중국어선이 단속을 벌이던 해경 고속단정 1척4.5톤급을 들이받아 침몰시키고 도주한 사건이 발생했다. 이후 해경은 해군과 합동으로 정당한 법집행에 저항하는 중국어선에 대해 40mm 함포, 20mm 벌컨포, M60 기관총 등 공용화기 사용도 불사하겠다고 밝혔다. 해경은 그동안 위급상황에서 권총K-5, 소총K-1 등 개인화기만 제한적으로 썼다.

이후 해경이 불법조업 중인 중국어선에 대해 처음으로 공용화기를 사용했다. 해경이 서해 소청도 인근 해역에서 불법조업하던 중국어선 2척을 나포하자, 근처에 있던 중국어선 30여 척이 순식간에 달려들어 싸움이 1시간 넘게 계속되자 해경은 M60 기관총을 발사했다. 경고사격에 이은 조준사격까지 700발 가까이 발사했다. 우리 해경이 불법조업 중인 중국어선에 처음으로 공용화기를 사용하자 중국 정부가 발끈하고 나섰다. 중국 외교부는 폭력적인 법집행에 대해 엄정한 교섭을 여러 차례 제기했다고 밝혔다. 당시 화춘잉 중국 외교부 대변인은 "복잡한 해양 상황에서 어선에 살상력이 강한 무기를 사용하는 것은 인명피해와 재산 손실을 야기하기 쉽기 때문"이라며 반대입장을 나타냈다.

그러면서 중국어민을 위협하는 과격한 수단을 사용해서는 안 된다고 강조했다. 또한 중국어민의 안전과 합법적인 권익은 철저히 보장돼야 한다고 역설했다. 국수주의 성향의 관영매체인 환구시보는 한술 더 떠 사설을 통해 한국 해경이 이성을 잃고 미쳤다며 강력한 보복조치를 각오하라고 위협했다. 중국어민이 물고기 몇 마리 잡았다고 한국해경이 학살을 감행한다면 용서하지 않을 것이라고 주장했다. 하지만 중국은 중국어선에 의한 한국 해경정 침몰 사건에 대해 별다른 입장을 내놓지 않고 모르쇠로 일관했다.

서해 불법조업 중국어선에 대한 우리 해경의 무력 사용에 중국 정부와 관영매체가 발끈했지만, 사실 중국어선의 흉포화는 도를 넘었다. 우리 바다에서 불법조업을 하는 중국어선을 단속하는 과정에서 해경이 부상을 입는 경우가 빈발하고 있다. 단속에 저항하는 중국어선들의 수법이 날로 포악해지면서 우리의 단속도 더 큰 어려움이 예상된다. 하지만 이런 중국어선을 가벼이 보면 안 된다. 이들은 해양국경을 허무는 첨병 역할을 하는 것이다. 육지국경을 무력화시키는 전쟁과 같은 일을 이들이 담당하고 있다. 러시아는 불법조업에 대해 단호하게 대응한다. 러시아는 자국 해역에서 불법조업을 하다 발각되면 어선에 경고사격을 하거나 포까지 쏜다. 러시아의 이러한 강경조치는 특히 극동지역, 캄차카반도나 오호츠크해 인근에서 빈번하게 발생한다. 중국이나 북한 어선들이 이 해역에서 불법조업에 나섰다가 된통 당한 사례가 보고된 적이 있다. 이 때문에 감히 중국어선이 러시아 해역에는 얼씬도 못한다. 우리도 우리의 바다를 지켜야 한다.

홍콩의 중국화,
속도 내는 일국일제一国一制

1997년 7월 1일 0시, 홍콩은 유니언잭을 내리고 오성홍기를 힘차게 하늘로 던져 올리며 155년 식민지 시대의 끝을 알렸다. 베이징 천안문 광장에서 홍콩반환을 환호하는 베이징 시민과 찰스 왕세자가 빅토리아 항에서 왕실 전용 브리타니아HMY Britannia 호를 타고 떠나는 모습을 보며 눈물을 훔치는 홍콩 시민들의 모습은 묘한 대조를 이뤘다. 하지만 영국지배에서 벗어나 중국의 품으로 다시 돌아온 홍콩은 별로 유쾌하지 않다. 사실상 중국의 일국양제一国两制가 실종됐기 때문이다. 홍콩과 중국의 정서는 상상 이상으로 다르다. 우선, 홍콩인은 결코 중국인이 아니라는 의식이 강하다. 그래서 홍콩에서 가장 찬밥 신세가 아이러니하게도 중국의 표준어인 '푸통화普通话'다.

홍콩香港이라는 지명이 광둥어 '헝공'에서 유래됐을 정도로 홍콩에서는 광둥어를 써야 말이 통한다. 그리고 조금 대접을 받으려면 영어를 구사해야 한다. 베이징에서 쓰는 '푸통화'를 쓰면 그냥 촌사람 취급을 받는다. 그도 그럴 것이 홍콩은 2024년 기준 1인당 국민

소득이 5만 달러가 넘지만, 중국은 1만 달러 정도이다. 경제력 차이는 홍콩인으로 하여금 자긍심을 갖게 하는 요인이다. 게다가 본토 중국인에 대한 불만이 많다. 2014년 4월 본토에서 온 한 중국인 부부가 2살 난 딸이 화장실을 가고 싶다고 보채자 그냥 길거리에 소변을 보게 했다. 이 광경을 본 홍콩인들이 부부를 둘러싸고 카메라로 촬영하기 시작했다. 이에 화가 난 부부는 촬영 중이던 한 남자와 시비가 붙었고 카메라 메모리 카드까지 빼앗으며 격한 싸움이 일어났다. 이 영상은 현지 홍콩 온라인 사이트에 게재돼 순식간에 100만 조회수를 넘어서며 열띤 논란을 일으켰다.

홍콩 네티즌들은 "대륙인들의 몰상식한 행동"이라며 집중포화를 쏟아부었다. 그러나 중국 대륙인들의 입장은 달랐다. 대륙의 네티즌들은 "당시 화장실에 사람이 많아 줄이 긴 상태"여서 "아이가 소변이 급했기 때문에 어쩔 수 없었을 것"이라며 부부의 행동을 옹호했다. 하지만 지금도 홍콩인들은 이 사례를 들어 본토인들의 무례함을 지적한다. 홍콩의 교통질서가 지켜지지 않는 것도 모두 본토에서 놀러온 '중국인' 때문이라고 말한다. 배를 타거나 열차를 탈 때 긴 줄 사이를 비집고 버젓이 새치기하고 밀치고도 미안하다는 말도 없다고 한다.

2014년 9월 28일부터 시작된 홍콩 민주화운동은 시민불복종 운동이다. 시위 전개과정에서 홍콩 경찰이 최루탄과 최루액·살수차 등을 이용해 진압하자 시민들이 우산을 이용해 최루액을 막아내면서 '우산 혁명Umbrella Revolution'이라는 별칭이 붙었다. 홍콩의 민주화운동은 학생단체들과 시민단체 '센트럴을 점령하라Occupy Central'

등이 주도했지만 홍콩 시민들의 반중정서와 관련이 깊어 보인다. 처음에는 대학생·지식인 중심의 시위였으나, 이후 중고등학생과 일반인들의 지지를 받았던 이유는 "홍콩인은 중국인이 아니다"라는 정서가 광범위하게 형성된 까닭이다. 그래서 홍콩 민주화시위라기보다는 '분리 자치운동'이라는 성격이 강해 보인다.

분리독립까지는 아니더라도 분리자치를 이뤄야 한다는 것이 홍콩 시민들의 생각이다. 홍콩은 대륙으로부터 떨어져 나와 중국공산당의 정치적인 입김이 통하지 않는 홍콩인만을 위한 자치권을 희망하고 있다. 그래서 이야기하는 것이 '일국양제一国兩制'이다. 말하자면 홍콩의 서구식 민주주의를 인정해 달라는 것이다. 하지만 베이징이 생각하는 '일국양제'는 홍콩 사람들의 이런 생각과 완전히 다르다. 양제보다 일국에 더 큰 방점을 두고 있다. 일국을 위해서는

한 홍콩인이 "중국인은 조국을 사랑하니 중국에 돌아가서 소비해라. 홍콩에서 외국 제품을 사서 국세를 포탈하지 말라."고 쓴 손팻말을 들고 있다.

양제는 얼마든지 희생시킬 수 있다고 생각한다. 중국 전국인민대표대회전인대는 2017년 처음 직선제로 치러지는 홍콩 행정장관 선거의 후보자격에 대해 후보추천위원회 위원의 절반 이상의 지지를 받는 '애국인사'여야 한다고 결론을 내렸다. 이 방안이 나오자 홍콩의 민주주의와 자치를 중시하는 범민주파 의원들은 반(反)중국 성향 인사의 입후보를 막으려는 꼼수라며 강하게 반발했다.

하지만 전인대의 결정 내용은 오래전부터 예고된 '덩샤오핑'의 유지다. 홍콩과 타이완을 겨냥해 일국양제의 통일개념을 처음으로 도입한 사람이 바로 덩샤오핑이다. 그런 그가 1984년 6월, '반드시 애국자가 홍콩을 통치해야' 한다고 못 박았다. 그러면서 애국자에 대한 정의도 "자기 민족을 존중하고, 조국이 홍콩에 대한 주권을 회복하는 것을 성심성의껏 옹호해야 하며, 홍콩의 번영과 안정에 해를 끼치지 않는 자"라고 명확하게 선을 그었다. 이런 덩샤오핑의 유지를 이어받아 중국공산당은 2003년부터 1국가는 2체제보다 절대적으로 우선하며, 중앙정부의 통치권은 홍콩인의 자치권에 우선한다는 점을 반복하여 강조했다.

중국공산당이 생각하는 일국양제는 홍콩을 영국처럼 통치하고 싶다는 뜻이다. 영국이 홍콩을 지배할 때처럼 똑같이 총독을 임명하고 중앙정부의 지배하에 두겠다는 것이다. 그러면서 그게 뭐가 문제냐는 것이다. 중국의 관영매체들은 영국의 식민지배 155년 동안 홍콩인들이 과연 홍콩 행정장관 직선제 쟁취를 위해 민주화운동(日中, 우산혁명을 벌인 적이 있느냐고 지적했다. 식민지 시절 주권은 없고 홍콩 총독을 영국이 일방적으로 임명하는 것이 민주주의냐고 비아

냥댄다. 그런데 지금 와서 중국공산당이 임명하면 민주주의가 아니라는 말이냐고 반박한다. 그래서 중국 정부의 입장은 단호하다. 단호하기 때문에 논란도 없다. 모두가 당연하게 생각하기 때문이다. 홍콩에서 어떤 시위를 벌여도 눈 하나 깜짝하지 않을 태세다. 그래서 베이징은 아주 조용하다.

2014년 9월, 홍콩 대학생들의 동맹휴업 와중에 시진핑 주석은 홍콩 경제인과의 자리에서도 일국양제에 대한 강한 의지를 표명했다. 이 자리에서 시진핑 주석은 "중국 정부의 홍콩에 대한 기본정책인 일국양제 방침은 변하지 않았고 변할 수도 없다."라고 못을 박았다. 시진핑 주석은 정협전국인민정치협상회의 65주년 기념식에서도 홍콩인이 홍콩을 다스리는 고도의 자치는 허용하겠지만, 공산당의 영도는 반드시 견지돼야 한다고 말했다. 그러면서 사회주의 제도 아래서 협의로 최대의 공약수를 찾는 것이 인민민주의 본질이라고 강조했다. 시 주석의 발언은 홍콩에 대한 경제적 독립성과 자치권은 허용하겠지만 감독권과 관할권은 절대 양보하지 않겠다는 중앙정부의 입장을 전달한 것이다. 따라서 중국 정부가 체제를 위협할 '도전'으로 홍콩 시위를 생각하는 날이 온다면 그 답은 '강경진압'뿐이다.

실제로 중국은 밀어붙였다. 2019년 홍콩에서 최대 200만 명이 참가한 반송환법 시위가 격화되자 이를 빌미로 2020년 6월 홍콩국가보안법을 제정했다. 또 간접선거를 강화하는 선거제 개편을 통해 행정·입법부를 모두 친중파로 채웠다. 2024년 3월부터는 반역·내란 등의 혐의에 대해 최고 종신형을 선고할 수 있는 '기본법 23조'

를 시행했다. 이후 홍콩 법원은 중국의 홍콩국가보안법을 적용해 민주화운동가 14명에게 유죄를 선고했다. 또 홍콩의 중국화化는 더욱 속도를 내고 있다. 반송환법 시위를 주도한 '반환둥이' 97세대를 겨냥한 〈인민일보〉는 '독毒이 든 교재'가 증오를 선동하고 학생들에게 악영향을 미치고 있다며, 즉시 홍콩 교육개혁부터 시작해야 한다는 논평을 냈다. 이후 본토와의 관계를 긍정적으로 묘사하고, 중국공산당의 입장을 반영한 홍콩의 역사와 시민교육 교과서를 초등학교와 중등학교 학생에게 가르치도록 했다. 홍콩 고등학교 교과서에서는 민주주의 핵심인 '삼권분립'이 삭제됐다. 또한 시위대의 사진이나 관련 내용이 삭제되거나 수정되었으며, 시위참여 시 법적 책임을 강조하는 내용이 추가되었다.

중국 표준어인 푸통화普通话, 만다린 보급에도 열을 올렸다. 중국 교육부는 2021년 6월 '중국 언어 문자 사업발전 보고서'를 통해 홍콩이 간체자简体字와 푸통화의 법적 지위를 명확히 하고, 현지 시험 체계에 푸통화가 포함되도록 했다. 이에 따라 홍콩 학교에서 푸통화가 필수과목으로 채택됐으며, 초등학교부터 중고등학교까지 푸통화를 교육의 주요 언어로 점차 도입하도록 했다. 홍콩의 미디어와 공공방송에서도 푸통화 사용이 장려되었다. 홍콩의 TV 방송국들은 푸통화 프로그램의 비중을 늘렸으며, 홍콩 공무원 채용시험이나 일부 행정절차에서도 푸통화 능력이 요구되기 시작했다. 이러한 조치들은 중국 정부가 본토와의 문화적 통합을 강화하는 전략의 일환이다. 일국일제一国一制가 속도를 내고 있다.

국경에 부는 반간첩법 '칼바람'

1950년대 냉전 시기, 동서 진영간 대치가 극에 달했을 때, 많은 국가가 체제 결속을 위해 반反간첩법을 강화했다. 미국은 매카시즘McCarthyism으로, 소련은 KGB를 동원한 반간첩 활동으로 대응했다. 이런 일이 현재 중국에서 벌어지고 있다. 신냉전의 암운이 짙어지면서 냉전 특유의 적대적인 감시 통제의 기운이 살아나고 있다.

중국은 2023년 7월 1일부터 '간첩 행위'에 대한 범위를 대폭 강화한 반간첩법을 시행하고 있다. 2014년 이후 9년 만에 개정된 법에는 종전 '국가 기밀·정보를 빼돌리는 행위'에 '간첩조직에 의지하거나 대리인 역할을 하는 행위'를 포함했다. 강화된 반간첩법이 알려지면서 중국 내에서 눈에 띄게 변화가 감지됐다. 이 시점을 전후로 알고 지내던 중국인과의 연락이 차츰 끊겼다. 사무적인 관계 이상 발전하기 어려워졌다. 자칫 특파원과의 관계가 반간첩법이 규정하는 협력이나 대리인 역할로 오인을 받아 국가안전부의 조사를 받을 수 있기 때문이다.

이 시기 주중 한국대사관도 관광객과 주재원에게 반간첩법 주의보를 발령했다. 대사관은 "중국 국가안보·이익과 관련 자료, 지도, 사진, 통계자료 등을 인터넷에서 검색하거나 스마트폰과 노트북 등에 저장하는 행위, 군사시설 등 보안통제구역 인접 지역에서의 촬영, 시위현장 방문과 촬영, 중국인에 대한 포교, 야외선교 등에 유의해 달라"고 주의를 당부했다.

실제로 중국당국은 반간첩법을 활용해 외국기업을 대대적으로 조사하기 시작했다. 중국 국가안전부는 2023년 3월, 미국의 컨설팅기업인 민츠 그룹Mintz Group 베이징 사무소를 급습했다. 안전부 요원은 현지 직원 5명을 구금한 뒤 국가안보 위반 혐의로 조사를 벌였다. 민츠 그룹은 주로 기업의 평판조사와 기업간 거래 리스크 분석을 수행하는 회사이다. 그런데 중국 당국은 민츠그룹이 미등록 정보수집 활동을 했다는 혐의를 제기했다.

한 달 뒤 2023년 4월, 미국의 경영컨설팅 회사 베인 앤드 컴퍼니Bain & Company의 상하이 사무소도 조사받았다. 직원들은 연행되지 않았지만 일부 컴퓨터와 휴대폰을 압수했다. 국가안보와 관련이 있다는 이유에서다. 베인 앤드 컴퍼니는 민츠그룹과 마찬가지로 기업 관련 조사와 컨설팅을 제공하는 회사이다. 두 사건을 통해 외국계 기업의 정보수집 및 리스크 분석 활동이 간첩활동으로 간주될 수 있다는 신호로 해석됐다. 이 때문에 일부 컨설팅기업은 중국 내에서의 활동을 제한하거나, 민감한 분야에 대한 조사활동을 중단하는 등 리스크 관리에 더 신경을 쓰게 됐다.

또 2023년 5월, 국가안전부는 미국 반도체 회사 마이크론 테크놀로지 Micron Technology에 대해서도 국가안보 위협을 이유로 조사를 진행했다. 중국당국은 마이크론의 제품이 국가안보에 잠재적인 위험을 줄 수 있다며 조사를 벌였고, 이후 마이크론 제품의 일부가 중국 내 주요 인프라 프로젝트에서 사용되지 못하도록 제한 조치를 내렸다.

일본 기업과 일본인에 대한 감시도 강화됐다. 2023년 3월, 일본 제약사 아스텔라스Astellas Pharma의 중국 주재 직원이 간첩혐의로 체포된 사건이 발생했다. 중국이 2014년 반간첩법을 제정한 이래 스파이 혐의로 구속된 일본인은 최소 17명에 이르며, 이 가운데 10명이 징역 3~15년의 실형을 선고받았다. 이들은 대기업 사원과 대학교수, 제약회사 임원까지 다양하다. 강화된 '반간첩법'의 모호한 규정 때문에 중국당국이 스파이 활동으로 간주하는 범위가 확대되고 있다.

특히 강화된 반간첩법은 제3국을 겨냥한 행위라도 중국의 국가안전이 위협받는 경우 법적용이 가능하다. 여기서 제3국은 바로 북한이다. 북중 국경에서 북한을 향해 카메라를 들이대기만 해도 중국의 안전에 위협이 된다고 해석하면 법에 저촉된다. 우리나라와 문화적, 언어적 유사성에다 북한과 국경을 접하고 있는 옌볜延边조선족자치주는 다른 지역보다 훨씬 반간첩법에 민감하게 반응했다.

옌볜과학기술대학延边科学技术大学은 한중 수교 이전인 1990년 3월 6일, 지린吉林성 옌볜조선족자치주 옌지延吉시 정부와 재미교포 교육가 김진경 박사가 학교설립 계약에 서명하면서 설립되었다. 하지만 옌볜과기대는 1996년 9월 지린성 정부의 승인에 따라 옌볜대학에 흡수 합병되어 '옌볜대학 과학기술학원延边大学科学技术学院'으로 변경되었다. 이에 따라 옌볜대학에서 일괄적으로 신입생을 뽑아 단과대학격인 과학기술학원에 배정하는 식으로 학생 모집이 이뤄졌다. 이런 상황에서 중국당국과 약속한 토지 임대 기한 30년이 만료되자 옌지시 정부가 돌연 계약연장을 하지 않고 폐교를 결정하면서 2018년도 이후 신입생을 받지 못했다. 이에 따라 옌볜과기대는 2017년도 입학생이 졸업하는 2021년 6월 17일 자로 문을 닫게 됐다.

옌볜과기대가 폐교한 이유는 교직원들의 기독교 관련 활동과 관련이 있는 것으로 알려졌다. 실제로 추방이나 입국 불허 당한 교수진이 100여 명이 넘는다는 증언이 있다. 그동안 옌볜과기대는 30년 가까이 세계 각국의 재정지원과 미국과 유럽 등 전 세계에서 온 교수들의 자원봉사로 운영됐다. 폐교 무렵인 2021년 7월 1일, 옌볜과기대를 찾아 폐교에 따른 김진경 총장의 입장과 향후 학교 통폐합 방향에 대한 취재를 진행했다. 김 총장은 현재 중국 교육재단 측과 협상 중이며, 협상이 잘되면 국제대학으로 새롭게 출발할 수 있다고 자신 있게 답했다. 또한 자신은 사랑주의자로서 중국을 사랑하며, 대한민국이 미국 선교사가 세운 많은 대학교를 통해 도움을 받은 것처럼 옌볜과기대도 중국인이 운영하는 국제대학으로 중국 인민에게 도움이 되는 학교가 됐으면 한다고 말했다.

인터뷰 이후 김 총장과 함께 썰렁한 학교 교정을 둘러보고 텅 빈 강의실 등을 촬영하기 시작했다. 그런데 조금 뒤 자신을 학교 당서기라고 밝힌 사람이 나타나 허락을 받지 않은 취재라며 촬영을 막았다. 김 총장이 나서 봤지만 소용이 없었다. 결국 촬영을 중단하고 그대로 학교를 나올 수밖에 없었다. 그런데 학교 앞에는 이미 국가안전부 소속 차량 5대가 대기하고 있었다. 이들 차량은 우리 취재차량이 학교를 나서자 곧바로 뒤쫓기 시작했

2021년 6월 17일 옌볜과기대 마지막 졸업식 장면

번호판 없는 국가안전부 차량(왼쪽), 자오허 호텔 입구를 막아선 공안차(오른쪽)

고 추격전을 방불케 할 정도로 전조등을 켠 채 따라왔다. 이들을 따돌려 보려 했지만 쉽지 않았다. 결국 차를 멈추고 이들에게 왜 따라오는지 따져 물었다. 그들은 자신들은 공안이며 정당한 법집행 중이라고 말했다.

옌볜과기대부터 쫓아온 국가안전부 요원들은 옌지에서 230km 정도 떨어진 '자오허蛟河'시까지 계속 따라왔다. 어렵게 찾아간 호텔까지 따라온 공안은 방에 불쑥 들어와 불심검문을 했고, 호텔 입구는 자신들의 차량으로 막았다. 다음날 우리 취재팀은 결국 취재를 중단할 수밖에 없었다. 돌아가는 자오허역까지 국가안전부 요원과 공안이 차량으로 위세하듯 따라붙었다. 이들은 기차역에서 불심검문을 진행하면서 취재팀 중국인 여직원에게 '숭양미외崇洋媚外'라고 큰소리로 꾸짖었다. "외국을 맹목적으로 숭배하고 아첨한다."며 알랑거리지 말라는 욕이다. 강하게 항의했지만, 이들은 들은 척도 하지 않았다.

선양 지국으로 돌아온 뒤 옌볜과기대에 대한 기사 작성에 들어갈 무렵, 김진경 총장으로부터 전화가 걸려왔다. 김 총장은 다급한 목소리로 방송을 내면 절대로 안 된다며 방송 보류를 요청했다. 아흔을 바라보는 김 총장의 절박한 호소 뒤에 거대한 조직의 힘을 느꼈다. 알았다고 말하고 끊었지만, 그 뒤에도 여러 차례 전화가 걸려왔다. 방송을 내면 자신이 어떻게 될지 모른다며 죽음을 암시하기도 했다. 결국 방송을 내지 못했다. 중국 내 소수민족 문제는 가장 민감한 사안 중 하나이다. 이를 다루거나 거론해도 외부 세력의 분열책동으로 보고 엄단한다는 것이 중국 정부의 생각이다. 이를 돕거나 협력하면 반간첩법의 처벌대상이 될 수 있다. 미중 신냉전이 격화되면서 중국의 반간첩법은 우리에게 망나니의 칼춤처럼 위태로워 보인다.

04

우크라이나 전쟁:
중국의 동진

러시아 '후방' 자처한
중국

신냉전 먹구름이 짙어지던 2022년 2월 24일, 러시아가 전격적으로 우크라이나를 침공하면서 러-우 전쟁이 발발했다. 이날 중국 외교부 정례 기자브리핑에 세계의 눈과 귀가 쏠렸다. 러시아의 동맹인 중국의 입장에 따라 확전 가능성도 열려 있었기 때문이다. 중국과 러시아는 흔히 'P2 동맹'이라 부른다. 'P'는 중국People's Republic of China과 러시아Putin's Russia의 첫 글자를 따온 말이다. 주로 경제적, 군사적, 외교적 측면에서 서로를 지지하고 협력하는 관계다.

기자들의 질문이 쏟아지자 화춘잉^{華春瑩} 중국 외교부 대변인은 역으로 자신이 질문을 하겠다며 이렇게 물었다. "만약 당신 주변에 두 사람이 다투고 싸우려 한다면, 당신은 그들에게 무기, 총, 칼을 건네겠습니까? 아니면 먼저 그들이 싸우지 않도록 말리고, 객관적으로 충돌의 원인을 파악하여 평화적으로 문제를 해결하는 것을 도와주시겠습니까? 이것은 매우 간단한 이치입니다. 무기는 결코 모든 문제를 해결할 수 없습니다. 이 시점에서는 불에 기름을 붓는 것이 아니라, 불을 함께 끄고 평화를 유지할 방법을 찾아야 합니다."

라고 말했다. 그러면서 또 "서방 매체에서 사용하는 용어는 '침략'인데, 이전에 미국이 유엔의 승인 없이 이라크와 아프가니스탄에서 불법적인 단독 군사행동을 취해 수많은 무고한 민간인이 피해를 당했을 때, 당신들은 그때 '침략'이라는 단어를 사용했습니까? 아니면 다른 표현을 사용했습니까?"라고 되물었다. 무력침공에 나선 러시아 편에 서지 않겠지만 신냉전으로 대립하는 미국의 시각에도 동의할 수 없다는 태도를 보였다.

개전 초기인 2022년 2월, 푸틴 러시아 대통령은 '전쟁'이 아닌 '특별군사작전'이라 명명했다. 러시아 내 전쟁으로 인한 부정적 여론을 완화하고, 국제적으로 덜 공격적인 행위로 묘사하려는 시도였다. 이에 보조를 맞춘 중국도 러시아의 표현을 존중해 '특별군사작전'이라고 불렀다. 이는 외교적 민감성을 고려한 균형외교 전략으로 보인다. 이처럼 중국은 직접적으로 러시아의 행위를 비판하지 않으면서도 전면적으로 지지하는 모습도 피하려고 했다. 러우전쟁 1주기인 2023년 2월 24일, 중국은 12개항의 '우크라이나 사태의 정치적 해결에 관한 중국 입장'에서 중립 입장을 다시 한 번 확인했다. 주요 내용은 주권존중, 전쟁중단, 평화협상 개시이다. 저우언라이 전 총리가 1950년대에 밝힌 평화공존 5원칙과 궤를 같이하고 있다. 그러나 국제사회에서는 이런 중국의 중립적 입장을 의심하는 시각도 존재한다. 중국이 러시아와의 전략적 관계를 유지하는 동시에 서방국가들과의 관계도 고려해야 하는 복잡한 외교적 위치에 있기 때문이다.

중국은 러시아 무기지원을 놓고 미국과 또 대립했다. 2024년 8월 30일, 유엔 안전보장이사회에서 미국 대표가 중국이 러시아에 전쟁도구를 수출하고 있다고 비난한 것에 대해, 겅솽耿爽 주유엔 중국대표부 부대표는 "중국은 우크라이나 위기의 조성자가 아니며, 당사국도 아니다. 중국은 충돌 당사국 어느 쪽에도 무기를 제공하지 않았으며, 군용과 민수용으로 모두 쓸 수 있는 이중 물품에 대해 엄격한 관리감독을 하고 있다."라고 반박했다. 북한의 4차 핵실험 이후 미국이 중국책임론을 언급하는 데 대해 당시 화춘잉 중국 외교부 대변인은 2016년 1월 8일 정례브리핑에서 "한반도의 핵문제는 중국에서 비롯된 것도 아니고 중국이 해결책을 가지고 있는 것도 아니다."라고 말했다. 러시아와 북한의 후방기지 역할을 하면서도 부정하는 화법이 비슷하다.

　　중국이 이처럼 러시아에 대한 공개적인 지지와 지원에 소극적인 이유는 국제 분쟁에 휘말리지 않는 것이 전략적 이익이라고 보기 때문이다. 국제사회에서 고립을 피할 수 있고 서방국가의 제재를 받지 않을 수 있다. 2024년 5월 시진핑 주석이 프랑스를 방문한 자리에서 우크라이나전쟁에 관해 "중국은 우크라이나 위기의 원인 제공자나 당사자가 아니며 협상촉진을 위해 최선을 다해 왔다."고 강조했다. 중국은 러시아를 전략적 파트너로 존중하고 싶지만 경제적인 측면에서 미국과 유럽과도 좋은 관계를 유지하길 바라고 있다.

　　중국은 러시아가 전쟁에서 이길 때와 패할 때를 모두 생각하고 있는 듯하다. 다만 중국은 러시아가 군사적으로 패배할 가능성은 크지 않다고 판단하고 있다. 우크라이나가 서방 국가들로부터 많은 지원을 받고 있지만, 러시아의 군사력은 우크라이나보다 월등하다고 믿는다. 대신 중국은 러시아가 직면한 가장 큰 위협은 전쟁터에서 오는 것이 아니라, 서방의 경제제재로 인한 러시아 내부에 있다고 보고 있다. 이 때문에 중국은 서방제재에 맞서 서방기업들이 철수한 러시아 시장의 공백을 메우는 데 앞장섰다. 중국 상품의 풍부한 공급능력은 제재로 인한 사회불안의 영향을 최소화했을 뿐만 아니라, 러시아 국민의 생활수준을 유지시켰다. 후방을 지켜준 셈이다. 이는 한편으로 중국에게 엄청난 시장기회를 창출했으며, 중국제품은 러시아 시장에서 중요한 위치를 차지하게 되었다. 결국 중국은 비군사적인 측면에서 도움을 주고 큰 이익을 얻었다.

만약 러시아가 우크라이나 동부 방어선을 지키지 못하고, 우크라이나의 주요 부대가 러시아 본토 깊숙이 진격했다면, 중국은 본색을 드러냈을 것이다. 러시아를 군사적으로 지원해야 하는 상황으로 내몰렸을 것이다. 중러 관계는 상호 밀접하게 의존하고 있으며 상호 비빌 '언덕'으로 여기고 있기 때문이다. 러시아가 전쟁에서 패하거나 붕괴된다면, 중국은 서방국가들의 직접적인 압박대상이 된다. 중국이 가장 두려워하는 시나리오이다. 그래서 중국 입장에서는 러시아가 절대 무너져서는 안 된다. 그렇다고 러시아가 일방적으로 승리하는 것도 바라지는 않는다. 자칫 러시아와 함께 냉전적 블록화로 묶여 고립을 자초할 수 있기 때문이다.

중국이 제일 바라는 건 현상유지이다. 중국은 도요새가 조개와 다투다가 다 같이 어부에게 잡히고 말았다는 방휼지쟁蚌鷸之爭을 꿈꾸고 있다. 중국은 지금 러시아와 서방 두 세력이 싸우다가 지쳐 쓰러지면 모두 잡겠다는 생각을 한 듯 보인다. 미국과의 패권전쟁도 여기서 실마리를 찾으려 하고 있다.

서방과 대립각이 가져다준 선물,
'블라디보스토크'

호주 정부가 2022년 2월 열린 베이징 동계올림픽에 대해 '외교적 보이콧'을 공식 선언했다. 중국의 신장 위구르 인권탄압과 호주에 대한 무역제재 등에 중국 정부가 아무런 답변을 내놓지 않고 있다는 이유에서다. 외교적 보이콧은 올림픽에 선수단은 파견하되 정치인이나 정부관리로 구성된 공식 사절단은 보내지 않는 것을 뜻한다. 미국에 이어 두 번째로, 영국과 캐나다, 뉴질랜드가 그 뒤를 따랐다. 하지만 러시아는 우크라이나 침공을 앞둔 2022년 2월 베이징 동계올림픽에 푸틴 대통령이 직접 참석해 '제한 없는 협력'을 발표했다. 공동성명에서 "두 나라 간 우정에는 한계가 없고, 협력하지 못할 영역이 없다."라고 규정했다. 이후 2023년 5월, 중국과 러시아가 보란 듯이 손을 맞잡았다. 중국은 무역전쟁을 비롯해 남중국해, 홍콩보안법 문제 등으로 사사건건 미국과 대립했고, 러시아는 우크라이나 침공으로 서방의 제재를 받는 상황에서 고립 탈피를 위해 밀착했다. 이에 러시아는 중국이 블라디보스토크 항구를 자국 항구처럼 사용할 수 있도록 파격적인 결정을 내렸다. 블라디보스토크는 원래 청나라 땅이었으나 1860년 베이징조약으로 러시아에 넘어간 곳으로, 중국으로서는 163년 만에 블라디보스토크항의 사용권을 갖게 된 셈이다.

중국 해관총서세관는 2023년 6월 1일부터 지린吉林성이 블라디보스토크항을 자국의 '내륙 화물 교역 중계항'으로 사용하는 것을 승인했다고 밝혔다. 내륙 화물교역 중계항은 외국의 항구를 이용하더라도 자국 내에서 이뤄지는 교역처럼 관세와 수출입 관련 세금을 부과하지 않는다. 이에 따라 중국 동북의 풍부한 식량과 석탄을 비롯한 지하자원이 통관절차나 관세부과 없이 블라디보스토크항에서 선박을 통해 중국 남방으로 운송되게 됐다. 이로써 그동안 북한의 나진항을 이용할 수 없던 중국에게 동해로 나가는 물길이 열렸다.

앞서 중국은 2010년 시범적으로 나진항을 통해 동북의 석탄을 상하이로 운송한 데 이어, 2015년부터 식량과 목재의 운송에도 이 해상항로를 이용했다. 하지만 2016년 북한의 핵실험과 그에 따른 유엔 제재강화로 북중 경제협력 프로젝트가 중단되고, 코로나19 확산에 따라 북중 국경까지 폐쇄되면서 나진항 사용이 중단됐다. 블라디보스토크항의 사용승인은 2023년 3월 시진핑 주석과 푸틴 러시아 대통령이 모스크바에서 서명한 '2030년 중러 경제협력 중점 방향에 관한 공동성명'에 따른 후속조치이다. 당시 두 정상은 "국경지역 잠재력을 발굴해 중국 동북지역과 러시아 연해주 간 교류협력을 발전시킨다."라고 발표했다.

블라디보스토크 항구의 사용권을 확보했다는 소식이 중국 지린성 훈춘琿春에 전해지자, 이를 반기는 분위기가 역력했다. 러시아와 국경을 맞대고 있는 훈춘은 시내 거리 곳곳에서 러시아어 간판을 어렵지 않게 볼 수 있을 정도로 러시아와의 무역이 활발한 변경 지역이다. 쇼핑객들도 훈춘 출입국사무소를 통해 입국한 러시아인들이 대부분이다. 훈춘의 한 상인은 "지금 러시아 사람들이 해외에서 러시아로 물건을 사들여 가고 있는데, 러시아가 전쟁해서 물건이 부족하다."라며 우크라이나 전쟁으로 특수를 누리고 있음을 암시했다. 여기에 상인들은 블라디보스토크 항구 사용권을 확보하면서 지역경기가 살아나지 않을까 기대감을 나타냈다. 중국 정부는 외국 항구를 빌려 바다로 진출하는 '차항출해借港出海' 전략이 실현됐다며 환영했다. 그동안 막혔던 동해 진출이 가능해지면서 중국 동북지방의 물류비를 획기적으로 절감할 수 있게 됐다. 원래 헤이룽장성과 지린성은 육로를 통해 1,000km 이상 떨어진 랴오닝성 다롄大連항까지 해상화물을 보내야 했다. 하지만 앞으로는 지린성 훈춘琿春이나 헤이룽장성 수이펀허綏芬河 통상구에서 200km 거리의 블라디보스토크항을 이용해 곧바로 해상운송을 통해 남방에 물건을 보낼 수 있게 됐다.

동북지역은 중국 내에서 가장 개발이 더디고 인구도 격감하고 있는 중국으로선 '아픈 손가락'이다. 이곳은 북한과 러시아에 둘러싸여 있는 '맹지'로 정치적 상황에 따라 개발과 통상이 늘 뒷전으로 밀렸다. 이를 해결하기 위해 중국 정부는 2000년대 초 대대적인 '동북 진흥 전략'을 추진했다. 두만강 일대를 북한, 러시아와 공동개발하는 '창지투長吉圖, 창춘-지린-두만강' 개발 프로젝트이다. 중국 국무원은 2009년 개발 업을 승인하면서 2020년까지 2,020억 위안약 [38]

조 2,000억 원을 들여 두만강 유역을 동북아 최대 물류거점으로 육성하겠다고 밝혔다. 이 개발전략의 핵심목표 중 하나는 동해로의 진출을 통해 동북지역의 경제적 잠재력을 극대화하는 것이다. 그런데 우크라이나전쟁이 장기화되면서 그동안 지지부진하던 '창지투' 계획에 서광이 비치고 있다. 중국의 동진東進전략이 탄력을 받고 있다.

2024년 5월 시진핑 주석과 푸틴 러시아 대통령 간 정상회담에서 합의한 공동성명에서, 중국 선박이 두만강 하류를 통해 바다로 나가는 사안과 관련해 북한과 '건설적 대화'를 진행하는 것을 지지한다는 내용이 포함됐다. 북한과 러시아 국경이 접해 있는 두만강 하류 약 157km 구간은 북한과 러시아의 동의가 필요하다. 또 북한 라선시 선봉 구역 두만강동洞과 러시아 하산을 잇는 두만강철교가 문제다. 1951년 한국전쟁 중 소련은 북한에 군사물자를 보낸다는 명목으로 두만강철교조러 우정의 다리를 건설했다. 길이가 약 530m인 이 다리는 높이가 7m에 불과해 300톤 이하의 소형 선박만이 통행할 수 있다. 중국은 두만강을 통해 동해로 진출하고자 철교 높이를 높이라고 북한과 러시아에게 계속 요구했지만 진척이 없었다. 그동안 러시아는 중국의 영향력 확대를 우려해 중국 선박 항해에 부정적인 입장을 보였다. 하지만 우크라이나전쟁 이후 북중러가 어떤 협력을 끌어낼지 주목된다.

중러 국경에 밀려드는 화물, 물류 적체 심화

우크라이나전쟁 이후 서방의 제재를 받는 러시아의 공급망이 바뀌고 있다. 러시아 물류의 흐름이 극동으로 향하고 있다. 블라디보스토크항의 사용권을 중국에 넘겨준 2023년 6월 이후 중국과 러시아 육로국경 세관은 밀려드는 물류로 큰 혼잡을 빚고 있다. 중국 헤이룽장성 쑤이펀허로 통하는 러시아 포그라니치니 세관 앞 왕복 2차로는 대형 화물트럭들이 줄지어 장사진을 이루고 있다. 신속한 통

총연장 약 530m, 높이 7m의 북한–러시아 간 두만강철교(조러 우정의 다리)

관을 위해 미리 세관신고까지 마쳤지만, 밀려드는 트럭들 때문에 기사들은 언제 통관절차를 밟을지 알 길이 없다고 말한다. 현장에서 만난 러시아 트럭기사는 "오늘도 어떤 차가 왔는데 명단에 없어서 못 넘어갔다. 세관신고 명단대로 와야 한다. 명단에 있는 날짜에 맞춰서 와야 한다."라고 말했다.

지린성 훈춘 세관 진입로에도 러시아로 넘어가려는 화물트럭들로 붐볐다. 대기행렬이 3~4km에 달한다. 훈춘 무역회사 대표는 화물을 훈춘에서 블라디보스토크로 보내고 다시 중국내 닝보寧波로 선적해서 운송시간이 5분의 1 정도로 크게 줄었다며 반겼다. 블라디보스토크항에서 중국 동남부로 화물을 보내는 중국 물류업체도 바빠졌다. 한 블라디보스토크 해상물류 관계자는 "우리 배가 온 후에 항구에서 화물을 싣기만 하면 된다. 지금 지린성 전체 물량을 모아서 블라디보스토크항으로 보내고 있다."라고 말했다.

중러 간 국경무역도 덩달아 폭발하고 있다. 중국 만저우리滿洲里로 넘어가는 러시아 자바이칼 세관은 통관정체가 심각하다. 중국행 트럭 대기행렬이 무려 11km에 달하기도 했다. 러시아 트럭기사는 "벌써 기다린 지가 이틀째인데 1.5km밖에 못 갔다."며 불만이다. 이런 상황은 러시아로 넘어가는 통로인 중국 국경 세관도 비슷하다. 2022년 11월 개통된 통장同江 철교를 통해 러시아산 석탄이 중국으로 건너오고 있고, 역시 2022년 6월 개통된 헤이허黑河 대교를 통해 각종 트럭과 차량들이 러시아로 팔려간다.

2023년 중러 무역은 2,401억 달러로 사상 최고치를 기록했다. 우크라이나전쟁 이후, 미국을 비롯한 서방국가들의 제재로 많은 서방기업이 떠난 러시아 시장을 중국 기업이 선점했기 때문이다. 중국 해관총서의 발표에 따르면, 중국의 대러수출은 전년 대비 46.9% 증가한 약 1,109.7억 달러였으며, 러시아로부터의 수입은 전년 대비 12.7% 증가한 약 1,291.4억 달러에 달한다. 중국의 대러 수출품목은 더욱 다양해졌다. 자동차, 스마트폰, 산업 및 특수장비, 장난감, 신발, 운송장비, 에어컨과 컴퓨터, 식품 등이 포함됐다. 2023년에는 중국 브랜드가 러시아 시장에서 스마트폰 판매 1위를 차지했으며, 중국 자동차는 러시아 시장점유율이 약 10%에서 거의 50%까지 크게 확대됐다.

또 위안화 결제비중이 크게 늘었다. 러시아 측의 자료에 따르면, 러시아 수출 및 수입 결제에서 위안화의 비중이 각각 34.5%와 36.4%에 달했으며, 이는 2년 만에 각각 85배와 7배 이상 증가한 수치이다. 2023년 말 기준 위안화는 러시아 외화보유액의 25%를 차지하여, 달러에 이어 러시아에서 두 번째로 인기 있는 외화가 되었다. 2023년 12월, 러시아 총리 미슈스틴은 중국을 방문했을 때 2023년 중러 무역 결제가 제3국 통화에서 완전히 벗어났다고 언급했다. 왕원빈汪文斌 중국 외교부 대변인은 "중국과 러시아의 협력은 어떤 제3자도 겨냥하지 않으며, 어떤 제3자의 간섭이나 강요도 용납하지 않는다."라고 경계했다.

하지만 앞으로 중국이 블라디보스토크항을 항구적으로 사용할 수 있을지는 풀어야 할 숙제가 있다. 우크라이나전쟁 이후 러시아 물류가 극동항구로 몰리면서 블라디보스토크항은 이미 포화상태이다. 한 러시아 무역업자는 "블라디보스토크항의 물류 인프라

지린성 훈춘 세관 진입로. 러시아행 대형 컨테이너가 3~4km 장사진을 이루고 있다.

는 이미 과부하가 걸렸다. 중국 화물의 환적은 항구의 부하를 더욱 증가시킬 것이다."라며 우려했다. 이 때문에 블라디보스토크항의 열악한 시설 개선뿐만 아니라 항만으로 이어지는 도로와 철도 인프라 정비도 필요한 과제이다. 또 훈춘에서 블라디보스토크까지의 200km가 넘는 도로 곳곳이 비포장이어서 운송효율이 떨어진다는 지적도 있다. 백성호 옌볜대 동북아물류연구원장은 "러시아로 가는 철도망이 제대로 연결돼 있지 않아 곡물, 광물, 연료 등의 운송은 불가능하다."라고 말한다.

더욱이 현지에선 블라디보스토크를 중국에 빼앗겼다는 가짜 뉴스가 돌 정도로 러시아인들의 경계심이 확산되고 있다. 중소 국경 분쟁이 발생하기 전 1960년대 초, 중국은 소련에 러시아제국 시절 체결한 아이훈조약과 베이징조약을 철회하고 새로운 국경조약을 맺을 것을 제안했다. 하지만 소련은 이를 즉각 거부했다. 결과적으로 불평등조약으로 빼앗긴 극동지역을 잊지 않고 있다는 중국의 야심만 드러난 계기가 됐다. 중국에서는 아직도 블라디보스토크라는 말보다 '하이선웨이海参崴'이라는 옛 이름을 더 많이 사용한다. 하이선웨이는 이 지역의 해안에서 해삼을 비롯한 해산물이 많이 잡혔기 때문에 붙은 이름이다. 이 때문에 이곳에는 중국인에게는 고토회복이라는 꿈이 있고, 러시아인들에게는 이를 지켜야 한다는 강한 저항감이 있다.

실제로 중국공산당 기관지 〈인민일보〉와 관영 〈환구시보〉가 한때 블라디보스토크항이 163년 만에 중국으로 돌아왔다는 내용을 보도했다가, 곧바로 기사를 삭제한 사건이 있었다. 이 기사는 중국 내 민족주의적인 해석을 불러일으켰고, 일부 네티즌들 사이에서 반향을 일으켰다. 그렇지 않아도 러시아의 의구심이 큰 상태에서 민감한 영토문제로 비화하지 않도록 중국 당국이 신속히 기사를 지운 것이다. 우크라이나전쟁과 신냉전으로 고립된 러시아와 중국은 현재 서로의 필요에 따라 밀월관계를 보이고 있지만 근본적인 변화는 없다. 각자의 이익에 따라 한배를 타게 된 중국과 러시아지만 속마음까지 내보이지는 않고 있다.

중국 3대 은행,
러시아 금융결제 거부

2024년 초부터 중국 공상은행工商銀行과 중국 건설은행建设银行, 그리고 중국은행中国银行 등 중국의 주요 3대 은행이 제재받는 러시아 금융기관과의 결제를 중단했다는 소식이 전해졌다. 또 2월에는 저장초저우상업은행浙江稠州商业银行이 러시아 내에서의 모든 거래를 중단했고, 핑안은행平安银行과 닝보은행宁波银行도 줄줄이 러시아로부터 위안화 결제를 받지 않기로 했다. 러시아 매체는 일부 보고서를 인용해, 2024년까지 중국 은행들은 러시아 은행들이 요구한 결제의 약 80%를 거부한 것으로 보도했다. 이는 서방의 대러시아 제재와 관련이 있다. 2022년 러시아의 우크라이나 침공 이후 미국과 유럽연합을 비롯한 서방 국가들이 러시아에 대해 강력한 경제제재를 부과하면서, 러시아 은행들은 국제 결제 시스템SWIFT에서 차단되거나 주요 금융기관들과의 거래가 제한되고 있다.

중국의 주요 은행들은 국제 금융 시스템과 미국 달러화 기반 거래에 강하게 의존하고 있다. 자칫 미국의 세컨더리 보이콧 대상이 될 경우, 중국 은행들이 미국 금융 시스템에서 퇴출되거나 제재를 받을 수 있는 위험이 존재한다. 미국은 우크라이나를 침공한 러시아를 돕는 금융기관에 대해 세컨더리 보이콧을 시행하고 있다. '세컨더리 보이콧secondary boycott'은 제재국가와 거래한 제3국의 정부, 기업, 금융기관을 제재하는 것을 말한다. '2차 제재' 또는 '제3자 제재'라고도 불린다. 미국 재무부는 2023년 12월 22일 조 바이든 대통령이 서명한 행정명령 제14024호에 따라 러시아 군산복합체와 거래하는 제3국 금융기관을 대상으로 세컨더리 보이콧에 들어갔다. 이러한 제재에 대한 두려움으로 중국의 여러 주요 은행들이 러시아와의 금융 거래를 자제하거나, 심지어 거래를 거부하는 상황이 발생했다.

주러시아 중국대사인 장한후이張汉晖는 중러 간 결제문제의 원인이 제3국의 개입 때문이라고 주장했다. 하지만 그는 위안화가 중러 간 결제에서 차지하는 비율이 90%를 넘었으며, 앞으로 이 비율은 더욱 증가할 것이라고 말했다. 이 때문에 중국은 현재 급증하고 있는 무역거래 결제거부 영향은 미미할 것으로 판단한다. 제재를 받은 러시아 기업의 결제규모가 50억 달러에 불과하며, 중러 무역결제 총액은 여전히 2,350억 달러에 달해 문제가 되지 않는다고 보고 있다.

하지만 중러 무역의 확대에 회의적인 시각도 있다. 러시아가 직면한 가장 심각한 제재는 금융 시스템에 대한 봉쇄이다. 2024년 2월까지 러시아의 약 3,500억 달러의 외환 보유고가 동결되었으며, 이는 총 외환보유고의 절반에 해당한다. 또한 러시아 은행자산의 약 70%가 동결되었고, 대부분의 은행이 미국이 주도하는 SWIFT 국제 결제 시스템에서 제외되었다. 이는 러시아의 해외무역에 매우 심각한 악영향을 미쳤다. 이 때문에 중러 무역의 고속 성장세를 유지하기 어려울 것이란 전망도 있다.

멀어진 대북제재,
두만강에 나타난 '유조열차'

2017년 11월, 북한의 대륙간탄도미사일ICBM 화성-15형 발사에 따라 마련된 유엔 안전보장이사회 대북제재 결의안 2397호에 따라 북한에 1년간 공급하는 정제유는 50만 배럴, 원유는 400만 배럴로 묶인 상태이다. 그리고 유엔 회원국의 대북 원유공급량 보고를 의무화했다. 하지만 중국은 대북 정제유 공급량 보고를 제때 하지 않을 뿐 아니라 유류의 구체적인 수치도 공개하지 않고 있다. 안보리의 제재 취지가 무색하다. 북한은 제재 이전에만 해도 연간 100만 톤의 원유를 수입했는데 그 가운데 92%를 중국에 의존했다. 또 이 가운데 절반은 원조 성격으로 받았다. 중국이 북한의 목줄을 쥐고 있는 큰 카드이다.

　하지만 중국은 북한에 쉽게 원유 압박카드를 쓰지 않는다. 이유는 북한의 붕괴라는 파국을 원치 않기 때문이다. 지정학적, 안보적 완충 역할로서 북한이 필요하다는 판단에서다. 이와 관련해 진찬룽金灿荣 인민대 국제관계학원부원장은 "중국의 걱정은 만약에 석유 공급이 중단되면 중국과 북한의 관계가 끝날 것이라는 점입니다.

중국은 그렇게까지 되길 바라지는 않습니다."라고 말했다.

2016년 4월, 이른 새벽, 북한 신의주와 마주 보고 있는 중국 단둥항 인근 부둣가를 찾았다. 물안개가 짙은 강가에 배 한 척이 정박해 있고 바로 옆에 유조차가 주차해 있었다. 배 조타실 지붕 위에는 우리말로 '경비선'이라고 쓰여 있고 중국 오성홍기와 함께 북한 인공기가 내걸렸다. 선원 한 명이 유조차와 연결된 호스로 배에 실린 드럼통에 석유를 넣고 있었다. 선원은 무슨 기름이냐는 질문에 경유를 주유하러 왔다고 짧게 말했다. 부두 관계자는 화물을 실어 나르는 북한 밀수선임을 인정했다. 배에 올라 보니 어구는 하나도 없는 전형적인 밀무역선이다. 유엔 안보리 대북제재로 석유류 공급이 부족하게 되자 북한 당국이 직접 밀수에 나선 것이다. 단둥 세관 앞 화공업체 관계자는 경유는 북한에 못 간다며 다른 무역을 통해 기

2016년 4월. 단둥 항 우리말로 '경비선'이라고 쓰인 북한 선박 기름 밀수 현장

름을 운송하고 싶어도 못 한다고 말했다.

중국은 음으로 양으로 북한의 기름 공급을 돕고 있다. 단둥 외곽 압록강변에 위치한 진산완金山灣에 있는 단둥중조우의송유공사丹東中朝友谊输油公司의 가압 시설을 통해 매일 기름을 공급하고 있다. 이곳 유류창고는 압록강 바닥을 통해 연결된 파이프로 북한과 연결되어 있다. 예전에는 강변으로 내려가 파이프라인을 확인할 수 있었으나 지금은 압록강변에 철조망으로 막아놓아 내려갈 수 없다. 중조우의 송유관은 원유 송유관과 가공유 송유관으로 나누어져 있는데 전체 길이는 30.3km에 이른다. 가공유 송유관은 현재 운영 여부를 확인할 수 없다. 원유 송유관은 중국 최초의 수출원유관으로 해마다 약 50만 톤의 기름을 보내고 있다. 중국에서 보내는 원유는 헤이룽장성의 다칭大庆 유전에서 나온 것으로 유조열차로 옮겨진 뒤 단둥 가압장을 통해 북한으로 보내진다.

송유관을 통해 공급되다 보니 원유가 얼마나 공급되는지 전혀 알 길이 없다. 유상인지, 무상인지도 확인된 바 없지만 중국이 정치적인 상황에 따라 공급량을 조절한다는 이야기가 있다. 중국은 과거에 매년 약 50만~60만 톤 가량의 원유를 북한에 공급했다. 이 원유 대부분은 단둥에서 출발하는 파이프라인을 통해 북한으로 보내지며, 이는 북한이 사용하는 주요 에너지원 중 하나이다. 북한은 핵실험 이후에도 송유관을 통해 기름을 공급받고 있다. 연간 50만 톤의 원유는 송유관 유지를 위한 최소한의 양이라고 한다. 원유를 흘려보내지 않으면 파이프 내부가 응고되어 송유관이 막힐 수 있기 때문이다.

북한 핵실험 이후 국제사회의 이목이 이곳에 집중되면서 중국도 부담감을 느끼고 있다. 모든 사항을 기밀에 부치고 있고 이곳에서 촬영하면 바로 공안이 달려온다. 없던 압록강변 철조망이 갑자기 생긴 이유도 이와 무관치 않다.

하지만 우크라이나전쟁으로 북한의 유류 수입선이 바뀌고 있다. 북한은 우크라이나전쟁 이후 급속히 가까워진 러시아로부터 대량으로 기름을 공급받고 있다. 지린성 훈춘 시내에서 63km 정도 남쪽으로 가면 중국과 북한, 러시아 3국 국경이 만나는 '팡촨防川' 풍경 명승구가 있다. 창지투長吉圖,창춘-지린-두만강 개발 개방 선도구의 가장 동쪽에 위치한 관광지로, 사람들은 흔히 이곳을 '동쪽 첫 마을'이라고 부른다. 이곳에서는 "닭이 울면 세 나라에 들리고, 개가 짖으면 세 국경이 놀라며, 웃음소리가 세 나라에 전해진다."라는 말처럼 가까운 3국의 이국적인 풍경을 감상할 수 있다. 이곳에 있는 64.8m 높이의 전망대에서는 북 · 중 · 러 삼국의 경계를 흐르는 두만강이 동해로 빠져나가는 모습을 감상할 수 있다. 또 직선으로 3~4km 정도 떨어진 북한의 두만강역과 러시아 하산을 잇는 두만강철교조러 우정의 다리를 볼 수 있다. 2023년 10월 위성사진을 통해 두만강역에서 전례 없이 많은 수의 궤도차boxcar,유개화차를 포착한 미국 전략국제문제연구소CSIS는 북한이 러시아에 대량의 무기와 탄약을 제공하고 있을 가능성이 있다고 밝혔다.

북한은 2023년 7월 중순부터 북중 간 화물열차 운행을 하루 한 차례에서 두 차례로 늘렸다. 기존 오전 7시 40분 단둥발 신의주행 화물열차에 더해, 오후 1시에도 화물열차를 더 투입했다. 오전 운행 열차는 20량 정도의 화물칸을 달고 운행하지만, 오후에는 보통 9량 안팎의 화물칸을 달고 운행했다. 그런데 증편운행 석 달 만인 2023년 10월 20일쯤부터 갑자기 오후 화물열차가 운행을 중단했다. 화물열차를 하루 두 차례 운행하던 2023년 9월 북중 교역액은 2억 1,000만 달러로, 북중 국경이 봉쇄된 2020년 1월 이후 3년 8개월 만에 최대치를 기록하기도 했다. 반면 오후 열차운행 중단으로 10월 한 달간 북중 교역액은 전달보다 11%가량 감소했다.

화물열차 운행축소가 교역량 감소에 직접적인 영향을 미친 것으로 보인다. 북한과 중국 모두 코로나 상황이 호전되면서 교역량이 늘어날 법한데, 오히려 운행 횟수를 절반으로 줄인 것이다. 이와 관련해 대북 소식통은 "빵통화물칸이 순환이 안 되니까 빵통이 없어서 물건이 못 나간다며 조선북한에서 빵통 60개가 없어서 현재 난리다."고 말했다. 9월 김정은 위원장 방러 이후 북러 접경 지역에서는 의심스런 화물열차 운행이 잇달아 포착됐다. 북한이 러시아와의 무기 거래를 늘리기 위해 중국 단둥을 오가던 화물열차 운행을 줄인 게 아니냐는 관측이 제기됐다.

2023년 12월 초, 러시아와 북한의 불법 무기거래 장소로 추정되는 두만강역에서 러시아 유조열차가 발견됐다. 두만강 철교에서 700m 정도 떨어진 두만강역 차량기지에 녹색 화물칸으로 구성된 러시아 화물열차가 길게 정차해 있는 모습이다. 그 뒤편으로 러시아에서 북한으로 이어지는 본선 철로 위에 타원형 화차의 유조열차가 있었다. 러시아에서 막 건너온 것으로 보이는데, 육안으로 봐도 유조화차가 9량 정도 됐다. 유조화차에는 러시아 석유류 전문 물류

회사인 'URAL Logistics'라고 선명하게 쓰여 있다.

우랄 로지스틱스URAL Logistics는 러시아 모스크바에 본사를 둔 물류회사로 2019년에 설립되었으며, 주로 철도를 통해 자원을 운송하고 있다. 하지만 러시아 대표 원유인 '우랄URAL' 원유를 수송한다는 뜻일 가능성이 있다. 우크라이나전쟁 이후로 러시아산 우랄 원유Urals crude는 서방국가들의 제재와 러시아산 원유에 대한 수요감소로 인해 가격이 크게 하락했다. 이 과정에서 러시아산 우랄 원유는 크게 할인된 가격에 거래되는 경우가 많았다. 우랄유 가격은 브랜트유보다 배럴당 30달러 정도 싸다.

팡촨 전망대 관계자는 이 러시아 유조열차가 매주 화요일과 금요일 두 차례 건너간다며 경유와 목재를 운송하는 것 같다고 말했다. 러시아가 북한으로부터 무기를 받는 대가로 기름을 제공하는

2023년 12월 초, 러시아와 북한의 불법 무기거래 장소로 추정되는 두만강역에서 발견된 러시아 유조열차. 'URAL Logistics'라고 선명하게 쓰여 있다.

것 아니냐는 분석이 나오는 이유다. 차량기지에서 2km 정도 떨어진 두만강역에서는 또 다른 유조열차가 있었다. 러시아 유조열차와 달리 검은색의 화차로 북한 유조열차로 보였다. 부근에는 유류 저장 시설도 있다. 여기서 기름을 북한 열차로 옮겨 싣고 이동한 것으로 보인다. 제재에도 불구하고 연간 약 2~4만 톤가량의 정제 석유 제품이 북한으로 수출되는 것으로 추정된다.

하지만 이러한 수치는 추정치일 뿐이어서 실제 수출량은 더 많을 가능성도 있다. 러시아는 우크라이나전쟁 이후 원유수출이 막히면서 중국과 인도에 할인된 가격으로 수출하고 있다. 중국은 2023년 3월, 하루 227만 배럴을 수입하고 있는데 이는 한 해 전인 2022년 3월의 하루 151만 배럴보다 50%나 늘어난 수치이다. 이는 러시아의 원유수출량의 약 40%를 차지할 정도로 막대하다. 중국은 제재로 인한 러시아의 수출 어려움을 상쇄하는 주요 원유시장이 되고 있다. 그리고 또 다른 시장이 제재로 연료난을 겪고 있는 북한이 될 가능성이 크다.

김정은 방러 때 보인 북중간 '이상' 조짐

2023년 9월, 김정은 위원장의 러시아 방문 때 북중간 이상 조짐이 보였다. 당시 코로나19로 국경을 닫아 놓았던 김정은 위원장이 국경 문을 열고 가장 먼저 찾은 곳이 러시아 극동이기 때문이다. 푸틴 러시아 대통령과의 정상회담을 위해서이다. 당시 시진핑 주석을 제치고 푸틴 대통령을 먼저 만난다는 사실에 모두가 놀라워했고 중국이 내심 불쾌할 만하다는 생각을 했다.

당시 김정은이 과연 어떤 경로를 통해 러시아를 방문할지에도 관심이 집중됐다. 비행기를 탄다면 간단한 일이지만 열차를 이용할 가능성이 높다는 분석이 많았다. 철길로 블라디보스토크까지 이동하는 경로는 크게 두 가지로 생각할 수 있다.

첫 번째는 함경북도 나선 지구와 러시아 하산을 연결하는 두만강철교를 통과해 이동하는 방법이다. 2019년에 김정은이, 2002년에는 김정일이 러시아를 찾았을 때도 이 루트를 이용했다. 당시 우리 정보당국은 김정은 북한 국무위원장이 예상과 다른 경로를 이용할 수 있다고 국회에서 답변했다. 이유는 <뉴욕타임스>의 보도로 김 위원장의 방러 동선이 노출됐기 때문이라는 것이다.

그래서 나온 것이 두 번째 경로다. 평양에서 출발해 중국을 거쳐 블라디보스토크역에 도착하는 루트이다. 하지만 이는 당시 상황을 이해하지 못한 오판으로 보인다. 중국을 거쳐 푸틴 대통령을 만난다는 것은 외교적으로 결례일 뿐만 아니라 중국을 언짢게 하는 일이다. 당시 중국의 속내는 김정은 위원장이 베이징을 먼저 찾아 시진핑 주석에게 인사하길 바랐다.

또 경호 문제가 보통 일이 아니다. 중국은 사회주의 국가에서 흔히 볼 수 있듯이 외국 정상이 오거나 중국 최고 지도부가 지방을 방문하면 도심 이동경로를 일시 폐쇄하거나 통제한다. 이른바 '관즈管制'이다. 이는 외국 원수의 이동경로를 확보하고, 안전을 보장하기 위해 시행된다. 이런 관즈는 출퇴근 시간에도 예외는 아니다. 김정은 위원장이 중국을 거칠 경우 이동하는 중국 구간 철로변에 수많은 공안을 배치해야 하는데, 다른 나라 대통령을 만나러 가는 김정은을 위해 중국이 힘쓸 일은 아니다. 또 열차로 이동 중 쉴 때마다 기차역에서 중국의 어느 급의 인사가 영접해야 할지 등 중국으로서는 고민해야 할 일이 한둘이 아니다. 이런 분위기를 반영하듯 마오닝毛宁 중국 외교부 대변인은 정례브리핑에서 "북한 지도자의 러시아 방문은 북·러 사이의 일"이라며 선을 그었다.

중국의 이런 불편한 마음을 팡촨防川 전망대 가는 길에서 읽을 수 있었다. 팡촨 전망대는 두만강역뿐만 아니라 러시아로 향하는 철로를 훤히 볼 수 있어 김정은 위원장이 이곳을 지날 경우, 중국은 보통 보안을 위해 전망대를 일시 폐쇄한다. 또 팡촨으로 가는 길목인 취안허圈河세관 앞에서 중국군과 공안이 도로를 일시 통제해 외부인의 출입을 막는다. 하지만 이번 김정은 위원장 방러 때에는 이런 통제가 전혀 이뤄지지 않았다. 전망대에서 중국군 관계자가 다가와 뭘 찍느냐고 물었지만, 별다른 제지를 하지는 않았다. 북한을 대하는 이전과 달라진 중국의 표정을 읽을 수 있었다. 결국 김정은의 방러는 러북 '동맹조약' 체결과 '북한군 파병'으로 이어졌고, 이는 중국을 곤혹스럽게 만들었다.

당시 김정은 위원장을 태운 전용열차 '태양호'는 은밀히 움직였다. 태양호는 러시아로 향할 때 해가 떨어진 뒤에 움직였고 귀국할 때도 어둠을 틈타 두만강철교를 통해 넘어왔다. 외부 노출을 막고 만일의 사태에 대비하기 위한 조치로 풀이된다.

높이 64.8m의 팡촨 전망대. 북중러 삼국의 경계를 흐르는 두만강과 북한의 두만강 역과 러시아 하산을 잇는 두만강철교(조러 우정의 다리)를 볼 수 있다.

귀환한 항미원조:
반미 캠페인

영화 〈장진호〉
'항미원조' 점화

시진핑 주석의 3연임 확정은 중국이 신냉전에서 더 강경하게 대응할 기반을 제공했다. 2018년 촉발된 미중 무역마찰은 한국전쟁 발발 70주년인 2020년을 기점으로 이데올로기 전쟁으로 확대되었다. 그 실마리를 한국전쟁에서 찾았다. 중국 정부는 한국전쟁을 자기 식으로 정의한 '항미원조抗美援朝, 미국에 맞서 북한을 도움'를 의도적으로 띄웠다. 그 첫 시동은 그동안 경제발전을 위해 잠시 드러내지 않았던 잊혀진 전쟁에 대한 기억을 되살리는 일부터 시작했다. 북중 국경을 가르는 압록강이 내려다보이는 잉화산英華山 정상에 있는 단둥 항미원조기념관은 역대 중국공산당 최고 지도자가 직접 챙길 정도로 중요하게 생각하는 항미원조 본산이다. 기념관 입구에는 마오쩌둥이 쓴 "항미원조 보가위국抗美援朝 保家衛國, 미국에 대항해 조선을 도와 가정과 나라를 지킨다"라고 쓴 친필 휘호가 새겨져 있다. 또 기념관 중앙에는 덩샤오핑鄧小平이 쓴 '항미원조기념탑'이라고 쓴 53m 높이의 기념탑이 우뚝 솟아 있다. 높이 53m는 정전한 1953년을 상징한다. 장쩌민江澤民 전 주석은 1993년 7월 항미원조 40주년을 맞아 "중국 인

단둥 항미원조기념관. 중앙에 마오쩌둥이 쓴 "항미원조 보가위국(抗美援朝 保家衛國, 미국에 대항해 조선을 도와 가정과 나라를 지킨다)"이 보인다.

민지원군의 애국주의, 국제주의, 혁명 영웅주의 정신은 영원히 빛난다."라고 회고했다.

중국은 항미원조의 바람이 거세게 불던 2020년 9월, 북중 접경인 중국 랴오닝성 단둥丹東에 위치한 '항미원조기념관抗美援朝纪念馆'을 6년 만에 재개관했다. 기존 기념관을 확장해 새로운 기념관을 세웠다. 새 기념관은 기존보다 약 5배 넓은 7,879m²의 전시공간을 갖추었고, 전시유물도 1,600여 점으로 이전보다 두 배 가까이 늘었다. 기념관은 서청序厅을 비롯해 전쟁홀, 운동홀, 중북우정홀, 영웅홀, 기념홀 등 6개로 세분화해 설치했다. 특히 기념관 측은 중국이 최대 전과로 내세우는 상감령上甘嶺 전투 복원을 위해 폭탄파편과 파편이 박힌 나무 등을 갖춰 생생하게 느낄 수 있도록 전시했다. 또 무기 전시관에는 중국 인민지원군이 사용한 낡은 무기와 미군의 첨단무기 100여 점을 대비해 전시해 놓았다. 이를 통해 무기와 장비가 매우 불리한 상황에서도, "철은 적고 기백이 많은" 중국군이 "철은 많고 기백이 적은" 미군을 상대로 승리했다는 것을 강조했다.

기념관 측은 미국의 침략에 맞서 정의를 수호하고 중국 영토안보를 지키기 위해 참전을 결정했다면서 미국이 한반도에 무력간섭했을 뿐만 아니라 7함대를 이용해 타이완 해협을 침략했다고 주장했다. 중국은 전쟁 기간 북한·중국군 보급라인에 대한 미군의 폭격에 맞서 수송로를 지킨 '반ㅉ교살전'을 묘사한 전시물도 기념관 내에 설치했다. 중국 정부는 2024년 5월, 단둥 항미원조기념관을 국가 1급 박물관으로 승격하고 사전 인터넷 예약을 하면 무료관람이 가능하게 했다. 또 4A급 관광지로 지정돼 단둥을 찾는 많은 관광객이 경유하는 홍색관광지_{중국 공산혁명과 관련된 역사적 사건·인물·장소 등을 기념하기 위해 지정된 관광지}가 되었다.

재개관 행사 당시 중국과 북한은 새삼스럽게 우의를 다졌다. 중국 측에서 당시 랴오닝성 당서기인 장궈칭張国淸과 류닝ㅊ宁 성장, 현 주북한 중국대사인 왕야쥔王亚军 대외연락부 부부장이 참석했다. 북한 측에서는 구영혁 주선양 총영사가 참석했다. 드러내고 싶지 않았을까. 재개관 행사 당시 많은 중국인과 중국 매체는 입장과 취재가 허용됐지만, 외국기자에게는 불허됐다. 오히려 많은 정사복 공안이 기념관 주변에 배치돼 삼엄한 경비를 펼쳤으며 불쑥 나타난 사복공안에 불심검문을 받았다. 이 공안은 단둥에 내려와 어디서 묵었는지까지 확인하면서 호텔 등록을 하지 않으면 위법이라고 경고했다. 기념식 현장 밖에선 중국공안이 취재를 위해 현장에 온 일

2020년 9월 단둥 항미원조기념관 재개관을 취재하러온 일본 특파원을 불심검문하는 장면

본 특파원의 가방을 뒤지고 신분을 확인하는 모습도 목격됐다.

　그즈음 참전 중국군의 유해가 묻혀 있는 선양沈阳 항미원조열사
능원抗美援朝烈士陵园도 2년여 간의 공사를 마무리하고 한국전쟁 참전
70주년에 맞춰 다시 문을 열었다. 항미원조열사능원은 병자호란을
일으킨 청나라淸 제2대 황제 황타이지皇太極의 묘역인 '베이링北陵'에
서 동쪽으로 2.5km 정도 떨어져 있으며 면적이 24만m²에 이른다.
한국전쟁 기간을 뜻하는 '1950~1953'이라고 쓰인 정문을 통과하면
높이 23.5m의 화강암으로 세운 기념탑이 눈에 들어온다. 이 기념탑
에는 "항미원조 열사영령 영원불멸"이라는 글귀가 새겨져 있다. 중
국과 북한의 우의를 상징하는 기념탑 꼭대기에는 청동으로 주조된
중국의 오성홍기와 북한의 인공기가 나란히 걸려 있다. 그 아래 기

관총을 들고 있는 중국군 병사의 동상이 세워져 있고, 기념탑 뒷면 탑신에 저우언라이^{周恩来} 전 총리가 고쳐 쓴 471자의 제문이 기록돼 있다. 저우 총리는 "1950년 6월, 미국은 우리나라 영토인 타이완을 점령하는 동시에 15개국의 군대를 규합하여 유엔이라는 이름으로 조선민주주의인민공화국에 대한 침략 전쟁을 일으켰다."라고 적었다. 기념탑 뒤편과 양쪽에는 중국군 열사 123명이 안장돼 있다.

능원 북쪽에 조성된 기념광장에 있는 검은색 화강암 벽에 한국전쟁에 참여했다가 전사한 중국군 19만 7,653명의 이름이 새겨져 있다. 또 새로 지은 열사기념관에는 한국전쟁 사진 500여 점과 전쟁에 참전한 중국군의 이력과 사용했던 무기, 유품 등 만여 점이 전시돼 있다. 선양 항미원조열사능원에는 중국군뿐만 아니라 소련군 100여 구의 유해가 안장돼 있다. 소련군 유해는 원래 선양의 서탑^{西塔}에 묻혔다가 도시개발과 건설을 위해 1995년 7월 이곳으로 옮겨졌다. 항미원조열사능원은 전국애국주의 교육시범기지와 국가급 열사 기념 시설로 공식 지정돼 중국 청소년들에게 홍색교육^{공산주의} ^{교육}의 현장이 되고 있다.

선양 항미원조열사능원은 2019년 12월 재개관 한 뒤 2020년 1월 하순 코로나19의 영향으로 문을 닫더니 5월 중순부터 3개월간 또다시 개조공사에 들어간다며 문을 닫았다. 당시 선양시는 "올해 항미원조전쟁 70주년을 맞아 중국 참전기념일인 10월 25일 행사에 대비해 공사 중"이라고 설명했다. 실제로 항미원조전쟁 70주년 행사가 능원에서 열렸지만 외국기자는 초대하지 않았다. 중국은 단둥 항미원조기념관 재개관 때처럼 내부적으로 '항미원조'의 여론을 결집하고 북중 우의를 확인하는 자리로 활용했다.

2014년부터 우리나라에서 거의 해마다 송환된 중국군 유해 938구는 '능원지궁陵園地宮'에 안장돼 있다. 우리나라에서 보낸 중국군 유해는 항미원조 분위기 조성에 더없이 좋은 이벤트 소재가 되었다. 중국군 유해송환은 영웅의 귀환으로 각색돼, 최신예 스텔스 전투기가 호위비행에 나서고 관영 CCTV가 전 과정을 생중계했다. 선양沈阳 시내 도심에는 오성홍기가 내걸리고, 도로 전광판에는 영웅이 돌아왔다며 환영자막을 내보냈다. 미중 갈등이 격화되는 상황에서 애국주의 조성에 한몫했다.

2020년 10월 23일, 베이징 인민대회당에서 열린 항미원조 전쟁발발 70주년 기념대회에서 시진핑 주석은 반미 캠페인의 하나로 '항미원조'를 꺼내들었다. 그는 항미원조 전쟁을 통해 미국의 침략에

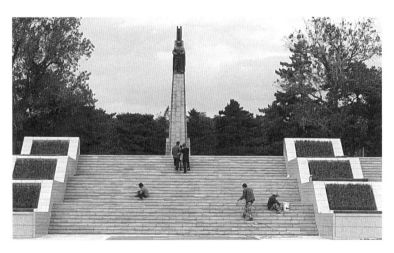

중국군 유해가 묻혀 있는 선양 항미원조열사능원. 2년여 공사하여 한국전쟁 참전 70주년에 맞춰 재개관했다.

맞서 '위대한 승리'를 쟁취했다고 선언했다. 전몰자 숫자까지 처음으로 공개하며 항전의지를 다졌다. "70년 동안 우리는 항미원조 전쟁에서 용감하게 싸우다 희생한 19만 7,000여 명의 영웅적인 아들딸들을 결코 잊지 않았다고 말했다." 그러면서 그는 "오늘날 세계에서는 어떠한 일방주의, 보호주의, 극단적 이기주의도 결코 통하지 않는다. 자기 고집대로 행동하거나 독선적인 태도, 그리고 패권적이고 오만하며 강압적인 행위는 모두 통하지 않는다. 이는 통하지 않을 뿐만 아니라, 결국 죽음의 길에 이를 것이다!"라며 미국을 직접 겨냥했다. 1953년 마오쩌둥의 항미원조 담화를 연상시키는 미국에 대한 적대감이 전쟁 이후 70년 만에 또다시 소환됐다. 좌담회 형식으로 간소하게 치러진 10년 전 항미원조전쟁 60주년 기념행사와 비교할 때 중국의 급진적 태세 전환이 놀랍다. 1970년대 이후 형성

선양 도심 중국군 유해 귀환 환영 네온사인. '치경영웅'(致敬英雄, 영웅에 경의를 표한다)라고 쓰여 있다.

된 협력을 통한 긴장 완화를 추구한 미중 데탕트시대가 저물어가고 있음을 상징적으로 보여준 행사였다.

시진핑 정부가 들어서기 전에는 한국전쟁을 조선전쟁朝鮮戰爭, 부조작전赴朝作戰 등 다소 중립적인 용어로 불렀다. 또 중국은 매년 항미원조 전쟁의 첫 전투가 벌어졌던 10월 25일을 참전일로 기념해 왔을 뿐 정전협정일에는 별다른 기념행사를 하지 않았다. 그런데 2023년 7월 27일에는 북중 접경지역에서 '항미원조전쟁 승리' 70주년 기념행사를 대대적으로 개최했다. 북한의 전승절7월 27일, 정전협정일 70주년 기념행사에 맞춘 듯하다. 중국 매체에서 미국과의 대결 기사는 갈수록 늘고 있고 표현도 과격해지고 있다.

중국은 미국과 무역전쟁을 치르면서 내부 여론조성에 적극 나섰다. 민심이 돌아서면 전쟁을 계속하기 어렵기 때문이다. 독일 나

중국군 유해 송환을 취재하러 온 기자들을 공안이 막고 있다. 심지어 공안은 인터뷰한 시민을 쫓아가 인터뷰 삭제를 요구하라고 종용하기도 했다.

치의 선전장관이었던 요제프 괴벨스가 여론을 장악하고 통제하면
대중이 비판적으로 사고하는 것을 막고 정권의 정책과 이념에 순응
하게 만들 수 있다고 확신한 것처럼 말이다. 이런 여론조성에 영화
나 드라마만한 것이 없다. 이 때문에 한동안 금기시됐던 항미원조抗
美援朝, 한국전쟁의 중국식 표현를 소재로 하는 영화와 드라마가 반미 캠
페인를 타고 봇물 터지듯 쏟아졌다. 대표적인 영화가 2021년 9월,
국경절을 앞두고 개봉한 〈장진호長津湖〉이다. 시진핑 주석은 군사위
부주석 시절인 2010년 항미원조 60주년 기념 좌담회에서 장진호 전
투를 악전고투를 뜻하는 '오전鏖战'으로 규정하며 승리의 기초를 마
련했다고 주장했다. 영화도 장진호를 배경으로 영하 40도의 혹한
속에서 중공군이 미군의 무자비한 포화를 뚫고 승리를 거둔 이야기
를 그렸다.

2023. 7. 27 항미원조전쟁 승리 70주년을 맞아 참전 군인, 유가족이 단둥 압록강 단교를
방문했다.

영화가 개봉되자 애국주의 열풍이 불면서 중국 내 극장가를 휩쓸었다. 중국공산당 100주년을 기념해 만든 이 영화는 중국공산당 중앙선전부의 적극적인 후원 아래 제작되었다. 그런 만큼 당시 중국 영화사상 최대 제작비 2,300억 원과 최대 인원 1만 2,000명이 투입됐다. 여기에 영화 〈패왕별희〉의 천카이거陳凱歌, 영화 〈황비홍〉 시리즈의 쉬커徐克 등 유명 감독 3명이 함께 메가폰을 잡았다.

〈장진호〉는 개봉 전부터 공산당과 정부, 학교 등에서 단체 관람을 독려하면서 57억 7,000만 위안약 1조400억 원의 박스 오피스를 기록, 〈특수부대 전랑 2〉를 제치고 역대 중국 영화 흥행 1위 자리에 올랐다. 미국과 중국의 갈등이 첨예하게 격화되면서 애국주의를 자극했던 점이 주효했다. 관객들의 반응도 뜨거웠다. 특히 국가를 향한 중국군의 희생을 강조한 장면은 중국 대중에게 뭉클한 감동을

2021. 9. 국경절 앞두고 항미원조 주제의 영화 〈장진호〉가 개봉되었다.

주었다. 일부 관객은 영화를 보며 거수경례를 하거나 눈물을 흘리
는 일도 있었다. 그동안 특별히 주목받지 못했던 전장인 장진호는
이 시기 중국공산당에게 필요했던 서사로 선택받았고, 정치적 의제
로 공감을 얻었다. 결국 역사는 없고 정치만 남았다.

2021년 9월 30일 개봉 첫날, 영화 〈장진호〉의 출품자와 주요 제
작진 및 배우들이 가장 먼저 찾은 곳은 선양 항미원조열사능원이다.
이들은 선양 항미원조열사능원의 열사 기념비에 꽃바구니를 헌화하
며 희생된 열사들을 추모했다. 영화 〈장진호〉의 주인공인 우징昊京은
"당신들은 헛되이 희생되지 않았다. 우리는 당신들을 영원히 기억
할 것이다."라며 경의를 표했다. 천카이거 감독은 양건스楊根思, 치
우샤오윈邱少云, 황지광黄継光과 같은 잘 알려진 전쟁영웅들의 묘를
보고 매우 감격했다고 말했다. 그는 "우리나라에는 수많은 영웅이

영화 〈장진호〉 개봉 첫날, 배우와 제작진이 선양 항미원조열사능원 찾아 참배하고 있다.

있으며, 그들의 이야기는 계속해서 전해져야 한다."라고 강조했다. 그는 그의 말대로 한국전쟁을 소재로 한 애국주의 영화 〈지원군志愿军〉 3부작을 2023년부터 해마다 한편씩 제작하고 있다.

편파 논란에도 영화 〈장진호〉는 중국 최대 영화제 중 하나인 대중영화 백화상에서 최우수 영화상을 수상했다. 심지어 관영 베이징TV가 운영하는 공식 SNS채널인 '베이징시간'에는 "12월 24일은 평안한 밤을 뜻하는 '핑안예平安夜 크리스마스 이브'가 아닌 장진호 전투 승리의 날"이라며 "그들중공군은 피와 생명으로 신중국에 평안한 밤을 바쳤다."라고 적었다. 〈장진호〉 흥행 이후 2022년 〈장진호의 수문교长津湖之水门桥〉, 2023년 〈지원군: 웅병출격雄兵出击〉, 2024년 〈지원군: 존망지전存亡之战〉등 4년 연속 한국전쟁 관련 영화가 제작되었다. 모두 중국의 전쟁승리와 애국주의를 강조하는 내용이다.

장진호 전투와 관련해 마오닝毛宁 중국 외교부 대변인은 정례브리핑에서 "항미원조抗美援朝 전쟁의 위대한 승리는, 어떤 나라든 어떤 군대든 역사 발전의 흐름과 대척점에 서서 힘을 믿고 약자를 괴롭히고 시대 흐름에 역행하고 침략을 확장하면 반드시 머리가 깨지고 피를 흘릴 것"임을 보여준다고 말했다. 앞서 2021년 7월 중국 공산당 창당 100주년 기념식에서 시진핑 주석이 했던 말이다. 관영 CCTV도 당시 장진호 전투를 포함해 중국의 한국전쟁 참전을 그린 드라마 〈압록강을 건너다〉를 2년여 만에 긴급 재편성했다. 중국은 항미원조를 통해 내부 결속을 다지고 국민을 계몽하는 애국주의 분위기 조성에 열을 올렸다.

북핵실험에도
대북제재는 회피

중국은 지금까지 6차례 이어진 북한 핵실험에도 거의 아무 일도 하지 않았다. 기본적으로 중국의 대한반도 정책이 '항미원조'이기 때문이다. 중국은 미국에 대항해야 해서 북한이 필요하다. 중국이 늘 말하는 총알받이와 전쟁터로 쓸 바둑판의 돌이다. "물이 빠져야 누가 발가벗고 수영하는지 알 수 있다."라는 워런 버핏Warren Buffett의 말처럼 중국은 평소 한중 우의를 얘기하다가 북한이 핵실험을 하면 입을 다문다.

2016년 1월 6일 오전 10시, 북한이 기습적으로 4차 핵실험을 감행했다. 2시간쯤 흐른 뒤 북한 관영 조선중앙TV는 당일 낮 12시 "첫 수소탄 실험을 완전 성공했다."라고 특별 중대 방송을 통해 알렸다. 기상청과 미국 지질조사국USGS 등에 따르면 이날 북한 양강도 백암군 승지백암에서 19km, 길주 북서쪽 48km, 청진 남서쪽 약 80km 떨어진 지역에서 규모 4.3의 지진이 발생했다. 북한 양강도 풍계리 핵시설이 위치한 인근이다. 그간 북한이 2006년 10월 9일[1차], 2009년 5월 25일[2차], 2013년 2월 12일[3차] 등 세 차례 실시했던 곳이다.

북한의 4차 핵실험의 파괴력은 놀라웠다. 북중 접경 도시인 지린성 옌볜조선족자치주延边朝鲜族自治州까지 직접적인 영향을 미쳤다. 실제로 고정식 폐쇄회로 TV에 녹화된 지린吉林성 옌볜延边주 훈춘珲春시와 네이멍구内蒙古의 우란하오터乌兰浩特시를 연결하는 훈우珲乌고속도로 화면이 폭발의 영향으로 몇 초간 흔들렸다. 같은 시각, 북한과 인접한 지린성 훈춘의 한 물류회사 폐쇄회로 화면 역시 흔들리는 모습이 포착됐다. 직원들이 어리둥절해하며 건물 밖으로 대피하는 모습도 녹화됐다. 한 물류회사의 직원은 4층에 있었는데 건물이 흔들리며 의자가 움직여서 직원들이 다 내려왔다고 증언했다.

풍계리 북한 핵실험장으로부터 직선으로 대략 200km 넘게 떨어진 옌지延吉시 제3고등학교 운동장이 20여m가량 쩍쩍 갈라졌다. 내린 눈으로 덮여 있던 학교 운동장이 강력한 폭발로 틈이 크게 벌어져 드러난 것이다. 이 학교는 지진을 감지하자 치르던 시험도 중단시켰다. 인근 또 다른 중학교는 심한 진동에 서둘러 학생들을 하교시켰다.

북한이 4차 핵실험을 강행하자 두만강을 사이에 두고 북한과 국경을 접하고 있는 투먼图们시에 삼엄한 경계가 펼쳐지면서 평소와 다른 긴장감이 흘렀다. 평소 국경에 안 보이던 중국군이 배치됐다. 만일의 사태에 대비하기 위해 국경을 따라 흐르는 두만강변에 병력을 증강 배치해 경계를 강화했다. 유람선을 띄워 북한을 조망할 수 있는 관광지로 유명한 두만강광장에서조차 관광객들의 사진촬영을 불허했다. 중국군 병사는 관광객에게 북한 쪽을 찍어서도 안 되고 중국 군인을 찍어서도 안 된다고 경고했다. 한 중국군은 실제로 한 관광객의 휴대전화를 빼앗아 사진을 삭제하기도 했다.

　북중 국경은 민감한 지역이다. 중국군이 북중 접경지대에서 대규모 병력을 이동이거나 증파 움직임을 보이면 무슨 일이 일어날 조짐을 나타내는 것이다. 중국이 파악하는 북한 관련 정보가 국경에 그대로 나타나기 때문이다. 실제로 4차 핵실험이 실시되기 27일 전인 2015년 12월 10일 김정은 위원장이 조선중앙통신을 통해 처음으로 수소탄을 거론했다. 당시 "나라의 자주권과 민족의 존엄을 굳건히 지킬 자위의 핵탄, 수소탄의 거대한 폭음을 울릴 수 있는 강대한 핵보유국이 될 수 있었다."라고 보도했다. 그런데 그날은 '북한판 걸그룹'인 모란봉악단과 공훈국가합창단이 베이징에 도착한 날이다. 12일부터 3일간 중국의 당정 지도부와 북한 간부 등 2,000여 명을 초청한 가운데 베이징 국가대극원에서 대규모 공연을 진행하기 위해서이다.

　그런데 행사 당일인 12월 12일 돌연 공연을 취소하고 귀국했다. 공연취소 배경을 놓고 관측이 무성했지만, 중국 측은 "업무 측면에

2016. 1. 6 북한 4차 핵실험으로 옌지시 제3고등학교 운동장이 20여m 갈라졌다(왼쪽). 당시 투먼 광장에서는 중국군이 여행객 휴대폰 사진을 삭제하고 있다(오른쪽).

서의 '소통연결' 때문에 공연이 예정대로 진행될 수 없었다."라고만 알렸다. 하지만 어떤 소통에 문제가 생겼는지에 대해서는 밝히지 않았다. 그 이후 중국 측은 신속하게 움직였다. 홍콩의 중국인권민주화운동정보센터는 그날 저녁 돌발사태에 대비하기 위해 북중 국경지대로 2,000명의 병력을 증파했다고 전했다. 중국 변경부대 주둔지 인근에 거주하는 주민들이 군병력이 최일선 초소로 진입한 사실을 확인했다. 중국이 북한의 핵실험 사실을 사전에 통보받았거나 인지하고 공연을 취소하고 국경지대에 군병력을 파견한 것이다. 이로부터 사흘 뒤인 15일, 김정은 위원장은 수소탄 실험 명령서에 자필서명했다.

중국동포 80여 만 명이 거주하고 있는 옌볜자치주 주민들은 핵실험으로 당장 생계 걱정이 커졌다. 당시 주민들은 북한의 핵실험으로 인한 지진에 불편한 기색을 감추지 못하면서 핵 관련 소식에 촉각을 곤두세웠다. 핵실험으로 인한 방사능 유출을 완벽히 막을 만큼 안정성을 보장할 수 없고, 핵실험이 잦으면 휴면 중인 백두산마저 화산폭발을 일으킬 수 있다는 두려움이 컸다. 음식점을 운영하는 한 한인 교포는 북핵사태가 더 확대되면 장사에도 영향이 있지 않을까 걱정하고 있었다.

북한이 4차 핵실험을 강행한 다음 날, 중국 환경당국이 북중 접경인 랴오닝성 단둥에서 핵실험에 따른 방사능 오염 여부를 알아보기 위해 이례적으로 긴급조사에 착수했다. 단둥은 북한 핵실험장인 함경북도 길주군 풍계리 핵실험장에서 직선으로 무려 420km나 떨어진 곳이다. 검측장비를 갖춘 검측차량을 동원한 가운데 실시된 방사능검사는 방호복장을 착용하고 '방사능응급측정輻射应急监测'라고 쓰인 조끼를 입은 환경조사요원이 압록강변에서 이상 유무를 측정했다. 당시 취재진이 다가가 측정 이유를 물었지만, 중국 환경당국은 말을 아끼면서도 핵실험에 따른 영향을 심각하게 받아들이는 분위기였다.

이처럼 중국은 북한 핵실험 직후 가장 가까운 지린吉林성뿐만 아니라 헤이룽장黑龙江, 랴오닝辽宁, 산둥山东까지 제2급주황색 긴급 대응체계에 돌입해, 방사성 물질에 대한 모니터링에 나섰다. 또한 지린성 옌볜조선족자치주의 창바이산長白山, 백두산의 중국식 명칭관리위원회가 있는 얼다오바이허二道白河진에 방사능 감측을 위한 긴급지휘부도 설치했다. 이후 중국 환경보호부는 동북 변경과 주변 지역의 방사능 모니터링을 한 결과 이상징후는 나타나지 않았고 인공 방사능

북한 4차 핵실험 직후 단둥에서 방사능 환경 오염 긴급 조사를 하는 모습

물질도 검출되지 않았다고 밝혔다. 중국 정부는 즉각 북한 핵실험을 단호히 반대한다는 성명을 내고, 당연히 해야 할 국제사회의 의무를 다할 것이라며 대북제재에 동참할 뜻을 명백히 밝혔다. 하지만 말뿐이었다. 이후 불과 8개월 뒤 5차 핵실험이 실시됐다.

중국의 속내는 대북제재에 진심인지를 보면 바로 알 수 있다. 김정일 시절부터 '비자금 창구'로 지목된 조선광선은행에 대한 제재 여부다. 조선광선은행은 2009년 미국 재무부로부터 대량살상무기 확산에 기여하고 있다는 의심을 받고 제재대상에 포함됐다. 2013년 2월, 3차 핵실험 후에는 중국의 독자 제재를 받았다. 하지만 중국의 제재로 철수한 것으로 알려졌던 단둥의 조선광선은행은 은밀히 영업을 이어가고 있었다. 제재를 받고 있는 조선하나은행도 사무실 노출을 꺼린 채 암암리에 대북송금 업무를 계속하고 있었다. 북한의 핵실험에 대한 중국의 제재가 전혀 실효성이 없다는 사실이 확인됐다. 이런 분위기는 당시 단둥 세관에서 만난 북한 무역상의 반응으로도 알 수 있었다. 그는 핵실험은 당연하며 국제적인 제재에 아랑곳하지 않는다고 말했다. 또 다른 북한 무역상은 "영향 뭐, 무역하면 어떻고 무역 안 하면 어떻소, 자급자족으로 사는 거, 자립적 민족경제로 사는 거, 그것 몰라요?"라고 응수했다. 북한의 4차 핵실험 이후 유엔 안보리의 대북제재 논의가 본격화하면서 미국을 비롯한 서방국가는 중국의 동참은 물론 보다 강력한 압박을 주문했다.

시진핑 '이데올로기' 주입,
새 교과서

시진핑 주석은 미국과의 대립을 부각해 청소년 사상무장에 나섰다. 그 중심에 교육이 있다. 2024년 8월 31일자 중국공산당 이론지 〈추스求是〉에 시진핑 주석의 2018년 전국 교육대회 연설 전문이 실렸다. 6년 만에 소환한 시 주석의 연설은 외세에 맞서 사회주의 계승자를 양성하고 확고한 이상과 신념을 확립해야 하며, 특히 중국 특색 사회주의 이상을 교육해야 한다는 점을 강조했다. 이런 점은 2024년 9월 10일 시진핑 주석의 전국 교육대회 연설에서 또다시 언급됐다. 나아가, 국가 통용 언어와 문자의 보급을 강화하고, 중화민족 공동체 의식을 확립하는 데 기여해야 한다고 촉구했다.

교육당국은 이런 시진핑 주석의 통치이념을 충실히 반영한 개정판 교과서를 내놓았다. 초·중학교 '도덕과 법치', '중국역사', '어문중국어' 등의 세 과목이다. '도덕과 법치' 교과서에는 시진핑의 경제·법치·문화·생태문명·강군·외교 사상이 항목별로 소개됐다. 앞서 2021년 8월, 중국 국가교재 위원회는 '시진핑 신시대 중국 특색 사회주의 사상'의 교과과정 교재 반영지침을 발표했다. 당시 교재위는 "시진핑 사상을 학습하는 것은 전체 당과 국가의 가장 중요한 정치적 임무"라며 "시진핑 사상으로 학생의 두뇌를 무장해야 한다."라고 강조했다. 그러면서 초등학교부터 중·고등학교에 이어 대학 학부와 대학원까지 단계적으로 학습하도록 하겠다고 밝혔다.

'중국역사' 교과서에는 인도·베트남과의 국경분쟁 관련 내용이 처음으로 포함됐다. 중국의 국경분쟁을 '자위적 행동'으로 설명하며, 국가안보와 단결의 중요성을 학생들에게 가르치도록 했다. 2020년 6월 인도와의 국경분쟁에서 32살의 대대장 왕잔산王占山이 부대병력을 이끌고 치열하게 싸워 부대원과 함께 장렬히 전사했다는 내용이 들어갔고, 베트남과의 자위 반격전에서는 21살의 쉬아이귀许爱国가 전우들의 철수를 엄호하기 위해 홀로 베트남군과 싸워 용감하게 전사했다는 내용도 포함됐다.

이 밖에도 '어문' 교과서에는 '홍색고전'이라 불리는 사회주의 혁명문학 작품인 〈레이펑 일기雷锋日记〉와 〈정강취죽井冈翠竹〉 등 현대 문학작품 54편이 새로 수록됐다. 〈레이펑 일기〉는 1962년 8월, 차량 전복사고로 숨진 22살 인민해방군 소속 병사 레이펑雷锋이 1957년부터 작성한 일기 모음집이다. 동료병사를 위한 선행과 봉사, 당과 인민에 대한 헌신이 사후 재조명되면서 한순간에 영웅으로 부각됐다. 시 주석은 2023년 2월, 인민대중과 특히 청소년들이 '레이펑 따라 배우기'에 매진하도록 지시했다. 〈정강취죽〉은 '징강산井冈山의 푸른 대나무'라는 뜻으로 시인 란창춘芝长春이 2009년 6월, 중국 혁명의 요람인 후난성 징강산에서 공산혁명가들의 업적을 기리고 홍군의 발자취를 더듬어 쓴 시이다. 이번 개정 교과서는 2024년 9월 신학기부터 초등학교와 중학교 1학년생부터 사용한 뒤 3년 내 전학년에 적용될 예정이다.

시 주석이 강조한 '탈영어화去英文化' 정책도 주진되고 있다. 중화민족 공동체 의식 확립과 국가 통용 언어와 문자의 보급확대를 위해서다. 2021년 7월 중국 정부가 '쌍감双减, 숙제와 과외 2가지 경감' 정책을 발표하면서 영어교육이 가장 큰 타격을 받았다. 전 세계에서 미국으로 가장 많이 유학을 떠나는 중국에서 영어 사교육 금지는 유학을 준비하는 학생과 사교육 기관에 적지 않은 영향을 미쳤다. 중국은 "문화적 자신감을 가져야 한다"며 수도 베이징의 도로와 지하철 안내표지판에 병기된 영문을 모두 중국어 병음으로 바꿨다. 중국을 방문하는 외국인이라면 중국어를 조금이라도 배우라는 뜻이다. 이 정책에 대한 반응은 엇갈린다. 일부는 이를 중국의 정체성과 문화유산을 강화하는 긍정적인 조치로 보지만, 다른 이들은 영어가 널리 사용되는 국제 언어임을 고려할 때 중국을 세계와의 소통에서 고립시킬 수 있다고 비판하고 있다.

베이징 지하철 영문 표기법 변경. 东直门은 East Gate of Peking에서 Dongzhimen로, 建国门은 Founding Gate에서 Jianguomen로, 北京站은 Beijing Railway Station에서 Beijing Zhan으로 수정되었다.

애국주의에 밀려나는
삼성과 애플

중국 내수시장에서 2013년까지만 해도 삼성 휴대폰의 위상은 단연 최고였다. 하지만 2014년 1분기부터 분위기가 달라지기 시작했다. 중국의 스마트폰 제조업체 샤오미小米가 돌풍을 일으키면서부터다. 신제품 발표회에서 레이쥔雷軍 회장은 애플의 스티브 잡스를 연상하게 하는 검정 티셔츠에 청바지를 입고 등장했다. 제품도 삼성이나 애플을 따라하며 품질을 꾸준히 높여 왔다. 레이쥔 샤오미 회장은 "애플이나 아마존은 우리에게 많은 영감을 준다."며 실제로 이 업체의 장점을 취하고 응용해 만든 게 샤오미라고 말했다. 결국 2014년 2분기 중국 스마트폰 시장에서 샤오미는 시장점유율 14%를 기록하며 12%에 그친 삼성을 제쳤다.

삼성전자는 2014년 3분기 실적 컨퍼런스콜에서 "품질에서 가격 중심으로 경쟁구도가 변화하는 데 신속히 대응하지 못했다"며 "중저가제품을 강화해 경쟁력을 다시 회복할 것"이라고 공언했다. 그래서 삼성전자가 2014년 10월 말에 내놓은 것이 '갤럭시A' 시리즈이다. 중저가시장의 실지失地를 회복하기 위한 맞대응 성격의 야심

154

작이다. 하지만 중국시장의 반응은 시큰둥했다. 중국 내 스마트폰 시장의 경쟁양상이 기술에서 가격으로 이동한 것이다. 이는 스마트 폰 기술의 상향평준화와 관련이 깊다. 샤오미를 비롯한 후발주자들이 삼성전자 등 선두권 업체들이 누리고 있던 하드웨어 우위를 빠르게 따라잡으면서 가격 차별화로 돌풍을 일으켰다.

게다가 2017년 사드THAAD 사태가 결정타를 날렸다. 불매 운동과 애국주의 정서 등이 삼성을 추락으로 이끌었다. 결국 2017년 말에는 삼성의 중국 시장점유율이 1% 미만으로 떨어졌다. 화웨이, 샤오미, 오포, 비보 같은 현지 브랜드들이 시장을 거의 장악한 상황이었다. 이후 삼성은 중국에서 입지를 회복하려는 노력을 계속했지만, 경쟁이 치열해지면서 고전했다. 2020년대 들어서는 거의 0.5% 이하의 점유율을 기록한 것으로 알려져 있다.

다음은 애플 차례라는 말이 있다. 애플의 아이폰iPhone은 프리미엄 브랜드 이미지가 강하기 때문에 마니아층이 두텁게 형성돼 있지만 갈수록 그 층이 얇아지고 있다. 화웨이와 경쟁관계에 있던 아이폰이 2024년 들어 현격히 밀리기 시작했다. 애국주의 소비심리에 영향이 컸다. 화웨이는 Mate 60 시리즈의 성공에 힘입어 판매량이 급증했다. 2024년 초 화웨이는 판매량이 64% 급증하면서 다시 중국 스마트폰 시장의 선두자리에 복귀했다. 반면 애플의 아이폰은 같은 기간 동안 24% 감소했다. 아이폰 15 시리즈는 중국시장에서 큰 호응을 얻지 못했다. 2024년 1분기에 이어 2분기 연속 애플의 매출이 감소했다. 블룸버그 통신은 "중국에서의 부진이 낙관적인 실적에 그림자를 드리우고 있다."라고 지적했다.

불과 10년 전, 애플의 위상은 거의 절대적이었다. 애플이 아이폰 6과 아이폰 6 플러스를 세상에 내놓을 무렵인 2014년 9월, 1차 출시 대상국은 미국과 유럽, 그리고 아시아 국가에서는 호주와 홍콩, 일본, 싱가포르 등이었다. 반면 세계 최대 스마트폰 시장인 중국은 제외했다. 이를 두고 여러 말들이 나왔지만 1차 출시 이후에도 한참 동안 중국에서 공식판매는 이뤄지지 않았다. 그런데 아이폰 6와 아이폰 6 플러스 1차 출시국에서 기이한 현상이 벌어졌다. 중국인들이 대거 1차 출시국 해외상점으로 몰려가 사재기에 나선 것이다. 사실 애플이 신제품을 출시할 때마다 애플 매장은 일찍부터 장사진을 이룬다.

그런데 애플 상점마다 길게 늘어선 사람 대부분이 '중국인'이라는 것이다. 이불을 둘러쓰고 밤을 새우고 심지어 48시간을 기다리는 사람도 있다. 2014년 9월, 미국 뉴욕의 한 애플 전문매장 앞에서 중국인 암표상 10여 명이 새치기 때문에 몸싸움이 벌어져 3명이 경찰에 체포되는 일도 일어났다. 미국뿐만 아니다. 일본에서도 비슷한 사건이 발생했다. 출시 첫날, 오사카의 한 애플 매장에서 오후 4시쯤 신제품이 완전히 동났다. 그러자 줄을 서 기다리던 중국인 고객들이 집단항의하고 일부 고객은 가게에 난입하는 사태가 벌어졌다. 중국인들은 일본까지 와서 48시간 동안이나 줄을 서서 기다렸는데 판매가 끝났다며 불만이 터져 나왔고 소란은 1시간가량 지속됐다. 부상자도 나왔다. 경찰이 출동해서야 이들 성난 중국인 손님들을 간신히 진정시킬 수 있었다. 호주 멜버른에서는 애플 신제품 판매를 시작한 첫날부터 많은 중국인이 밤샘 줄을 서서 기다렸고 구매를 기다리는 과정에서 '마작麻雀'을 즐겼다는 보도도 나왔다.

외신 보도에 따르면, 미국, 캐나다, 호주, 일본 등의 애플 매장 거의 대부분을 중국인이 섬령했다는 소식이 이어졌다. 동양인 얼굴을 한데다가 중국말로 크게 떠들다 보니 외국인이 눈치로도 알 수 있다고 한다. 이처럼 중국인들이 애플 신제품인 아이폰 6와 아이폰 6 플러스 '싹쓸이' 원정구매에 나서는 이유는 돈이 되기 때문이다. 중국 본토에서 아직 공식판매를 시작하지 않은 데다 거대한 수요가 존재한다. 중국 내 일부 졸부는 빛의 속도로 신제품을 갖고 싶어 한다. 그들은 애플을 가질 수 있다면 어떤 대가라도 아깝지 않다.

중국 언론들은 일부 졸부들에게 애플 신제품은 비이성적 숭배의 대상이고 재물을 뽐내고 싶은 욕망을 반영하고 있다고 지적했

2024. 9. 청두(成都) 타이구리(太古里) 아이폰 매장. 아이폰 16을 사기 위해 모인 사람들이 긴 줄을 늘어섰다. 아이폰을 사려는 중국인이 얼마나 많은지 잘 보여주는 장면이다.

다. 중국에서 자동차와 스마트폰 등 고가품은 부를 과시하는 기능을 가졌다. 그래서 갑자기 부자가 된 벼락부자들은 자신의 존재감을 드러내는 애플의 아이폰을 주저없이 선택한다. 이런 부류의 사람을 중국에서는 '투하오土豪'라고 부른다. 이런 공급부족과 거대한 비이성적 수요 사이에서 '암표상'이 더욱 극성을 부렸다. 중국의 암표상은 생계형이 아니고 체계가 잘 잡힌 기업형이다. 해외에서 줄을 서서 구입을 책임지는 사람이 있고, 밀수를 담당하는 사람이 있고, 판매를 담당하는 사람이 있다. 놀랍게도 500만 대 이상의 아이폰6와 아이폰6 플러스가 이 암거래상을 통해 중국으로 유입되고 있다는 보도도 있었다.

원래 '암표상'은 중국말로는 '황니우당黃牛党'이라고 하는데 황소무리라는 뜻이다. 예전 교통이 발전하기 전에는 사람들이 수레를

애플 매장 앞 암표상 근절 캠페인. "나는 황소지만 암표상은 아니다"라고 쓰여 있다.

타고 다녔고 이 수레를 끄는 차부들이 '노란 조끼'를 입었다. 요금이 싸기 때문에 서민들이 많이 애용했고 서민들은 이 인력거를 '황소차'라고 불렀다. 교통이 발전하면서 승객들이 점차 기차역과 터미널로 몰렸고 할 일이 없게 된 이들 '노란 조끼'를 입은 차부들도 일거리를 찾아 역과 터미널로 향했다. 처음에는 이들이 표를 사는 데 익숙하지 못한 서민들의 표 구매를 도왔다. 많은 사람이 몰리면서 표 끊기가 어렵게 되자 승객들이 '황니우!' 하고 불러 찾는 일이 잦아졌고 표를 구입하면 약간의 팁도 주면서 생계형으로 발전했다.

이렇게 소박하게 시작한 '황니우당'이 조직적으로 발전한 계기가 된 것은 지난 2012년 1월, 애플의 신제품 '아이폰 4S' 발매 때다. 출시 전날인 저녁, 베이징 산리툰三里屯 애플 스토어 입구에 버스 한 대가 도착하더니 노란 완장을 찬 한 무리가 하나둘씩 내려 줄을 서기 시작했다. 이들은 우두머리의 지시에 따라 일사불란하게 움직여 이날 저녁 10시쯤 베이징 산리툰 빌리지와 시단점西单店 두 곳에 5,000명이 운집했다. 발매 당일 애플 시단점은 1시간을 앞당겨 오전 6시부터 판매에 나섰지만 2시간 만인 오전 8시에 제품이 동났고, 오전 7시 정시에 판매를 시작한 애플 산리툰점은 10분 만에 판매중지를 결정했다. 보안요원이 돌아가라고 하자 줄을 선 많은 '황니우'들이 애플이 사기를 쳤다며 소란을 피웠고 판매현장은 한때 통제불능상태에 빠지기도 했다.

중국 매체는 '황니우黄牛암거래상'에 대해 비판을 쏟아냈다. 해외 현지인들의 눈에 어떻게 비치겠냐는 것이다. 새치기하고, 지루하다고 도박판을 벌이고, 심지어 가게 직원과 충돌해 경찰이 출동하는 목불인견의 충격적인 모습에 중국인들이 분노하고 있다. 인터넷에서도 중국인들이 가장 중요하게 생각하는 '체면'을 깡그리 깎아내리고 있다는 질타의 댓글이 이어졌다. 부를 과시하는 수요와 투기성 공급, 이 천박과 탐욕의 조합, 물질숭배의 결과라며 개탄했다. 이런 화려했던 명성을 뒤로 한 채 애플의 아이폰도 점차 중국시장에서 설 자리를 잃어가고 있다. 과거 삼성이 걸었던 길처럼 말이다.

사드 사태로 롯데 길을 잃다

중국 내에서 항미원조의 바람이 거세게 불면서 롯데LOTTE, 즉 '러톈樂天'은 희생양이 되었다. 중국에서 롯데를 '러톈樂天'이라고 현지화해 부른다. 러톈은 원음에 가까우면서도 '낙천적'이라는 뜻이 담겨 있어 롯데가 중국 시장을 개척하면서부터 사용하고 있는 고유 브랜드명이다. 그런데 사드 부지가 최종 확정된 뒤에는 롯데, 즉 '러톈'은 수난과 비난의 대명사가 되었다. 고高고도미사일방어체계인 사드THAAD를 배치하는 데 용지를 제공했다는 이유에서다. 이후 롯데는 탈중국 작업을 서둘렀지만, 그 또한 쉽지 않았다.

2024년 6월, 중국 청두成都에 있는 롯데백화점 청두점이 결국 매각됐다. 2022년 롯데쇼핑 이사회에서 청두점 지분매각을 의결한 지 약 2년 만에 매각작업을 마무리했다. 이에 앞서 4월엔 사드 보복의 상징과도 같은 중국 선양沈陽 롯데타운도 중국 국유자본 투자 기업인 화룬華潤그룹에 매각됐다. 매각가는 공개되지 않았지만 대략 23억 8,000만 위안약 4,500억 원 정도인 것으로 알려졌다. 당초 롯데타운 가치는 16억 달러, 우리 돈 2조 원 정도로 추산됐지만 실제 매각가는 이에 턱없이 못 미쳤다. 사드 사태로 2016년 말 공사가 중단된 지 7년이나 흐르면서 지칠 대로 지쳐 빨리 털어내고 싶은 롯데의 마음이 반영된 것으로 보인다.

화룬華潤그룹은 이곳에 95억 위안1조 8,000원을 투자해 대규모 쇼핑몰을 건설할 계획으로 철거작업을 서둘렀다. 결국 팔렸지만 매각과정은 결코 순탄치 않았다. 2023년 말부터 랴오닝성遼寧省 정부가 끈질기게 공사를 재개하도록 롯데에 회유와 압박을 계속했기 때문이다. 침체에 빠진 지역 경기를 부양해야 하는 중국 지방정부로서 외자를 유치하기 위해 막판까지 매달린 것으로 보인다. 하지만 롯데의 마음을 돌리진 못했다.

베이징 특파원 임기를 마치고 선양 특파원으로 부임했을 때 공교롭게도 롯데백화점 선양점이 개점 6년 만에 문을 닫았다. 롯데백화점 선양점은 2014년 5월, 지하 1층, 지상 7층 규모로 그랜드 오픈했으나, 폐점시기인 2020년 4월에는 지하 1층 식당가와 지상 1층 일부 매대만 운영될 정도로 쪼그라들어 있었다. 2층 이상 입점업체들은 이미 철수한 상태였고 에스컬레이터조차 운영되지 않아 손님을 찾아보기 힘들 정도였다. 여기에 엎친 데 덮친 격으로 코로나19가 확산하면서 휴업과 단축영업을 반복하다 결국 2020년 4월 문을 닫았다.

폐점 한 달 전에는 선양시 광고담당 공무원들이 백화점을 찾아와 도시

사드 사태로 공사가 중단된 선양 롯데타운 건설현장

미관을 해친다는 이유로 백화점 외벽에 설치된 멀쩡한 광고판을 떼라고 요구했다. 철거하지 않으면 거액의 벌금이 부과될 것이라고 경고했다. 백화점의 얼굴이라고 할 수 있는 백화점 정면과 측면에 설치된 대형 화장품 광고를 문제 삼은 것인데, 오히려 미관을 해치는 조치로 보였다. 코로나19로 어려운 시기임을 들어 사정해 보았지만 소용이 없었다는 게 백화점 측 설명이다. 불 꺼진 롯데백화점은, 오랜 기간 공사가 중단돼 콘크리트 골조가 흉물스럽게 방치된 바로 옆 롯데테마파크 건설현장과 함께 을씨년스런 모습을 더했다.

선양 롯데타운 건설은 신동빈 현 롯데그룹 회장이 추진했지만 사실 아버지 신격호 총괄회장의 청사진에서 비롯됐다. 밀레니엄으로 들뜬 2000년 무렵, '중국판 롯데타운'을 짓겠다는 야심찬 계획을 세운 신격호 회장은 상하이上海와 선양 등을 둘러보던 중 선양 북역北站 바로 옆 군부대 자리를 선택했다. 선양 북역은 지린성과 헤이룽장성, 베이징으로 통하는 고속철도가 쉴 새 없이 다닐 뿐만 아니라 선양 지하철과도 연결된 교통의 요지다. 신 회장은 유통업의 대가답게 평소 유동인구가 많은 기차역이나 지하철역 부근을 사업장 입지로 선호한다. 아버지의 명을 받은 신동빈 회장은 회사 내부의 일부 반대에도 불구하고 그대로 밀어붙였다. 그래서 탄생한 것이 바로 선양 롯데타운이다. 백화점과 아파트 4개동을 비롯해 호텔과 테마파크인 롯데월드 등을 갖춘 축구장 23배 면적의 예상 사업비만 3조 원에 달하는 초대형 개발 프로젝트다. 하지만 사드 사태를 겪으면서 중국 당국의 전방위 압박에 전체 공정률 55%에서 공사는 멈췄고 롯데의 '중국몽中国梦'은 결국 피기도 전에 사그라지고 말았다.

선양 롯데타운은 상처를 남긴 채 결국 매각됐지만 한중 관계는 여전히 꼬인 매듭을 풀지 못하고 있다. 마치 '증광현문增广贤文'에 나오는 "일화독방불시춘一花独放不是春, 백화제방춘만원百花齐放春满园"을 연상케 한다. '꽃 한 송이 피었다고 봄이 아니며 온갖 꽃이 함께 피어야 진정한 봄이다'라는 말처럼 한중 관계는 현재 꽁꽁 얼어붙은 겨울에서 벗어나지 못하고 있다. 국교가 정상화된 지 30년을 넘겼지만, 한중 관계는 사드 배치 이후 새로운 '신창타이新常态'를 맞고 있다.

정부가 사드 배치를 공식 발표하기 열흘 전인 2016년 6월 말, 황교안 전 국무총리는 리커창李克强 총리의 초청으로 중국을 공식 방문했다. 당시 '사드' 배치를 놓고 한중간에 미묘한 갈등의 기류가 흐르던 시기였다. 베이징 댜오위타이钓鱼台, 조어대에서 만난 황 전 총리는 밝은 표정으로 베이징 특파원들과 조찬을 함께했다. 그 자리에서 황 전 총리는 내년 수교 25주년을 앞두고 한중 관계가 한 단계 더 나아가는 계기를 마련하기 위해 방문했다고 말했다. 기사화할 특별한 '한마디'를 기대했던 조찬간담회는 별다른 소득 없이 마무리됐다.

하지만 다음날 베이징 인민대회당에서 열린 황 전 총리와 시진핑 중국 국가주석과의 회담은 그렇게 간단하지 않았다. 40분간 진행된 회담에서 시진핑 주석은 한국이 중국의 타당한 안보 우려를 신경써 줄 것과 미국의 한반도 사드 배치계획을 '신중하고 적절하게' 다뤄줄 것을 촉구했다. 사드 배치에 대한 강한 반대입장을 나타낸 것이다. 그 이후 벌어진 일들을 보면 황 전 총리가 시진핑 주석과의 만남을 통해 무엇을 하려고 방문했는지 의문으로 남는다. 당시 분위기와 전혀 맞지 않은 어정쩡한 행보를 보인 황 전 총리가 귀국하자마자, 한미 양국은 7월 8일 전격적으로 사드 배치를 공식 발표했다. 이후 중국 내 여론은 뒤통수를 얻어맞았다며 들끓었고 중국 매체들은 중국이 보복조치를 취할 것이라며 한국은 사드 배치에 따른 무거운 대가를 치르게 될 것이라고 경고했다. 실제로 우리 정부가 손을 놓고 있는 사이 중국에서 롯데는 분풀이 대상이 됐다.

　롯데마트, 중국식 이름인 '러톈마터乐天玛特'는 소방점검의 표적이 되었고, 롯데 불매운동의 집회, 시위 현장이 되었다. 롯데를 바라보는 일반 중국인들의 시선 또한 싸늘했다. 롯데에 대한 반감 때문에 씁쓸한 해프닝도 있었다. 타이완의 '로코퀸' 천차오언陳喬恩이 중국대륙의 네티즌들로부터 곤욕을 치른 일이다. 자신의 웨이보에 올린 '낙천파乐天派'란 표현을 쓴 게 화근이었다. 천차오언은 당시 체중이 늘었다는 일부 언론보도에 대해 "실제로 저는 '낙천파乐天派'입니다. 근데 많이 찌지도 않았어요. 바람이 불면 날아갈 정도예요."라며 재치있게 답했다. 자신은 낙천적인 성격이어서 별

반롯데 시위 현장. 현수막에 "롯데 상품 불매, 롯데는 중국에서 꺼져라"라고 쓰여 있다.

로 걱정하지 않는다는 지극히 이해하기 쉬운 말이다. 그런데 꼬투리를 잡으려는 중국의 일부 네티즌들은 당신이 '낙천파乐天派'라니 미처 몰랐다며 반감을 표시했다. 반면 일부 옹호하는 팬들은 "당신들은 이해력이 떨어지는 것 같다"며 그러면 당唐나라 때 대 시인 백거이白居易도 '롯데파'냐며 비난했다. 백거이는 이백李白과 두보杜甫, 한유韓流와 더불어 '이두한백李杜韓白'으로 불리며 중국 고대 문학사에서 대시인으로 꼽힌다. 그런데 그의 자字가 '낙천乐天'이기 때문이다.

한국상품 불매운동이나 집회, 시위, 네티즌들의 일방적인 공격이 일사불란하게 이루어졌다. 천진난만한 어린 초등학생들이 학교 강당에 모여 주먹을 치켜들고 "한국상품 불매! 나부터 일어서자!"라는 구호를 소리 높여 외치는가 하면 상가에서 롯데 상품을 폐기하면서 "중국공산당을 결사 옹위하자, 중국공산당 만세, 마오毛 주석 만세!!" 소리가 우렁차다.

하지만 이런 거대한 반한몰이가 누구에 의해 주도되고 어떻게 작동되는지 외부에 알려진 바가 없다. 중국도 우리나라처럼 집회 및 시위에 관한 법률집시법이 있다. 바로 집회행진시위법이다. 이 법에 따르면 관할 공안기관에 집회일 5일 이전까지 집회 목적과 방법, 참석 인원 등을 기재한 신청서를 서면으로 제출해 허가를 받아야 한다. 이를 어기고 집회를 열면 처벌을 받는다. 하지만 중국에서는 사실상 집회, 시위를 허용하지 않는다. 게다가 선양 롯데백화점 앞에는 바로 랴오닝성 공안청公安厅이 있어 절대 시위불가 지역이다.

2023년 기준 중국 전체 인구 14억 명 가운데 9,800만 명이 공산당원이다. 우리나라 인구보다도 많다. 이들 공산당원은 정부기관, 학교, 기업체 등 사회 곳곳에 그물망처럼 뻗어 있어 당 중앙을 받쳐주는 지지대 역할을 한다. 모든 정보가 이 공산당 하부조직을 통해 올라오고 상부의 지침이 이 계통을 통해 하달된다. 각급 경제, 사회 단위에 정치결사체가 결합한 형태다. 여기에 공산당은 군에 대한 통제권뿐만 아니라 기업에 대한 통제권, 언론에 대한 통제권을 모두 틀어쥐고 있다. 철저한 국가주의 통제사회다. 그런 공산당의 최고 정점에 시진핑 중국 국가주석이 있다.

롯데가 공격받을 당시, 중국에서 비즈니스를 하는 거의 모든 한국 사업장은 올스톱 상태였다. 그 후 우리 정부의 정권이 교체됐지만 차가운 냉대는 계속됐다. 2017년 문재인 전 대통령의 중국 국빈방문은 이름에 걸맞지 않게 환영받지 못했다. 모든 것이 기획되고 철저한 계획 통제 하에 진행되는 중국 사회주의 시스템에서 '혼밥' 논란과 수행기자 폭행 사건은 단순한 해프닝이랄 수 없다. 오히려 최악의 한중 관계를 그대로 대변하는 상징적인 사건이라고 보는 게 타당하다. 코로나19 이후 가장 먼저 방문하겠다던 시진핑 주석의 방한 약속은 없던 일이 되었다. 싱하이밍邢海明 주한 중국대사의 이른바 '베팅' 발언은 한국인의 감정을 자극하며 상황을 더욱 악화시켰다.

2015년 9월, 박근혜 전 대통령은 푸틴 러시아 대통령과 나란히 중국 베이징 천안문 성루에 올라 항일승전 70주년 기념 중국 인민해방군 열병식을 지켜봤다. 당시 서방국가가 거부한 열병식에 참석해 논란이 일었지만, 박 전 대통령 참석으로 두 나라 사이가 전례 없는 밀월관계를 맺는 듯 보였다. 하지만 불과 넉 달 후 진행된 북한의 4차 핵실험은 한중 관계를 시험대에 올려놓았다. 박 전 대통령이 북한 핵실험 이후 곧바로 한중 공조를 위해 시 주석에게 전화를 걸었지만 시 주석은 받지 않았다. 우리의 기대가 너무 컸던 탓일까. 갑자기 '현타현실자각타임'가 왔다.

2014년 7월, 우리나라를 찾은 시진핑 주석은 방한에 맞춘 기고문에서 '무신불립無信不立'을 꺼냈다. '믿음이 없으면 설 수 없다'라는 말로 한중 양국 간에 '믿음'을 쌓아 나가자고 제안했다. 하지만 북핵 사태로 이내 믿음 아래 숨겨진 바닥을 고스란히 드러내고 말았다. 미중 신냉전 속 '항미원조'는 단순히 한국전쟁을 가리키는 말이 아닌, 현재 중국공산당의 대對한반도 핵심 전략이 되고 있다. 미국에 대항하고 조선북한을 돕는 정책이다. 북핵 사태를 놓고 보더라도 중국은 북한에 늘 관대하고 한국의 우려는 애써 외면했다. 이를 방증하듯 북한이 6차례 핵실험을 진행하는 동안 중국 외교부의 입장은 자구 하나 바뀌지 않고 한결같았다. '절대반대堅決反對', '냉정冷靜', '자제克制', '대화對話'. 핵실험 횟수가 잦으면 성의를 보일 법한데 '복붙복사해 붙이기'을 보는 듯하다.

반면 우리의 사드 배치에 대해서는 엄정하다. 사드가 핵무기를 다수 보유한 세계 3위 군사대국 중국을 무력화하는 '게임체인저Game Changer'라도 되는 듯 호들갑이다. 시진핑 주석까지 나서서 민감해 할 이유는 더더구나 없는 방어무기일 뿐이다. 2024년 5월, 4년 5개월 만에 열린 제9차 한중일 정상회의에서 리창李强 중국 국무원 총리는 한일 정상과 대조적으로 북한의 인공위성 발사 도발에 대해 특별히 언급하지 않았다. 이는 항미원조라는 정책적 맥락과 무관하지 않다.

06

시진핑 외교:
항미 닮은 항일

미국에 불쑥 꺼낸
항일영웅 2,590명

준비없이 맞게 된 신냉전은 중국의 실패를 예고하지만 이를 인정하는 순간 정권이 몰락할 수밖에 없다. 이 때문에 시진핑 정부는 반미캠페인이 필요했다. 이렇게 등장한 항미 분위기 조성은 시진핑 1기 시절 항일캠페인과 많이 닮아 있다.

미국 대선을 60여 일 앞두고 2024년 8월 말 제이크 설리번Jake Sullivan 미국 백악관 국가안보보좌관이 베이징을 방문해 시진핑 주석을 만났다. 미국 국가안보보좌관이 중국을 찾은 건 2016년, 수전 라이스 보좌관 이후 8년 만이다. 또 '중국군 2인자' 장유샤張又俠 중앙군사위원회 부주석과 왕이王毅 외교부장도 잇달아 만났다. 양측은 주요 현안인 타이완 해협 안정과 우크라이나전쟁, 남중국해 문제 등을 주로 논의했다. 설리번 보좌관의 방중은 2022~23년에 일어난 미중간 외교적 소통단절 이후 관계를 회복하려는 중요한 단계로 평가되었다. 하지만 미국은 대선을 코앞에 두고 중국의 돌발적인 선거개입을 사전에 차단하려는 의도가 가장 큰 것으로 보인다. 즉 관리적인 측면이 강한 방문이었다. 하지만 중국은 설리번 보좌관의 방중을 크게 환영했다. 심지어 "중미 관계의 큰 변화가 있는 것 아니냐"는 희망 섞인 전망을 내놓기도 했다. 중국 매체는 그 중요한 성과로 미국이 상호존중과 평화공존, 협력상생의 큰 방향에 동의하거나 인정했다고 전했다. 특히 설리번의 수행원 중 대부분이 중국어를 구사하며, 중국 관련 업무를 맡은 3명의 새로운 인원이 추가되었다며 긍정적인 신호로 읽었다.

중국은 미국과의 관계회복 가능성이 엿보이자 느닷없이 '항일'을 꺼냈다. 설리번 보좌관이 돌아간 지 5일 뒤 중국은 일본제국주의와 싸우다 산화한 미국 항공영웅 2,590명의 명단을 처음으로 공개했다. 난징 항일항공열사기념관은 9월 3일, 웹사이트를 통해 이들의 이름과 직책, 희생날짜가 포함된 명단을 전격적으로 발표했다. 또한 기념관은 1945년 일본군 지상화력에 의해 전투기가 격추되어 중국 장시江西에서 전사한 미국인 비행사 잭 W. 해멀JACK W.

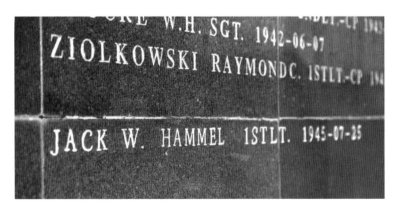

2024년 9월 난징 항일항공열사기념관에서 일본군에 의해 격추되어 전사한 미국인 조종사 잭 W. 해멀(JACK W. HAMMEL)의 이름을 영웅비에 새기는 행사 가졌다.

HAMMEL의 이름을 새로 새기는 의식도 열었다. 2017년 해멀의 친척들이 기념관을 방문했을 때, 기념관의 영웅비에 해멀의 이름이 없는 것을 발견하고 이름을 새겨달라고 요청한 데 따른 것이다. 주미 중국대사관과 미중 항공유산재단의 협력으로 해멀에 관한 더 많은 자료를 찾아 이름을 새길 수 있었다고 전했다. 이번에 공개된 2,590명의 미국 항일 항공영웅들의 정보는 1995년과 2015년에 두 차례에 걸쳐 기념관 내의 영웅비에 새겨졌다. 그러나 시간이 오래 지나고, 원본자료가 부족해 대부분의 영웅 정보가 불완전하다며 앞으로 미중 협력을 통해 정확도를 높이는 작업이 필요하다고 기념관 측은 설명했다.

난징南京 쯔진산紫金山 북쪽 기슭에 위치한 난징 항일항공열사기념관은 제2차 세계대전 당시 중국, 소련, 미국 등의 공군이 중국에서 일본군에 맞서 싸운 역사자료를 소장하고 있다. 기념관 내 영웅비에는 약 4,300명의 중국 및 외국 항일 항공영웅들의 이름이 새겨져 있다. 기념관 측은 일제와 전쟁 중 중국공군은 미국 등 여러 국가의 항공전사들의 지원을 받았으며, 중국과 미국 양국 국민은 일본 파시즘에 맞서 싸우며 피와 불의 시험을 견뎌냈고, 깊은 우정을 맺게 되었다고 설명했다. 중국은 미국과의 관계 개선에 '항일'을 고리로 사용하고 있다. 시진핑 1기 시절 항일을 매개로 국제 연대를 추진하던 외교전략이다.

'노구교 사건' 77주년,
항일이 필요했다

시진핑 주석이 집권할 무렵인 2012년 8월, 중국과 영토분쟁 중인 센카쿠중국명 댜오위다오,釣魚島 열도에 상륙한 중국활동가를 일본경찰이 체포, 구금하고 센카쿠 제도를 국유화하면서 중국 각지에서 한 달 넘게 반일시위가 벌어졌다. 여기에 2010년 중국은 일본을 제치고 명목 GDP 기준으로 세계 2위 경제대국으로 등극하면서 G2시대를 열었다. 이런 경제적 자신감에 청일전쟁과 중일전쟁의 수모를 앙갚음해야 한다는 분위기는 역사왜곡과 우경화 문제로 일본과 첨예하게 대립하면서 폭발했다. 시진핑 정부는 '이때'를 놓치지 않았다.

베이징北京 중심인 자금성고궁박물원에서 서남쪽으로 약 15km 정도 떨어진 융딩허永定河로 불리는 루거우허卢沟河에 세워진 '루거우차오卢沟桥,노구교'가 있다. 이탈리아 탐험가인 마르코 폴로Marco Polo가 루거우차오를 세계 최고의 훌륭한 다리라고 극찬해 유명해진 돌다리이다. 하지만 이 다리는 1937년 7월 7일 전면적인 중일전쟁의 발화점이 된 역사현장이다. 당시 중국군과 대치하던 일본군은 자국 병사 한 명이 실종됐다며 전면전을 감행하면서 중일전쟁이 시작됐

1937년 7월 7일 전면적인 중일전쟁의 시발점이 된 현장. 루거우차오(노구교)

다. 중국은 이 다리 인근에 1987년 노구교사건 발발 50주년을 맞아 중국인민항일전쟁기념관을 개관했다. 이후 중국은 과거사 문제로 첨예하게 일본과 갈등을 빚던 2014년 7월 7일, 대대적으로 노구교사건7.7사변 77주년 행사를 거행했다. 각계 인사 1,000여 명이 참석한 가운데 이례적으로 시진핑 국가주석 등 중국 지도부가 총출동해 기념식을 치렀다. 비장한 표정으로 단상에 선 시 주석은 일본의 과거사 역주행에 직격탄을 날렸다. 시 주석은 20분간 이어진 연설에서 "일본 침략자들이 중국을 무력으로 집어삼키려는 사악한 야심으로 노구교사건을 일으켰다."고 지적했다. 그러면서 일본이 침략역사를 부정, 왜곡하고 미화하려 한다면 결코 이를 용납하지 않을 것이라고 경고했다. 모욕적 표현인 '일구日寇' 즉 '왜적'이란 표현까지 사용하며 일본의 과거 만행을 규탄했다.

시진핑 주석은 "중국공산당은 민족의 대의를 갖고 왜적의 침략에 맞서 왜적을 중국 땅에서 몰아내기 위해 앞장섰다."라고 강조했다. 관영 CCTV가 기념식을 전국으로 생중계하고 당 기관지 〈인민일보〉를 비롯한 중국매체들도 기념식 소식을 대서특필하는 등 대일항전 분위기를 연출했다. 사건현장인 루거우차오에는 일본과 아베 총리를 비난하는 플래카드를 든 시민들이 등장했고, 일본의 집단자위권 행사 허용은 군국주의 부활이라고 쓴 팻말을 든 시민의 모습도 보였다. 한 난징 시민은 국치를 잊지 말자며 일본군이 난징시민 30만 명을 학살한 7.7사변을 기념하러 왔다고 말했다. 중국 정부는 난징 희생자 추모를 위한 인터넷 사이트를 열고 옛일본군 전범의 자백서를 연이어 공개하는 등, 일본의 우경화 행보에 맞서 전례 없이 강하게 항일의식을 고조시켰다.

앞서 일본 자위대 창설 60주년인 2014년 7월 1일, 아베 신조 일본 총리 내각은 총리관저에서 임시 각의국무회의를 열고 일정 요건을 충족 시 집단자위권 행사가 가능하다는 각의 결정문을 의결했다. 집단 자위권은 동맹국 등 타국에 대한 공격을 일본에 대한 공격으로 간주해 반격할 수 있는 권리를 뜻한다. 특히 헌법해석 변경은 일본 헌법 9조에 입각해 전수專守 방위오직 방어 목적의 무력만을 행사한다는 내용를 표방한 일본의 안보 정책의 일대 전환으로 평가됐다. 당시 중국은 과거사 문제뿐만 아니라 일본의 집단자위권 행사가 지역의 안정과 평화를 훼손할 수 있다며 강하게 반발했다. 홍레이洪磊 중국 외교부 대변인은 일본의 집단적 자위권 허용으로 아시아 국가들의 합리적인 안보 우려를 존중하길 바란다며, 일본이 전후 걸어온 평화

발전의 길을 바꾸려는 것이 아닌지 묻지 않을 수 없다고 말했다.

중국은 노구교사건 77주년 행사를 치른 지 두 달도 안 돼 또 다시 항일 분위기를 띄웠다. 2014년 9월 3일, 69주년 항일전쟁 승리 기념일을 처음으로 국가기념일로 지정해 국가 차원의 기념식을 거행했다. 루거우차오 옆 중국인민항일전쟁기념관 광장에서 열린 기념식에는 시진핑 주석과 리커창 총리 등 중국 지도부가 또다시 총출동했다. 1931년 만주사변부터 일제의 항복에 이르기까지 14년간에 걸친 항일투쟁 햇수를 뜻하는 14발의 예포가 울려퍼졌고, 시진핑 주석은 참석자 1,500여 명을 대표해 희생자들에게 헌화했다.

중국은 그해 처음으로 난징 대학살 기념일을 국가급 추도일로 지정하고 기념식을 성대하게 치렀다. 12월 13일, 장쑤성 난징 대학살희생동포기념관에서 열린 추모식에 참석한 시진핑 주석은 또다시 일제의 난징 대학살을 강하게 비판했다. 시 주석은 연설에서 "1937년 12월13일 중국을 침략한 야만적인 일본군은 난징에서 전대미문의 대학살을 저질러 30만 명에 이르는 중국 동포를 학살했다."며 "인면수심의 일본군이 저지른 대학살은 2차 세계대전 역사상 3대 참사 가운데 하나로 반인륜적 범죄이자 세계인을 경악시킨 인류 역사상 가장 어두운 장면 가운데 하나"라고 맹비난했다. 시 주석은 이어 "역사는 시대가 변한다고 바뀌지 않으며, 교활한 말과 잡아떼기로 지울 수 없는 것이다. 난징 대학살 참사는 무쇠와 같은 증거가 산과 같이 존재하며 어떤 속임수나 곡해도 용납하지 않는다."고 강조했다.

기념관을 둘러본 시진핑 주석은 비상한 관심을 나타냈다. 특히 시 주석은 '살인경기殺人比賽'라는 전시물 안의 군용 칼을 보며 "이 군도는 그들이 사용한 칼인가요?"라고 물었으며 '살인경기' 속의 일본군 도살자를 보면서 "그들은 처형됐나요?"라고 물었다고 한다. 난징대학살 주범인 다니 히사오가 사형선고를 받는 전시물에서 주청산朱成山 관장은 "당시 다니 히사오는 사형을 앞두고 두 다리를 후들후들 떨고 있었다."고 소개하자 시 주석은 "이 놈도 무서울 때가 있군요."라고 말했다고 한다.

1937년 11월 말부터 12월 10일 사이, 상하이에서 난징으로 진격하던 중 두 일본 육군 소위, 무카이 토시아키向井敏明와 노다 타케시野田毅가 누가 먼저 100명의 중국인을 참수하는가를 겨루며 67cm의 일본도로 살인 경쟁을 벌였다. 이때 무카이는 106명을 참수했고, 노다는 105명을 참수했다고 한다. 이른바 '백인참수百人斬' 사건이다. 이는 난징대학살의 잔혹성을 보여주는 대표적인 예로 전시하고 있다.

항일 승전 70주년에 꺼낸
'다모클레스의 검'

2014년부터 조금씩 수위를 높여온 중국의 대일본 과거사 공세는 전승절 70주년을 기념하는 행사에서 절정을 이뤘다. 2015년 9월 3일, '항일抗日전쟁 및 세계 반反파시스트 전쟁 승전 70주년전승절' 기념식이 열렸다. 뒤이어 열린 열병식은 역대 최대 규모로 치러졌다. 헬기 편대가 전승 70주년을 숫자로 그리며 열병식장에 등장하고 지상 돌격부대를 시작으로 탱크부대와 장갑차, 미사일부대 등 육해공 주력부대가 사열대 앞을 행진했다. 사거리 1만km의 대륙간탄도미사일 둥펑-31A, 항공모함 킬러 둥펑-21D, 둥펑-26이 처음으로 공개됐다. 핵탄두 탑재가 가능한 7종의 미사일 100여 기도 첫 선을 보였다. 하늘에선 주력 전투기 젠-10과 공중조기경보기 쿵징-200이 위용을 과시했다.

　　열병식에 나온 신무기는 420여 개로 최첨단 무기 전시장을 방불케 했다. 각종 군용기 200여 대에 병력 1만 2,000명이 동원됐다. 중국은 최신 현대무기들을 대거 공개해 일본은 물론 미국에도 강한 메시지를 보냈다. 시진핑 주석은 기념사에서 "70년 전 오늘은, 중국

인민들이 일본의 침략에 14년 동안 항거해 위대한 승리를 거둔 날"
이라며 "중국인민항일전쟁의 승리는 근대 이래로 중국이 외적을 물
리치는 데서 거둔 첫 완전한 승리였다."고 평가했다. 그리고 "평화
와 발전은 오늘 이 시대의 주제가 되었지만 세계는 여전히 평화롭
지 않고 전쟁의 '다모클레스의 검일촉즉발의 절박한 상황'은 여전히 인
류의 머리 위에 걸려 있다."고 말했다. 중국은 30만 명 감군 방침을
밝혔지만 열병식을 통해 군사대국 중국을 전 세계에 알렸다.

중국의 전승절 70주년 기념행사는 잘 드러나지 않았던 '중국의
현재'를 들여다 볼 수 있는 좋은 기회를 제공했다. 그 첫 번째는 '경
계'와 '동원 체제'다. 전승절 열병식 행사가 열리기 이틀 전인 2015
년 9월 1일, 천안문天安門 광장을 찾았다. 전날 비가 내린데 이어 이
날도 비가 오락가락하는 흐린 날씨였다. 광장 곳곳에 총을 든 군인
과 무장경찰이 배치돼 삼엄한 경비를 펼치고 있었다. 전승절 열병
식이 열릴 천안문 광장은 이미 폐쇄됐다. 평소 같으면 자금성과 천
안문 광장을 보기 위해 많은 관광객들로 붐볐을 테지만 오히려 경
계 병력이 더 많게 느껴졌다. 광장으로 통하는 길목엔 안전 검사대
가 설치돼 모든 출입자의 소지품을 철저히 검색했다. 바리케이드가
설치돼 더 이상의 접근은 허용되지 않았다.

광장을 찾은 관광객들은 천안문 성루를 향해 셀카를 찍는 데 만
족해야 했다. 자금성으로 통하는 천안문은 이미 폐쇄됐고, 인근 버
스 정류장에도 무장 경찰들이 배치돼 위압감을 더했다. 치안을 돕
는 자원봉사자들도 무려 85만 명이나 동원됐다. 행사장 부근 지하
철역에도 탑승객 모두를 대상으로 공항 안전검사 수준의 엄격한 검

사가 이뤄지고 있었다. 하지만 이런 불편에도 시민들은 대부분 순순히 검색에 협조하는 분위기였다. 천안문과 가까운 베이징 중심 최대 상권인 왕푸징王府井에도 물 샐 틈 없는 경계가 이뤄졌다. 유명 해외 고가 브랜드 상점뿐만 아니라 대형 쇼핑몰 입구에는 긴 철조망 울타리가 설치돼 행인들의 출입을 원천적으로 막았다.

그곳에서 만난 치안 자원봉사자는 열병식 때문에 상가가 폐쇄됐다며 상가 안에는 이미 군인들이 들어가 지키고 있다고 귀띔해 주었다. 만일의 사태에 대비하기 위해 잠긴 상가 건물 안까지도 무장 군인들이 지키고 있는 셈이다. 왕푸징의 자그마한 상점이나 음식점들도 일제히 철시했다. 봉인까지 해 놓아 주인이 맘대로 문을 열 수도 없는 상황이다. 도로 곳곳에 늘어선 군용 트럭과 동원된 군인들이 행진하는 모습은 계엄 상황을 연상케 했다.

그리고 무장경찰과 일반 경찰이 천안문으로 이어지는 창안제长安街 경계를 위해 도열해 섰다. KBS를 비롯한 한국의 방송사 지국이 입주해 있는 외교 단지에도 행사당일은 물론 전날부터 베란다에 나오지 말고 창문도 열지 말라는 공고가 나붙었다. KBS 지국에도 행사 전날 오후인데도 경찰이 몇 차례 다녀갔다. 한번은 베란다에 나오지 말라는 경고를 했고 그 뒤에는 창문이 열려 있다며 닫으라고 올라왔다. 밤에는 커튼을 내리라며 또다시 찾아왔다. 나중에는 우리 지국 사무실 앞에 평소에는 보이지 않는 검은색 제복의 특경特警이 전담 배치돼 밤새 감시했다. 열병식 행사 당일 오전 사무실 환기를 위해 창문을 살짝 열었지만 그것조차 허용되지 않았다. 또다시 경찰이 달려왔다. 행사장과 비교적 멀리 떨어져 있는 지국 사무실이 이 정도의 감시를 받았으니 다른 사무실 사정은 보지 않아도 짐작이 갈 정도다.

중국 SNS에서는 무장 경찰들이 행사장 인근 오피스 건물에 들어가 사무실 집기를 검사해 가위나 칼 같은 흉기(?)는 모두 회수해 갔다는 얘기가 사진과 함께 나돌았다. 한 대학에서는 대학 강사들이 행사당일 시내에 나가지 말고 오해 받을 만한 물건을 들고 다니지 말라는 안내를 학생들에게 일일이 전화로 일러주었다. 행사 전날부터 창안제가 전면 통제되면서 이동도 쉽지 않았다. 통제는 전승절 열병식 행사가 모두 마무리된 3일 오후, 동원된 탱크 부대가 철수하면서 풀리기 시작했다. 행사장 주변에서는 무선 인터넷도 차단돼 외부와의 연락도 쉽지 않았다.

열병식이 열리던 날 쪽빛 가을 하늘은 창공을 가르는 군용기의 공중 쇼를 더욱 훌륭하게 빛내주었다. 하지만 그 파란 하늘 뒤에는 사실 수많은 통제가 있었다. 열병식 '블루'를 위해 보름간 차량 홀짝제를 시행하고 베이징 주변 1만 2,000여 개의 공장이 가동을 중지했다. 먼지가 날리는 공사도 모두 중지시켰다. 그것으로 부족했는지 행사당일을 임시 공휴일로 정해 업무를 중지시켰다. 사람이 생각해 낼 수 있는 모든 공해 유발 요소를 모두 제거한 셈이다. 평소에는 눈에 드러나지 않는 '통제사회 중국'의 단면이 고스란히 드러난 것이다. 하지만 더욱 놀라운 일은 이런 통제에 대한 일반 시민들의 반응이다. 큰 불편을 느끼지 못한다는 시민이 의외로 많았다.

또 다른 모습은 중국의 친한원조親韓遠朝, 한국을 가까이하고 북한을 멀리한다의 일면이다. 열병식 기간 내내 전통적 우방인 북한의 존재감을 찾아 볼 수 없었다. 중국 매체는 두 명의 한국인이 열병식의 체면을 세워줬다고 보도했다. 바로 박근혜 전 대통령과 반기문 전 유엔사무총장 애기다. 박 전 대통령은 '퍄오다세朴大姐, 박 큰누님'로, 반총장은 '하오펑요好朋友, 좋은 친구'로 중국인들 사이에서 친밀감의 대상이 됐다. 박근혜 전 대통령은 '항일'로 천안문 성루에 올랐지만 원래 '항미'의 기운이 가득한 곳이다.

1954년 10월 북한의 김일성이 마오쩌둥毛泽东 전 국가주석과 함께 중국 건국 5주년 기념 열병식을 참관했던 장소이다. 61년 전 김일성과 마오쩌둥 주석은 한국전쟁 휴전 직후 '항미원조抗美援朝'의 기치를 들고 계단을 밟았다. 박 전 대통령이 천안문 성루에 오른 지 불과 넉 달 뒤 북한이 감행한 4차 핵실험으로 한중관계는 또 다시 원점으로 돌아갔다. 항일에는 양국의 이해가 맞아 떨어졌지만 항미를 놓고는 생각이 달랐다. 중국은 미국에 대항하기 위해 북한이 필요했지만, 한국은 북한을 제압하기 위해 미국이 필요했기 때문이다. 지금 중국의 모든 길은 결국 항미원조로 통한다.

일본 오염수 방류에
"소일본 타도"

중국에서는 잊을 만하면 반일 정서가 반복해서 부상한다. 이번에
는 2023년 8월 24일 시작된 일본 후쿠시마 원전 오염수 해양 방류
이슈이다. 중국이 일본 수산물 수입금지 조치를 취하자 일본정부
는 WTO, 세계무역기구에 제소하겠다고 압박하면서 오염수 방류
가 두 나라간 외교마찰로까지 번졌다. 이 일로 중국내 어시장은 일
본산 수산물 수매를 거부했다. 랴오닝성 단둥의 수산물 시장에 생
선을 사러 온 한 주민은 일본에 강한 불쾌감을 드러냈다. 이 손님은
일본의 오염수 방류는 분명 역겨운 일이라며 "우리 중국과 일본의
원한은 이미 천백 년이 됐다."고 비난했다.

　다롄의 국제 수산물 시장 상인들은 일본산은 없다며 딱 잘라 말
했다. 모두 연근해에서 잡은 중국산이라고 말했다. 수입 냉동 수산
물도 모두 일본산이 아니라고 강조했다. 한 상인은 원래 줄곧 일본산
수산물을 팔지 않았다며 자신의 가게는 주로 잉글랜드 섬의 북극새
우를 수입한다고 말했다. 상인들은 금어기가 풀리면서 신선한 회를
선보일 대목 장사를 기대했다. 하지만 일본 오염수 해양 방류가 불러

올 후폭풍을 경계하는 분위기가 역력했다. 수산물 시장 상인은 반신 반의하며 정말 영향이 있다면, 장사를 할 수도 없을 거라고 말했다.

중국 매체는 8개월 뒤면 일본 오염수가 가장 먼저 중국 동남부 연안에 영향을 미칠 것으로 예상했다. 보하이만^{渤海湾}도 1~2년 뒤면 직접적인 영향권에 들어갈 것으로 내다봤다. 하지만 당장 금어기 가 끝나면서 바다로 나가야 하는 어민들에겐 발등의 불이다. 동일 본 앞바다 등 일본 열도 인근 황금어장에선 조업할 수 없기 때문이 다. 수산물 안전이 도마에 오를 수 있어 이러지도 저러지도 못하는 상황이다. 당장 소금 사재기로 품귀 현상이 빚어지기도 했다. 상황 이 이렇게 되자 일본을 경멸하며 부르는 '소일본^{小日本} 타도'가 길거 리에 등장했다.

오성홍기를 단 차량과 오토바이에서 '소일본'을 타도하자는 구호 가 흘러나오고 축구 경기 중 관중석에서도 소일본 타도가 울렸다. 이 런 반일 감정은 일본에 대한 무차별적인 공격으로 이어졌다. 스마트 폰 지도 앱을 이용해 일본에 아무한테나 전화를 걸어 항의하고, 학교 수업시간에 일본 총리 사진을 놓고 성토하는가 하면, 급기야 중국내 일본인 학교에 돌과 계란까지 날아들었다. 일본 대사관은 외부에서 언행을 조심하도록 중국 주재 일본인에게 당부하고 나섰다.

중국 내 반일 분위기는 일본 여행취소와 제품 불매운동으로 이 어졌다. 일본 단체 관광이 허용됐지만, 국경절 대목을 앞두고 일본 행 항공권 예약이 3분의 1이나 줄었고 환불도 잇달았다. 국제 여행 상품 매니저는 일본의 오염수 배출이 시작된 이후 중국 관광객의 일본과 한국 방문 문의가 눈에 띄게 줄었다고 말했다. 중국 내 일본

식당은 식재료 수입선을 바꿨다. 식당 안에는 절대로 일본 수산물을 쓰지 않는다는 안내문까지 붙여 놓았다. 한 일식집 업주는 참치는 원래 일본 수입 참치를 사용했지만 지금은 타이완 참치로 대체했다고 말했다.

이런 상황에서 중국인을 조롱하는 듯한 일본 내 영상은 반일감정에 불을 지폈다. 도쿄의 한 식당은 중국인에게 알린다며 '식당 재료는 모두 후쿠시마산'이라고 공지했다. 도발적인 안내문에 한 중국인이 일본 경찰에 항의했다. 격분한 중국의 편의점 주인은 일본 상품 수백만 원어치를 폐기했고, 일식집을 운영하던 중국인 사장은 자신의 가게를 부수기도 했다. 하지만 일본 후쿠시마 원전 오염수를 방류한 지 1년이 흐르면서 중국 매체의 관련 보도는 눈에 띄게 줄었다. 그나마 관영 CCTV는 일본 내에서 오염수 방출에 대한 항의 움직임을 전했지만 다른 주요 매체는 거의 다루지 않았다. 다만 글로벌 타임스는 일본의 중국에 대한 수산물 수출은 2022년 871억 엔이었지만, 2023년 610억 엔으로 줄었고, 2024년 상반기에는 35

톈진의 한 초밥집은 가게 내부에 쓰인 '일본'이라는 단어를 가렸다. 일본의 해양 오염수 방류 이후 이런 기류가 강해졌다.

억 엔으로 크게 줄었다고 보도했다. 실제로 방류 전까지 일본산 수산물의 최대 수입국이었던 중국의 금수 조치로 일본 수산업계는 큰 타격을 입었다.

일본 아사히신문은 중국이 오염수 방류를 이유로 일본산 수산물 수입을 전면 금지했지만, 중국 어선은 2024년에도 여전히 일본 근해에서 활발하게 조업하고 있다고 전했다. 아사히신문이 선박자동식별장치AIS 신호를 이용해 해상 위치와 조업 상황을 확인할 수 있는 '글로벌 피싱 워치GFW' 데이터를 분석한 결과, 2024년 5~7월 일본 홋카이도 앞바다에서 조업한 중국 어선은 한해 전 같은 기간보다 34% 늘어난 총 8,876척에 달했다.

2016년 8월, 칭다오青島 세관은 시가로 2억 3,000만 위안약 391억 원대의 해산물 5,000톤을 몰래 들여온 일당 14명을 체포했다. 특히 해산물 중에는 2011년 원전사고로 수입이 금지된 일본 후쿠시마현 부근 해역에서 잡힌 해산물도 적발됐다. 이들 해산물은 베이징과 상하이, 광저우 등 중국 내 대도시에 이미 유통된 것으로 파악됐다. 밀수업자들은 일본에서 수입한 해산물을 베트남에서 포장과 생산일자를 바꿔 원산지를 바꾼 뒤 산둥성을 통해 몰래 들여온 것으로 드러났다. 방사능에 오염됐을 가능성이 있는 일본 후쿠시마 산 해산물이 대도시에서 버젓이 유통됐다는 사실에 중국 여론은 들끓었다. 일각에서는 한 나라 안에서 같은 편끼리 자살행위를 하는 것이라며, 비난의 목소리를 높였다. 중국 정부가 후쿠시마 오염수 방류에 반발하고 중국어민들은 울상이었지만, 방사능 진실은 없고 항일 구호만 남았다.

'극일'을 위한
축구계 대대적 사정

1945년 9월 2일, 제2차 세계대전에서 일본이 항복문서에 서명한 다음날인 9월 3일을 중국은 항일전쟁 승리기념일로 정해 매년 희생자들을 기리고 축하하는 자리를 만든다. 그런데 2024년 9월 5일, 항일승전 79주년 즈음에 열린 월드컵 3차 예선 첫 경기에서 중국은 일본에 0:7로 대패하면서 충격에 빠졌다. 당시 중국 응원단은 과거 항일전쟁 때 입은 군복까지 차려 입고 필사의 각오로 응원에 나섰다. 항일승전기념일 이틀 뒤에 열린 만큼 이번 '중일전' 의미는 남달랐기 때문이다. 하지만 이날 경기는 중국대표팀이 일본에 역대 가장 큰 점수 차로 패한 경기이자 월드컵 예선 단일경기에서 가장 많이 실점한 경기로 기록됐다. 결과를 예상이라도 하듯 국민적 관심사인 월드컵 예선경기를 관영 CCTV는 중계하지 않았다.

현재 중국은 축구에서도 항일을 찾는 듯 보인다. 중국 대표팀은 1998년 다이너스티컵 대회 이후 일본을 단 한 차례도 이기지 못했다. 일본은 잘하는데 왜 중국은 못하냐는 한탄과 분노가 터져 나왔다. 이렇게 여러 차례 체면을 구긴 중국 축구는 결국 축구계 전반에 대한 사정으로 이어졌다. 중국은 2002년 한일월드컵 때 딱 한번 본선에 진출했다. 개최국인 한국과 일본이 자동 진출하는 바람에 손쉽게 본선에 진출한 이유도 있지만 2001년 10월 7일, 중국 축구 국가대표팀이 선양 우리허^{五里河}경기장에서 오만을 1:0으로 이겼기 때문에 본선진출이 가능했다. 이후 선양^{沈阳}은 중국인에게 축구의 복지^{福地, 복된 땅} 내지, 성지로 불린다. 중국 홈경기가 변방 선양에서 자주 열리는 이유이다.

우리허경기장은 현재 철거되고 아파트 단지가 들어섰지만 선양을 남북으로 잇는 '칭녠다제^{青年大街}' 길 건너편에는 이를 기념하는 청소년 축구공원이 조성돼 있다. 그곳에는 당시 축구대표팀으로 활약한 선수와 코칭스태프 동상이 세워져 있다. 당시 미드필더로 활약한 선양 출신 리톄^{李铁} 선수의 동상도 포함돼 있다. 리톄 선수는 2020년부터 1년여 중국 축구국가대표팀 감독을 맡았다. 그런데

항일승전 79주년 즈음에 열린 월드컵 3차 예선 첫 경기에서 중국 응원단. 과거 항일전쟁 때 중국군의 군복을 입고 응원하고 있다.

2022년 카타르 월드컵이 개막한 뒤 1주일이 지난 즈음, 국가체육총국의 중앙기율검사위원회 감찰팀과 후베이성 감독위원회가 리톄 감독이 심각한 위법 행위를 저질렀다며 조사를 받고 있다고 온라인에 공지했다. 그 다음날 체육공원에 서 있던 리톄 감독의 동상이 갑자기 철거됐다. 당국이 리톄 지우기에 신속히 나서면서 인근 실내 축구장 이름도 바뀌었다.

리톄 전 감독에 대한 조사는 2021년 12월, 카타르 월드컵 예선 당시 성적 부진을 이유로 물러난 뒤 카타르 월드컵 개막을 열흘 앞두고 전격적으로 이뤄졌다. 다롄에서 진행된 아시아축구연맹 및 중국축구협회 전문 코치 교육 과정에 참석한 그를 국가체육총국에서 소환했는데 그 후로 연락이 두절됐다. 월드컵에서 한국과 일본이 각각 16강에 진출하면서 선전을 펼치자 중국 축구팬들의 분노가 극도로 증폭되고 있던 시점이었다. 당시 체육공원에서 만난 시민들은 리톄가 명백히 잘못했다며 정부의 처벌을 달게 받아야 한다고 말했다. 중국 SNS에는 축구팬들이 "월드컵이 시작된 이후 리톄 숙청 소

2022년 카타르 월드컵 개막 후. 선양 체육공원 내 리톄 선수 동상 돌연 철거하고 있다.

식은 가장 행복한 일 중 하나"라며 격한 분노를 쏟아냈다.

2024년 1월, 관영 CCTV는 중앙기율검사위원회와 국가감찰위원회가 공동 제작한 다큐멘터리에서 중국 축구계에 만연한 내관내직, 승부조작, 뇌물수수 등 비리를 집중 해부했다. 다큐에서 2022년 11월 부패 혐의로 체포된 리톄 전 감독은 남자 축구 국가대표팀 감독이 되기 위해 전방위 로비를 펼쳤다. 리톄는 자신이 국대 감독이 되면 도와주겠다는 약속을 하고 프로 소속팀인 우한武汉 쥐얼후얼에 로비를 요청했다. 이에 구단 측은 천쉬위안陳戌源 전 축구협회 회장에게 200만 위안3억 8,000만 원을 건넸다. 결국 2020년 국가대표팀 감독에 선임된 리톄는 실력이 떨어지는 우한 쥐얼구단 소속 선수 4명을 국가대표팀에 발탁했다. 이런 식으로 리톄 전 감독은 2017년부터 2021년까지 국가 대표팀 선수 선발과 승부조작 등으로 1,000만 달러약 134억 원가 넘는 뇌물을 받았다고 다큐는 전했다.

리 전 감독에 대한 조사로 천쉬위안 전 중국축구협회 주석은 1심에서 8,103만 위안약 150억 원 상당의 뇌물을 받은 혐의로 무기징역을 선고받았고, 중국 슈퍼리그中超联 유한공사의 마청취안马成全 회장도 2024년 8월, 뇌물 수수 혐의로 11년 3개월 형을 선고받았다. 두자오차이杜兆才, 전 중국 국가체육총국 부국장이자 동아시아축구연맹EAFF 회장도 뇌물혐의로 기소되면서 축구계 거물들이 줄줄이 낙마했다.

중국은 올림픽이나 아시안게임 등 각종 국제대회에서 종합 1~2위를 차지할 정도로 체육 강국이지만, 유독 축구에서 만큼은 맥을 못 쓰고 있다. 2015년 시진핑 주석의 주도하에 중국 정부는 '축구 발전 중장기 계획'을 발표했다. 이 계획의 목표는 2050년까지 중국을 세계 축구 강국으로 만드는 것이다. 이를 위해 청소년 축구의 발전과 대중화, 리그 활성화 등의 방안을 내놓았다. 또한 2014년 7월, 교육부는 '중국 청소년 학교 축구 2015~2025년 발전계획 요강'을 바탕으로 '학교 축구 중장기 발전계획'을 발표했다. 체육 수업시간을 늘려 축구를 집중적으로 키우겠다는 게 골자다. 초등학교는 주 3시간에서 4시간으로, 중·고교는 주 2시간에서 3시간으로 각각 확대하겠다는 것이다. 이른바 '축구 굴기足球崛起' 위해 시진핑 주석까지 나서 10년 넘게 전국가적인 총력전을 펼쳤지만 쉽지 않아 보인다.

중국에서 축구광을 '치우미球迷'이라고 한다. 그 '치우미'를 자처한 사람이 시진핑 중국 국가 주석이다. 시진핑 주석이 2011년 축구에 관한 자신의 3가지 소원을 얘기한 적이다. "첫째는 중국이 월드컵에 출전하는 것이고, 둘째는 월드컵을 개최하는 일이고, 셋째는 월드컵에서 우승하는 것이다."라고 언급했다. 그만큼 축구 사랑은 누구에게도 뒤지지 않는다. 중국 외교도 '핑퐁 외교'에서 '축구 외교'로 바뀌었다는 말이 있을 정도다. 축구를 잘하는 나라와 친해야 한다는 목표가 있는 듯하다. 축구 강국은 누가 보더라도 유럽과 남미 그다음으로 아프리카다. 중국이 공을 들이는 외교 방향과 너무나 비슷하다. 하지만 먼저 일본을 꺾어야 한다는 항일의식이 강해 보인다.

뤼순 대학살 현장에 들어선 일본풍 거리

중국 정부의 항일정신 고취에도 보는 이로 하여금 어리둥절케 하는 일이 있다. 중국내 곳곳에 일본풍 거리가 조성되고 일본 전통가옥이 등장했기 때문이다. 2021년 9월 18일은 일제가 만주 침략전쟁을 일으킨 만주사변 90주년이다. 반일 목소리 속에서도 중국내 일본풍 거리가 속속 들어서면서 찬반 양론이 팽팽하다. 동양의 베네치아로 불리는 장쑤성 쑤저우蘇州의 후치우虎丘구 '화이하이淮海' 거리는 중국 내 최고의 일본풍 거리이다. 도로 양편에 일본어 간판을 단 일본 식당이 즐비하고 일본 애니메이션 캐릭터 간판도 쉽게 찾아볼 수 있다.

시민들은 일본풍 거리에 별다른 거부감이 없다. 한 쑤저우 시민은 자신은 일본 문화를 아주 좋아한다며 많은 일본 문화가 사실 중국에서 건너간 거라고 말했다. 이런 호의적인 반응을 반영하듯 식당에는 손님들로 빈자리가 없을 정도이다. 특히 화이하이 거리는 일본 오사카와 비슷해 일본 여행 마니아들에게 큰 인기를 끌었다. 코로나19 대확산 이후 해외여행이 어려워지면서 방문이 더 늘었다. 일본식당뿐만 아니라 일본 애니메이션 캐릭터 숍에도 손님들의 발길이 끊이지 않았다. 장난감 '일본도'와 '일본돈'까지 팔렸다. 2020년 9월, 쑤저우 시는 지방경제를 살린다며 600m의 화이하이 거리를 일본거리로 특화 조성했다. 이렇듯 일본풍이 자리 잡아가고 있는 사이, 주민들 사이엔 반감도 확산됐다.

얼마 전까지만 해도 일본 전통 의상인 기모노를 입고 사진을 찍는 촬영

명소로도 유명했지만 갑자기 기모노 착용을 금지했다. 난징 대학살이 일어난 장쑤성江苏省에서 왜색 거리가 웬 말이냐며 왜색 논란에 휩싸였기 때문이다. 실제로 만주사변 90주년인 9월 18일엔 명나라 복장을 한 7~8명의 젊은이들이 항의의 뜻으로 퍼포먼스를 벌이기도 했다. 온라인에선 이들을 단속한 경찰과 관리자들에 대한 비난이 빗발쳤다.

이런 가운데 랴오닝辽宁성 다롄大连시 진저우金州구 진스탄金石滩에 또 다른 대규모 일본촌이 조성되면서 시민들이 거세게 반발했다. 한 다롄 시민은 중국에 일본풍 거리를 대대적으로 조성하고 있다며 중국 사람이 만약 과거를 잊는다면 중국 사람이 아니라며 격분했다. 직접 가보니 일본 기와를 얹은 전통가옥들이 빼곡히 들어선 '성당盛唐·작은 교토小京都'가 다롄에 들어섰다. 당나라를 뜻하는 성당盛唐이라는 이름을 붙였지만, 일본식 정원

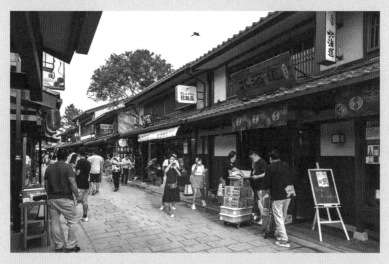

다롄(大连) 진스탄(金石滩)의 일본풍 거리. 기와까지 일본에서 가져왔다. 인근에 대규모 일본 가옥이 들어서 있다.

과 고양이 석상, 등롱도 갖춰 영락없는 일본이다. 중국의 한 부동산 개발업체가 1조 원을 들여 63만㎡의 땅에 일본 전통 가옥촌을 만들었다. 1차로 400채가 완공돼 입주가 시작됐고, 모두 1,200채가 분양될 예정이다. 분양 사무실에는 중국인들의 발길이 이어졌고 주택 전시관 안내 직원은 모델하우스 안에 사람이 가득 찼다며 관람 인원을 제한했다.

일본풍 상가에선 일본 제품이 팔리고, 기모노를 입은 가게 점원이 눈에 띄었다. 일본풍 상가 주택을 위해 기와를 일본에서 직접 들여왔고 파나소닉 등 가전 판매점과 홋카이도나 히로시마 물품점, 일본 요리점 등이 입점했다. 상점에 들어가기 위해 100m가량 줄을 서야 할 정도로 호황을 이뤘다. 하지만 짝퉁 논란에 반일 감정까지 더해지면서 사업이 벽에 부딪혔다. 다롄에 조성된 일본풍 상가 거리는 이내 문을 닫았다. 영업을 정식 시작한 지 2주도 안 돼 비난 여론이 폭주하면서 영업을 중단했다.

다롄에 있는 뤼순 대학살 기념관에는 청일전쟁 희생자 시신이 산처럼 쌓였다는 문구가 쓰여 있다. 창사長沙 방송은 논평을 통해 "일본은 뤼순을 함락하고 4일 동안 2,000에서 2만 명으로 추정되는 주민을 학살했다."며 대학살의 현장 다롄에서 일본 거리 조성은 부적절하다고 지적했다. 반면 부동산 개발업체는 중국 정부의 승인을 받은 사업으로 일본기업 유치에 도움이 된다며, 2024년까지 일본식 주거, 상업, 관광을 묶는 복합 단지를 예정대로 건설하겠다고 밝혔다. 다롄 진스탄金石灘 국가여유국 관리위원회 관계자는 일본풍 주택 건설 사업은 기업 투자 행위라고 설명했지만, 비난 여론이 일자 영업을 정지시켰다. 광둥성 포산佛山시에도 신주쿠를 본떠 만든 '일번가一番街'가 조성돼 인기 관광지로 떠올랐다. 중국인에게 항일은 무엇일까.

07

국익에 따라 달라지는
중국의 항일

양떼가 밟고 지나는
윤동주 묘역

2015년 중국의 '항일抗日전쟁 및 세계 반反파시스트 전쟁 승전 70주년전승절'에 한중 양 정상이 '항일'이라는 단일 대오로 천안문 성루에 올랐지만, 내려온 뒤 한중은 각자의 길을 걷게 됐다. 사드 배치에 따른 한중간 입장 차이가 양국 관계를 한순간에 무너뜨렸다. 중국 내 항일 유적지는 그 피해를 고스란히 받았다.

윤동주의 고향 북간도 롱징龙井,용정의 동쪽 외곽에는 '영국더기'란 자그마한 언덕이 있다. 용정 사람이라면 모두 알 만한 곳이다. '영국더기'란 영국 사람이 살던 언덕이란 뜻이다. 일제 강점기에 영국 국적을 가진 캐나다 장로회 선교사들이 살던 동네를 일컫는 말이다. 1907년 캐나다 장로회는 용정에 선교사를 잇달아 파송했다. 성도가 늘어나자, 캐나다 장로회는 롱징 동쪽 산비탈 언덕 10만m²를 사들여 사택과 제창병원, 명신여학교, 은진중학교, 동산교회 등의 건물을 지었다. 보잘것없던 시골 동네가 근대 서양 문화를 접하는 통로가 됐고 항일 민족운동의 중요한 거점이 되었다. 윤동주와 송몽규, 문익환도 이 영국더기에 있는 은진중학교를 다녔다. 하지만 1941년 일제는 강제 퇴거령을 내리고 캐나다 선교사를 영국더기에서 몰아냈다. 이후 영국더기는 조락의 길을 걷는다. 일본 관동군부대가 진주하면서 '군부더기'로 불리다가, 일제가 패망한 이후에는 동북군정대학 길림분교로 바뀌었다. 이마저도 문화대혁명의 광풍 속에 영국더기에 있던 제창병원, 동산교회, 명신여학교, 은진중학교는 흔적도 없이 사라졌다.

영국더기는 지금 허름한 가옥들이 판자촌을 이루듯 가득 들어서 있다. 좁은 소로를 따라 언덕 위로 올라가면 윤동주의 묘소가 나온다. 양지바른 언덕엔 비탈을 따라 봉분이 꺼진 수많은 무명의 묘가 가득하다. 간혹 십자가가 새겨진 비석을 통해 이곳이 옛 동산교회 묘지 터였음을 알 수 있다. 그 가운데 윤동주 묘가 있다. 룽징시 정부는 1997년 6월 3일 윤동주 묘소를 문화재 보호구역으로 정하고 2014년 7월 15일에는 표지석까지 세웠다. 표지석에는 보호범위를, 돌비석을 중심으로 앞으로 5m, 뒤로 10m, 좌우 5m라고 명시해 놓았다. 하지만 민족시인이라는 말이 무색할 정도로 묘소는 초라했다. 그 흔한 뗏장도 하나 입히지 않았고 봉분에는 개미굴이 만들어져 수많은 개미가 우글거렸다.

더욱 놀라운 일은 수많은 양떼의 출현이다. 양떼 주인은 윤동주의 묘가 들어선 공동묘지를 양떼 방목 초지로 쓰고 있었다. 매일 아침 양떼를 몰고 와 공동묘지에 풀어 놓는다고 말했다. 그리고 저녁에 다시 몰고 축사로 돌아간다. 300여 마리의 양떼는 공동묘지 이곳저곳을 돌며 풀을 뜯기 시작했다. 봉분 위에 올라가 풀을 뜯는 모습은 경악할 노릇이었지만 그들에게는 날마다 해오던 일상이다. 수많

시인 윤동주 묘(왼쪽). 윤동주의 묘가 들어선 공동묘지를 양떼들의 방목 초지로 쓰고 있다(오른쪽).

은 양이 움직이며 풀을 뜯다 보니 공동묘지는 어느새 뿌연 먼지가 피어올랐다. 잔디도 없이 흙뿐인 봉분은 여기저기 양들의 발자국이 선명했다. 묘소 주변으로는 양들의 배설물이 가득했다. 파리가 들끓고 각종 날벌레가 쉴 새 없이 참배객을 괴롭혔다.

윤동주 묘소와 불과 10여m 떨어져 있는 송몽규의 묘지도 마찬가지다. 관리를 하고 있다는 느낌이 전혀 들지 않았다. 송몽규는 영화 〈동주〉에서 많이 조명돼 알려진 인물로, 뼛속까지 독립운동가이며 일본 유학 중에 윤동주와 함께 체포되어 후쿠오카 형무소에서 옥사했다. 윤동주의 아버지 윤영석의 친구인 김석관 선생이 쓴 '청년문사 송몽규 묘'라고 새겨진 비석만이 외로움을 달래고 있다. 윤동주 묘역에는 또 하나의 표석이 세워져 있다. "윤동주의 할아버지 윤하현, 할머니 남신필, 아버지 윤영석, 어머니 김용, 동생 윤광주 이 다섯 분은 이 동산 어딘가에 잠들어 계시지만 오늘날 묘소를 찾지 못함을 아쉬워하며"라고 쓰여 있다.

일제의 탄압을 피해 북간도로 이주한 윤동주 일가족은 이렇게 사라지고 윤동주는 관리할 사람도 없는 공동묘지에 매장됐다. 윤동주는 부끄러움을 아는 시인이다. 1942년 윤동주와 송몽규는 일본 유학을 위해 창씨개명을 했다. 개명 후 윤동주는 무척 괴로워했다. 피를 토하는 심정으로 조국에서 마지막으로 쓴 '참회록'은 '서시'만큼이나 유명하다.

조국의 광복을 위해 온몸을 던진 독립운동가의 가세는 몰락하고 이제는 시신도 찾을 수 없는 상황. 있는 묘소마저도 관리를 제대로 하지 않아 공동묘지에 방치된 상황. 양떼가 매일 봉분을 짓밟는 이 어처구니없는 상황을 우리는 참회해야 하지 않을까. 더욱 우리를 부끄럽게 하는 것은 윤동주 묘소도 우리가 찾은 게 아니라는 사실이다. 역사의 아이러니지만 윤동주의 시를 흠모하던 일본인 '오오무라 마스오大村益夫' 교수에 의해서다. 1985년 당시 와세다 대학에서 소위 잘나가는 교수였지만 옌볜대학으로 와 윤동주 찾기에 나섰다. 오오무라는 윤동주의 '서시', '자화상', '별 헤는 밤' 같은 작품은 그 어디에 내놓아도 손색없는 '세계적인 명시'라고 극찬했다. 오오무라 교수의 각고의 노력 끝에 윤동주의 묘소를 찾을 수 있었다.

2023년 12월 초순, 중국 옌볜延边조선족자치주 룽징龙井에 있는 명동촌明东村을 찾아간 적이 있다. 넉 달간의 보수공사를 마치고 재개관했다는 윤동주 생가를 보기 위해서였다. 2023년 7월, 갑작스런 생가 폐관으로 논란이 일었다. 보수공사를 위한 것이라고 했지만 사드 보복차원에서 문을 닫은 것 아니냐는 것이다. 하지만 재개관한 윤동주 생가는 공사 전과 특별히 달라진 점을 발견하지 못했다. 오히려 공사를 했다는 생가 본채는 등도 없었고 예전에 전시해 놓았던 영정은 치워져 있었다. 생가 문에 걸려 있던 '시인 윤동주 생

어린 시절 윤동주가 다니던 명동교회. 생가 본채는 사라지고 생가 내에 있는 명동교회는 곧 붕괴될 듯 위험한 상태이다.

가'라고 쓰인 현판도 바닥에 떼어 놓았다. 어린 시절 윤동주가 다니던 생가 내 명동교회는 내부 벽체가 금이 가고 떨어져 나가 곧 붕괴되어도 전혀 이상하지 않을 정도로 위태했다.

　방치된 이유를 관리인에게 들을 수 있었다. 한국 사람한테 말하면 안 된다면서 조심스럽게 말한 폐관의 진짜 이유는 사드 사태로 악화된 한중관계 때문이라고 귀띔해 주었다. 홍색 관광지로 탈바꿈한 명동촌은 예전의 모습을 잃어가고 있었다. 사드 사태로 유탄을 맞은 항일 유적지는 이뿐만이 아니다.

가로막힌
봉오동·청산리 유적지

　항일독립운동 사상 최대 승전으로 꼽히는 봉오동 전투와 청산리 대첩 100주년인 2020년 8월, 100년이 지난 지금 격전의 현장은 가로막혔다. 봉오동 전투는 1920년 6월 7일 중국 지린성 왕칭汪淸현 봉오동에서 홍범도 장군이 이끈 대한북로독군부의 한국 독립군 연합부대가 일본군 제19사단의 월강추격대대를 무찌르고 크게 승리한 기념비적인 사건이다. 하지만 투먼圖們 시내에서 북쪽으로 7km 정도 떨어진 봉오동 전투 현장은 저수지 건설로 대부분 수몰됐고, 그나마 바리케이드로 막아 놓아 접근조차 불가능한 상태이다. 봉오 저수지 관계자는 예전에는 한국인들이 들어갈 수 있었지만, 지금은 상부에서 통지가 내려와야 가능하다면서 원칙적으로 못 들어간다고 말했다.

　수자원 보호라는 명분을 내세워 저수지 안에 있는 봉오동 전투 기념비 방문조차 불허하고 있다. 바로 부근 석현石峴진에 '수남촌水南村'이라는 전형적인 조선족 마을이 있다. 중국에서 아름다운 휴양촌으로 선정될 만큼 수남촌은 한적하고 깨끗한 마을이다. 400여 가구

봉오동 전투 현장에 건설된 투먼 봉오 저수지 입구(왼쪽). 바리케이드로 막아놓았다. 청산리 대첩비 입구 검문소(오른쪽). 이곳 도로 역시 출입이 통제되고 있으며 감시용 CCTV가 설치되어 있다.

가 거주하는 이 촌락은 대부분 자식을 한국과 일본 등으로 내보낸 조선족 노인들이 농사를 지으며 산다. 이곳에서 남쪽으로 8km 정도 내려가면 북중 국경을 이루는 두만강변이다. 그런데 이곳 수남촌 주민조차 기념비 방문이 어렵다고 말한다. 한 수남촌 주민은 봉오 동 전투 100주년 6월에 겨우 비준받아서 한번 갔다 왔다고 말했다.

청산리 대첩 가운데 최대 격전지로 꼽히는 곳은 허룽和龙시 청 산리青山里 어랑촌漁浪村이다. 1920년 10월 21~26일 일본군을 피해 백두산 기슭으로 이동하던 김좌진의 북로군정서군과 홍범도의 연 합부대가 청산리 골짜기 일대에서 일본군과 싸워 대승을 거둔 곳 이다. 마을에는 어랑촌 항일 유적 근거지라고 써진 기념 비석이 세 워져 있지만 청산리 대첩과 관련된 내용은 비석 어디에서도 찾아볼 수 없다. 비석 뒷면엔 중국공산당의 항일투쟁만 기록돼 있다. 어랑 촌 주민들조차 청산리 대첩 기념비에 대해 알지 못했다. 인근 청산 촌에 세워진 청산리 항일대첩기념비는 현재 중국 공안이 검문 초소를 만들어 놓고 길목을 막아 아예 접근조차 불가능한 상태이다. 현지 공안은 청산리 대첩비가 세워진 곳이 상부의 지시에 따라 다 봉쇄됐다며 높은 꼭대기에 카메라를 설치해 원격으로 늘 감시하고 있다고 말했다.

한중 양국은 2001년 전투현장 인근인 골짜기 초입에 화강암으로 된 17.6m 높이의 '청산리항일대첩기념비'를 세웠다. 하지만 기념탑 뒤쪽 벽면에 설치했던 건립취지문이 사라졌다. 건립취지문에는 원래 김좌진·홍범도 장군과 항일연합부대를 언급하면서 한국어와 중국어로 "조선 인민의 반일 민족독립운동을 주동한 역사로서 청사에 새겨졌다."라는 평가가 적혀있었다. 하지만 현재 건립취지문 석판은 사라졌다. 중국은 동북 지역에 산재한 우리의 항일 운동 역사현장을 중국공산당 위주로 다시 정리하는 작업을 벌이고 있다.

허룽和龙에는 청산리 대첩을 승리로 이끈 김좌진 장군의 북로군정서 서일 총재를 비롯해 나철 대종사, 김교헌 종사 등 '대종교 3종사'의 묘소가 있다. 대종교 3종사는 모두 항일투쟁을 한 공로로 대한민국 건국훈장을 받은 독립유공자이다. 하지만 묘소 관리가 제대로 되지 않아 진입로에는 수풀이 가득하고 봉분도 일부 훼손됐다. 지방 정부는 묘소 주변에 카메라를 설치했는데 관리용이 아닌 감시용으로 느껴졌다. 누구라도 허가 없이 묘소를 찾으면 공안이 곧바로 출동하기 위해서다.

사오위춘邵宇春 전 랴오닝성 사회과학연구원 교수는 2020년 10월 26일, 선양에서 열린 '봉오동·청산리 전투 100주년 기념행사'에서 청산리전투에 대해 "만주 항일투쟁사에서 길이 빛날 역사적인

사건으로, 조선인의 강렬한 반일 민족의식을 반영한다."라고 평가
했다. 사오 교수는 청산리전투의 승리 요인으로 "각 지도자가 힘을
합쳐 신속하고 기개 있게 전투를 지휘했고 지형을 완전히 숙지하
고 있었다."라는 점을 꼽았다. 그는 청산리 대첩의 승전보는 중국인
들에게 많은 영향을 미쳤다며 청산리 대첩 이후 중국의 젊은이들은
독립군과 함께 항일 대오에 함께 했다고 주장했다.

안중근 가족 표지석 철거,
이상설 기념비 뜯겨져

중국 산둥성 웨이하이威海시 젠셔建設가 101호는, 지금은 아파트가 들어서 예전의 모습을 찾아볼 수 없지만, 안중근 의사의 친동생인 안정근 선생이 1926년부터 10년간 거주했던 곳이다. 안정근 선생은 형 안중근 의사의 유해 수습에 실패한 뒤 1918년 무오 독립선언서에 참여하고, 상해 임시정부 활동과 간도 지역 독립군 자금을 모금하는 등 항일독립운동 공로로 1987년 건국훈장 독립장이 추서됐다. 안정근 선생의 주거지가 알려진 건 안중근 의사를 흠모한 한 중국 학자의 노력 덕분이다. 바로 청일전쟁 연구가인 쑨젠쥔孫建軍이다. 그는 조선사람 안정근이 살던 집이 바로 젠셔거리建設街 101호라며 20~30년대 많은 옛 사진을 통해 확인했다고 말했다.

1936년 주 칭다오 일본 영사관 기밀문서를 통해서도 방 7칸인 주택에서 거주하며 독립운동을 한 사실을 확인했다. 이후 웨이하이시는 2019년 5월, 안정근 옛 거주지라고 쓴 표지석을 세웠다. 중국 정부가 안중근 의사 가족 거주지를 처음으로 항일 유적지로 인정한 것이다. 기념 바위 표면에 금색으로 '렌허리聯合里 11호. 안정근 옛

'2019년 5월에 설치된 안중근 옛 거주지' 표지석(왼쪽). 2017년 8월에 세웠으나 쓰러진 채 방치된 헤이그특사 이상설 선생 항일 기념비(오른쪽).

거주지. 안중근의 동생. 1926~1935년 웨이하이에서 은거'라고 써 놓았다. 평생 중국 전역을 떠돌아다니며 독립운동을 벌였던 안정근 선생의 웨이하이에서의 행적은 알려진 게 별로 없다. 이런 상황에서 안 선생이 웨이하이에서 거주했던 주거지 터를 발견하고, 그 터에 표지석을 세운 것은 우리 독립운동사에 남다른 의미가 있다. 하지만 2년도 안 돼 표지석은 온데간데없이 철거됐고 주변은 수풀만 무성하다.

러시아와 맞닿은 중국 접경 도시 헤이룽장黑龙江성 미산密山의 한흥동韓興洞, 오늘날의 린후촌:临湖村은 김좌진, 홍범도 장군 등을 배출했던 독립군 기지가 있던 곳이다. 이곳을 설립했던 헤이그 특사 이상설 선생의 순국 100주년을 맞아 2017년 8월, 그를 기리는 항일기념비가 세워졌다. 하지만 중국 당국이 돌연 제막식 행사를 일방적으로 취소하고 기단 위에서 기념비를 뜯어놓았다. 비석을 내린 뒤에는 비석 글씨를 보지 못하게 흙으로 덮었다. 행사를 취소한 건 북한의 ICBM 발사 이후 우리 정부의 사드 발사대 추가 배치 결정 직후이다. 사드 보복으로 기념비가 기단에서 뜯겨진 채 흉물스럽게 방치돼 있다. 인근 주민은 당시 비석을 세우고 얼마 지나지 않아 기념비를 넘어뜨렸다고 말했다. 일제강점기 중국 내 항일 유적지가 사드 보복의 희생양이 되어 수난을 겪고 있다.

뤼순감옥을 떠나지 못하는
안중근 유해

1904년 2월 시작된 러일전쟁 격전지 가운데 하나가 중국 랴오둥반도의 끝 뤼순旅順이다. 산으로 둘러싸여 천혜의 요새로 불리는 뤼순항은 베이징과 톈진으로 통하는 바다의 길목이라 지금도 중국 북해함대 해군 기지가 자리 잡고 있고 잠수함 기지도 있다. 일제는 요새를 구축하고 기다리던 러시아군을 격전 끝에 물리치고 결국 뤼순을 차지했다. 일제는 1905년 열강의 각축장이던 뤼순항이 내려다보이는 백옥산白玉山에 포탄 모양의 승전기념탑을 세웠다. 높이 66.8m의 승전탑은 일제가 뤼순을 점령할 때 사용한 18문의 280mm의 곡사포의 탄두 모양으로 만들었다. 러일전쟁에서 사망한 일본군 시신 2만 2,723구의 영혼을 달래고 무력을 과시하기 위해 하늘을 찌를 듯 솟구쳐 서있다.

러시아를 물리친 일제는 관동 도독부를 뤼순에 설치해, 대륙 침략의 야욕을 드러냈다. 실제로 일제는 백옥산을 요새화하려고 대규모로 갱도를 조성했다. 뤼순을 점령하면 서해와 보하이만의 제해권을 장악하게 되고 물길을 통해 수도 베이징을 공격할 수 있다는 전략적 판단에 따른 결정이었다. 또 뤼순을 점령한 일제는 통치 강화를 위해 러시아가 만들어 놓은 감옥을 확장했다. 현 뤼순감옥을 보면 러시아가 지어 놓은 회색 벽돌 1층 위에 일본이 붉은색 벽돌로 2, 3층을 증축한 사실을 알 수 있다. 감방 270여 개에 최대 2천 명까지 수용할 수 있는 당시로서는 동아시아 최대 규모였는데, 뤼순 법원에서 재판받은 다양한 국적의 죄수들이 수감됐다.

뤼순감옥 박물관 측은 유대인뿐만 아니라 이집트인, 미국인도 있었고, 유대인과 이집트인은 주로 소련의 사주로 다롄에서 일본 군사 정보를 정탐했다고 말했다. 지금도 뤼순감옥 한쪽 벽면에 다양한 나라의 언어로 써진 글자를 확인할 수 있다. 동쪽 3층 감방은 정치범을 수용하는 독방 32개가 있다. 감방문을 열고 들어서면 나무 바닥과 천장이 예전 모습 그대로 남아 있는데, 벽에는 수감자들의 낙서도 있다. 당시 수감자가 벽에 새겨둔 양력 날짜는 자신의 수감된 일자를 가리킨다고 박물관 측은 설명했다.

일제는 안중근 의사나 단재 신채호 선생 등 항일 애국지사들을 정치범으로 분류해 이 같은 독방에 수감했다. 일제는 수감자들을 가혹하게 다뤘다. 뤼순감옥에는 컴컴한 지하 감방 4개를 마련해 감옥 규칙을 어기거나 간수에 저항하는 죄수를 주로 수감했다. 빛을 완전히 차단한 비좁은 감방에 수형자를 묶어서 암흑 생활을 강요했는데, 열흘 이상 갇혀 있으면 실명하는 사례가 속출하기도 했다. 정치범으로 분류된 수감자에게는 사상 개조라는 이름으로 고문이 자행됐다. 형틀을 비롯한 각종 고문 기구들은 보기만 해도 끔찍한데, 이를 견디지 못한 수감자들은 스스로 목숨을 끊기도 했다. 또 일본인의 욕설과 폭행을 견딜 수 없어서 우물에 뛰어들어 자살하기도 했다.

국권이 회복되면 고국으로 빈장返葬해달라는 안중근 의사의 간절한 바람에도 아직까지 유해를 찾지 못하고 있다. 광복이 무색한 일이고 후손으로서 면목 없는 일이다. 안중근 의사는 뤼순감옥에서 1910년 3월 26일 사형이 집행됐다. 당시 가족들의 강력한 시신 인도 요구를 묵살한 일제는 안 의사의 시신을 압수한 뒤 극비리에 뤼순감옥 묘지에 매장했다. 이날 저녁, 매장 완료 보고를 받은 안중근 재판의 최고 책임자인 뤼순 고등법원장 히라이시 요시토平石義人는 관사에서 성대한 술판을 벌였다. '안중근 사건 관계자 위로 만찬회'라는 이름의 축하연에는 고급 요정에서 동원된 기생들과 일왕의 하사금이 한껏 분위기를 고조시켰다. 이날 이후 시신의 행방은 알 수 없는 미궁에 빠졌다.

현재 안중근 의사의 매장지를 추론할 수 있는 문서는 사형집행 당시 조선 통감부 통역인 스노끼가 작성한 '사형집행 시말 보고서'다. 일본어로 쓰인 이 보고서를 보면 "10시 20분 안安의 시체는 특별히 감옥서監獄署에서 만든 침관寢棺에 이를 거두고 흰색 천을 덮어서 교회당으로 운구되었는데, 이윽고 그 공범자인 우덕순, 조도선, 유동하 3명을 끌어내어 특별히 예배하게 하고 오후 1시에 '감옥서의 묘지'에 이를 매장했다." 스노끼 보고서는 안 의사의 매장지를 '감옥서 묘지'로 적고 있다. 또 사형이 집행된 다음날 발행된 만주일일신문滿洲日日新聞도 "안중근 사체는 오후 1시 '감옥 공동묘지'에 묻었다"고 보도했다. 이외에도 오사카 마이니치 신문과 도쿄일일신문 등에서도 안 의사의 매장지로 "감옥 공동묘지"가 공통적으로 등장하고 있다.

그렇다면 사형집행 시말 보고서와 신문 기사에 등장하는 '뤼순 감옥 공공묘지'가 어디일까? 현재 중국 정부가 공식 인정하고 있는 '뤼순감옥 공공묘지'가 있다. 옛 뤼순감옥에서 1.2km 떨어진 '둥산포東山坡'다. 아직까지 개발이 이루어지지 않은 나지막한 야산이다. 이곳에는 현재 잡목이 무성하고 일반인 묘지도 다수 들어서 있다. 하지만 턱밑까지 고층 아파트가 들어선 상태다. 개발 위험이 커지자 다롄시大連市 문물관리위원회는 2001년 1월, 이곳에 뤼순감옥 구지묘지旅順監獄旧址墓地라는 비석을 세우고 전국 중점 문물 보호단위로 지정했다. 더 이상의 개발을 막고 있는 것이다. 지정 면적은 2,000㎡ 정도로 300여 명을 매장할 수 있는 규모다. 이 지역은 뤼순감옥이 1907년부터 1942년까지 사형수와 병사한 죄수 대부분을 묻은 초기 감옥 묘지터로 알려져 있다. 실제로 이 뤼순감옥 공공묘지에서는 1965년과 1971년 두 차례 발굴에서 시신 15구가 발견됐다. 이 때문에 이 지역에 안 의사가 묻혀 있을 가능성이 높다고 보고 있다. 김월배 중국 다롄외국어대 교수는 이 지역에 대한 발굴이 이뤄진다면 소나무 관에 안치돼 있고 독실한 천주교 신자로서 목에 십자가를 두르고 계신다면 안중근 의사일 가능성이 매우 높다고 지적한다.

과거 국가 보훈처가 특히 이 지역에 대한 발굴에 공을 들이는 이유는 현재로서 다른 대안이 없기 때문이다. 2008년 4월, 뤼순감옥 북쪽 야산에 대한 발굴조사를 벌였지만 깨진 그릇 몇 점만 발굴했을 뿐 유해 발굴은 실패했다. 특히 뤼순감옥 주변은 잇단 개발로 백여 년 전 지형과 많이 달라졌다. 시간이 흐를수록 개발의 속도는 더욱 빨라지고 있다. 따라서 우리 정부는 중국 정부가 공식 인정한 '뤼순감옥 공공묘지'에 대한 조사를 서두르고 있다. 국가 보훈처는 뤼순감옥 공공묘지에 대해 땅을 파지 않고 유해를 탐지할 수 있는 지표 투과 레이더 조사GPR를 중국 측에 허가해 달라고 요청한 상태다. 전면적인 땅 파기 발굴에 들어갈 경우 자칫 일반인 묘역의 유해를 훼손할 수 있다는 현실적인 우려 때문이다.

우선 지표 투과 레이더 조사를 통해 땅속을 탐지해 '소나무 관'을 찾겠다는 것이다. 이 조사로 유해를 찾을 수 있다고 장담할 수 없지만, 다른 대안이 없고 단 1%의 가능성도 놓칠 수 없다는 절박감 때문이다. 하지만 중국 정부는 이제껏 지표 투과 레이더 조사에 대해 허가 여부를 밝히지 않고 있다. 중국이 소극적인 이유는 우선 황해도 해주 출신인 안 의사에 대해 연고권을 주장하고 있는 북한의 입장을 고려한 것으로 보인다. 중국은 남북한이 공동으로 발굴을 하든지 아니면 적어도 북한의 동의가 있어야 한다는 입장을 내세우고 있다. 또 뤼순 지역은 군사적으로도 중요한 곳인데, 지표 투과 탐사를 할 경우 지표면 아래 기밀 시설이 드러날 수 있다는 이유로 중국 측은 탐사에 난색을 표했다.

2008년 한 차례 이뤄진 발굴조사도 2007년 4월 남북이 공동 발굴단을 파견하기로 합의하고 중국 측에 요청했기 때문에 가능했다. 범정부적인 노력이 필요한 이유다. 유해를 못 찾는 건 안중근 의사뿐만이 아니다. 안 의사의 모친과 부인, 두 동생 유해도 어디 있는

지 모른다. 안 의사가 사형 판결을 받자, 모친인 조마리아 여사가 아들에게 보낸 '조마리아의 전갈'은 너무나 유명하다. "네가 만약 늙은 어미보다 먼저 죽는 것을 불효라 생각한다면 이 어미는 웃음거리가 될 것이다. 너의 죽음은 너 한 사람 것이 아니라 조선인 전체의 공분을 짊어지고 있는 것이다. 네가 항소를 한다면 그것은 일제에 목숨을 구걸하는 짓이다. 네가 나라를 위해 이에 이른즉 딴 맘먹지 말고 죽으라." 이 편지를 쓰고 얼마나 많은 눈물을 흘렸을까.

조마리아 여사는 대한민국 임시정부 경제 후원회에 가담해 임시정부 인사들에게 많은 도움을 준 것으로 알려져 있다. 이후 조마리아 여사는 1927년 7월, 상하이에서 별세해 프랑스 조차지 안의 외국인 묘지인 찡안쓰静安寺 만국공묘万国公墓에 묻혔다. 하지만 현재 이 묘지는 도시 개발로 사라졌다. 1955년 무렵 상하이시 정부가 묘소를 쉬자후이徐家汇 만국공묘현재 송경령 능원로 이전하면서 조 여사의 유해가 이장되지 못했다. 부인 김아려 여사도 1949년 2월, 상하이에서 조마리아 여사와 같이 찡안쓰 만국공묘에 묻혔지만, 그 뒤 묘소를 알 길이 없다. 동생 안정근安定根과 안공근安恭根도 상하이上海와 충칭重庆에서 돌아가신 뒤 지금껏 유해를 찾지 못하고 있다. 외국 땅을 떠도는 불귀의 객이 된 안중근 의사 일가는 지금 조국 대한민국을 어떻게 생각할까? 영국 〈더 그래픽The Graphic〉지가 당시 보도한 안중근 의사 공판 참관기의 일부다. "그는 이미 순교자가 될 준비가 돼 있었다. 준비 정도가 아니라 기꺼이, 아니 열렬히, 자신의 귀중한 삶을 포기하고 싶어 했다. 그는 마침내 영웅의 왕관을 손에 들고 늠름하게 법정을 떠났다."

안중근 의사뿐만 아니라 뤼순감옥에서 순국한 다른 애국지사 유해 찾기도 제자리를 맴돌고 있다. 1934년에 작성된 관동청 요람에 따르면 뤼순감옥에 수감된 조신인은 216명이다. 1934년 이후 수감자는 기록이 남아 있지 않아 뤼순감옥 중국인 근무자의 증언에 의존하고 있을 뿐인데, 적지 않은 수였던 것으로 보인다. 김월배 다롄외국어대 교수는 "1945년에 수감된 사람은 2,000명이고, 그 중에 1,000명은 중국인, 300명은 조선인이라고 증언하고 있다."라고 말했다. 이 가운데 항일 지사들은 어느 정도나 됐고 또 얼마나 처형되거나 옥사했는지 아직까지 정확하게 밝혀지진 않았다. 1934년 작성된 관동청 요람에 조선인 사형자가 12명이란 기록이 있고, 1942년부터 1945년까지 뤼순감옥에서 처형된 사람이 700여 명이라는 점은 확인됐지만, 조선인 사형자는 누구고, 또 처형된 700여 명 가운데 조선인은 얼마나 되는지 등은 알려지지 않았다.

뤼순감옥 박물관 측은 일본이 투항하기 전날 밤에 뤼순감옥의 문서자료를 대부분 소각해서 한국 애국지사와 혁명가에 대한 연구에 어려움이 있다고 말했다. 이런 제약 때문에 지금까지 확인된 뤼순감옥 순국자는 안중근 의사와 단재 신채호 선생, 만주에서 활동하던 독립운동가 박민항, 황덕환 등 7명에 그치고 있다. 다만 증언으로 미뤄볼 때 적지 않은 조선인이 처형됐으리라는 점은 간접적으로 짐작할 수 있다.

현재 다롄시 당안관에는 뤼순감옥 수감자 1,248명의 금판이 보관돼 있는데 금판에 적힌 수감자 명단과 사진 등을 분석하면 조선인 여부를 파악할 수 있다. 하지만 중국 당국이 금판을 전부 공개하지 않고 있다. 일부 공개된 명단에서 한국인 고유 성씨를 중심으로 조선인 수감자를 추정만 하고 있을 뿐이다. 중국의 국부로 불리는 쑨원孫文은 안중근 의사의 공적이 한반도 전체를 덮을 정도로 위대하다며 '공개삼한功盖三韓'이라고 칭송했고, 저우언라이周恩來 총리는 톈진天津 난카이南开대학을 다닐 때 연극 '안중근'에 다수 출연했다. 당시 저우언라이 총리는 안중근에 대해 "중·조 인민의 일제 침략 반대 투쟁은 20세기 초 안중근이 하얼빈에서 이토 히로부미를 암살하면서 시작됐다."라고 평가했다. 한중 관계가 사드 사태로 풍파를 겪으면서 우리의 영웅 찾기는 한 발짝도 나아가지 못하고 있다.

독립군 기지에 나타난 백두산호랑이

2021년 4월, 미산의 린후촌臨湖村이 발칵 뒤집힌 사건이 발생했다. 린후촌은 말 그대로 호수를 접한 마을이란 뜻이다. 바로 싱카이興凱호수이다. 이 호수는 제주도 두 배가 넘는 4,830km²에 이른다. 워낙 크다 보니 수평선이 보이고 물결이 칠 정도이다. 호수의 북쪽은 중국 쪽에, 남쪽은 러시아에 속해 있는 국경 호수이다. 독립군의 근거지였던 봉밀산蜂蜜山도 인근에 있다. 그런데 몸무게가 200kg이 넘는 야생 백두산 호랑이가 23일 오후 1시 무렵, 이 린후촌 시골 들판에 나타났다. 드넓은 밭고랑 사이를 어슬렁거리던 거구의 백두산 호랑이는 인근의 차량을 발견하고 그대로 내달려 돌진했다. 놀란 운전자는 황급히 차를 몰아 자리를 뜨려 했지만, 호랑이가 바로 자동차 뒷문과 유리창을 파손했다.

당시 차량 운전자는 "우리도 급히 돌아가려고 했어요. 그때 너무 긴장돼서 창문을 닫을 생각도 못하고 도망가려 했어요. 그런데 그때 이미 호랑이가 왔어요."라고 말했다. 야생 호랑이는 뒤이어 근처 옥수수 밭에서 일하던 마을 주민을 향해 전속력으로 내달렸다. 백두산 호랑이는 육중한 몸체로 급기야 주민까지 덮치고 달아났다. 호랑이에게 습격당한 주민은, 인근에서 경적을 울리며 구조에 나선 차량에 의해 가까스로 목숨을 건졌다. 피해 주민은 병원에서 어깨 봉합 수술을 받은 뒤 퇴원했다. 구사일생으로 목숨은 건졌지만, 한동안 손을 자유롭게 쓰지 못했다. 피해 주민은 "호랑이가 점점 다가오는 걸 보고 놀라서 멍하게 굳었어요. 호랑이가 나를 향해 달

미산 밭에 나타난 백두산 호랑이. 2~3살 정도의 수컷으로 몸무게가 225㎏에 달했고, 밭에서 일하던 농민을 덮치고 달아났다.

려왔고 두 발톱이 내 머리 위를 치고 어깨를 문 뒤 포효를 내지르고 달아났어요."라고 말했다. 주변엔 경찰들도 있었지만 엄두를 내지 못하는 상황이었다. 당시 차량을 몰고 직접 구조에 나선 주민은 "제가 그 아주머니를 태우고 차를 돌렸을 때 호랑이가 우리를 돌아봤어요. 그때가 가장 무서웠어요."라고 회상했다.

　백두산호랑이는 마을을 10시간 정도 배회하다 마취제 5발을 맞은 뒤 그날 밤 9시쯤 포획됐다. 민가 주민은 마취총을 맞은 야생 호랑이가 술에 취한 사람처럼 흐느적거리며 밭고랑을 타고 왔다고 말했다. 도랑에는 백두산 호랑이의 발자국이 선명하게 남아 있었다. 생포된 백두산호랑이는 보호센터로 옮겨진 뒤 한 달 가까이 격리 관찰과 검사를 받았다. 호랑이는 몸무게가 225㎏에 달하는 2~3살 정도의 수컷으로 확인됐다. 중국 당국은 이 호랑이를 '완다산完达山 1호'로 이름을 붙이고 중국과 러시아의 국경을 오가며 활동하는 시베리아 호랑이라고 결론을 지었다. 호랑이가 나타난 린후촌과 러시아 국경이 불과 10km 정도 밖에 떨어지지 않았기 때문이다.

중국과 러시아 국경을 흐르는 우수리강을 중심으로 한 중러 접경지역은 광활한 숲지대가 형성돼 있다. 이 때문에 백두산호랑이가 국경을 자유롭게 넘나들며 서식하는 것으로 파악됐다. 백두산호랑이라고 부르는 야생호랑이는 러시아에서는 시베리아호랑이 혹은 아무르강 유역에 산다고 해서 아무르호랑이라고 부르고, 중국에서는 둥베이후东北虎라 부르며, 북한에서는 조선범이라고 부른다. 현존하는 가장 큰 고양이과 동물이자 멸종위기 1급 보호 동물이다. 러시아 시호테 알린 산맥에서 중국 동북부로 이어지는 광활한 숲지대는 한반도의 백두산으로 이어지고, 백두대간을 따라 한때는 아무르호랑이, 백두산호랑이가 한반도 전역에 퍼졌다.

보호센터는 생포한 호랑이 몸에 위치 추적기를 붙여 다시 자연으로 돌려보냈다. 그런데 문제가 생겼다. 방사된 호랑이가 200km를 남하해 조선족 동포들이 많이 사는 옌볜자치주의 왕칭汪清현으로 들어온 사실이 확인되면서 주민들이 불안과 공포에 떨었다. 한 마을 주민은 호랑이가 밤에 나온다는 것을 알고부터 저녁 먹은 후에는 밖에 안 나간다고 말했다. 호랑이 출몰 소식에 옌볜 당국도 주민들에게 아예 산에 가지 말라고 당부했다. 호랑이와 표범의 출몰이 잦아지면서 입산을 금지한다는 현수막이 산 곳곳에 내걸렸다. 주민들의 공포감도 갈수록 커졌다. 왕칭에는 과거 잇단 호환으로 피해를 당한 적이 있어 주민들의 공포감은 더했다. 비슷한 시기 호랑이의 습격으로 방목하던 소를 7마리나 잃었던 농민은 몸서리를 쳤다. 한 농민은 "지금 호랑이가 너무 많아요. 사람들이 모두 두려워해요. 산에 가기 싫은데 안 갈 수도 없고 소가 저렇게 많은데요."라고 말했다.

러시아는 2012년 호랑이와 표범을 보호하기 위해 연해주 29만km²의 땅을 국립공원으로 조성했다. 그 덕분에 서식환경이 복원되면서 야생 백두산 호랑이가 500~600마리까지 늘어난 것으로 알려져 있다. 중국은 2021년 10월 헤이룽장성과 지린성 일대 1만 4,100km²를 야생 백두산 호랑이·표범 국가공원으로 지정, 보호에 나섰다. 둥베이후东北虎, 동북호랑이는 헤이룽장성과 지린성 일대에 60여 마리가 서식하는 것으로 파악한다.

개체수가 늘어나면서 백두산 호랑이가 중국 국립공원 내 카메라에 자주 포착되고 있다. 백두산호랑이 모자 4마리가 한꺼번에 찍히기도 했고, 꽃사슴을 사냥하는 모습도 처음 포착됐다. '백두산호랑이'로 불리던 포수 출신 홍범도 장군도 아마 독립군 기지인 미산에서 출몰하는 백두산호랑이를 마주했을 것이다.

홍콩보안법:
부메랑으로 돌아온 역풍

가깝지만 너무 먼
홍콩인과 본토인

2014년, 79일 만에 막을 내린 홍콩 도심 점거 시위가 해를 넘겨 중국 최대 명절인 춘절春节·중국설을 앞두고 새로운 양상으로 전개됐다. 반反유커游客 시위다. 2월 15일, 홍콩 신계新界지역 샤톈沙田구의 한 쇼핑몰에서 중국인 관광객 '유커'가 봉변을 당하는 일이 발생했다. 꾸러미 물건을 사들고 나오던 한 관광객은 주변에 있던 한 무리의 군중으로부터 "중국으로 돌아가라"는 야유를 들었다. 밀수꾼이나 다름없는 사재기 업자라는 비난도 섞여 나왔다. 당황한 빛이 역력한 이 관광객은 자신은 사재기 업자가 아니고 춘절에 친척들에게 나눠줄 과자 선물을 샀다고 항변했지만 소용이 없었다. "중국으로 꺼져라"는 욕설이 난무하고 "중국인은 애국자이니까 중국에서 돈을 쓰라"는 조롱 섞인 팻말까지 등장하면서 본토 중국인의 감정을 자극했다.

　이 때문에 쇼핑몰 곳곳에서 시위대와 유커 간에 몸싸움도 벌어졌다. 쇼핑몰은 아수라장으로 변했다. 이들 시위대는 중국인 관광객들이 사재기에 나서면서 홍콩의 물가가 뛰고 생활이 불편해졌다

고 비난한다. 이날 '반反유커 시위'는 결국 경찰이 출동해 마무리됐
지만 3명이 부상했다. 해마다 춘절 연휴에 밀려드는 중국 본토 관광
객들로 도심이 거의 점거되다시피 하면서 홍콩인들의 불만이 많다.
홍콩의 중심가 침사추이尖沙咀에 위치한 샤넬과 에르메스 매장 앞에
는 입장을 기다리는 수많은 관광객들이 줄을 길게 늘어서 기다리는
경우가 다반사다. 시내에서 버스 타기도 힘들고 교통은 혼잡하다.

홍콩 어딜 가나 시끄럽게 떠드는 중국인 관광객뿐이다. 홍콩 주
민들은 조용하게 지낼 여가 공간을 빼앗겼다고 생각한다. 여기에
싹쓸이 쇼핑에 남아나는 게 없다. 화장품은 물론 분유와 기저귀 같
은 생필품까지 품귀현상을 빚을 정도다. 시위로 춘절 대목을 날리
지 않을까 걱정하는 홍콩 도심 상인들의 불만에도 불구하고 이들의
시위는 홍콩인들을 하나로 묶었다.

홍콩 북서부 선전深圳 인근 튄먼屯门구 쇼핑몰에서도 '반유커 시
위'가 벌어졌다. 홍콩 시민 800여 명이 참여했다. 시위대는 유커가
탄 관광버스로 몰려가 "홍콩을 떠나라"고 고함을 지르는가 하면 "광
복 튄먼屯门"을 외치며 거리행진을 벌였다. 또 중국인 관광객들이
자주 들리는 상점 앞으로 몰려가 항의 시위를 벌여 경찰이 출동하
기도 했다. 이날도 시위대는 경찰과 충돌했고 13명이 체포됐다. 홍
콩 당국은 홍콩의 이미지를 훼손하는 법질서 파괴행위로 규정하고
시위 자제를 요청했지만 옛 영국 식민지 시절 홍콩 깃발까지 등장
하면서 극도의 반중 정서까지 드러냈다.

'반유커 시위'를 주동하고 있는 단체는 열혈공민熱血公民과 본토
민주전선本土民主前線이다. 특히 '열혈공민'은 극우 색깔을 띤 급진 정

반유커 시위에 등장한 옛 영국 식민지 시절 홍콩 깃발. 극도의 반중 정서를 드러냈다.

치 단체로 알려졌다. 홍콩의 본토 귀속을 반대할 뿐만 아니라 '홍콩 건국'을 주장하고 있다. 이들 단체는 홍콩으로 몰려오는 중국인 관광객, 이른바 '유커'에 대한 반감을 노골적으로 드러내고 확산시켰다. 이들은 본토인들을 '메뚜기 떼'로 폄하하며 중국으로 돌아가라고 주장했다. 반反메뚜기 캠페인을 벌였다.

열혈공민은 2012년에도 홍콩과 거대한 메뚜기를 묘사한 반反중국 광고를 홍콩 일간지에 실어 사회적으로 큰 파장을 몰고 왔다. 풍요로운 홍콩을 갉아 먹으려는 메뚜기를 그렸다. 광고 문구는 굉장히 자극적이다. "당신홍콩인은 홍콩이 홍콩에서 태어난 본토 아이들을 교육하는 데 매 18분마다 100만 홍콩달러1억 5,000만 원 정도를 지불하기를 원하는가?"라는 광고를 통해 홍콩에 있는 본토인에 대한 반감을 직설적으로 드러냈다. 이들은 중국인 관광객을 '수이커水客, 밀수업자'로 매도하면서 비난 수위를 높였다. 이들은 인터넷을 통해 시위 참가자를 모으고 여러 방식으로 여론을 형성했다.

2015년 3월, 홍콩 첵랍콕 국제공항 환승장에서 보기 드문 장면이 연출됐다. 20여 명의 중국인 관광객, 이른바 '유커'들이 "난 홍콩에서 쇼핑하지 않는다."라고 쓰인 붉은색 어깨띠를 둘렀기 때문이다. 공개적으로 홍콩에서 물건을 사지 않을 테니 걱정하지 말라는 셈이다. 빈발하고 있는 반유커 시위에 대한 항의를 담고 있어 한때 홍콩 공항이 술렁였다. 이들은 홍콩을 경유해 프랑스로 가는 중국 본토 공무원단으로 알려졌다.

그 후 본토인을 자극하는 사건이 발생했다. 홍콩 신계新界 지역 성수이上水와 뭰문屯门, 침사추이尖沙咀 등에서 발생한 반유커 시위 때문이다. 이날도 중국인 보따리상 때문에 물가가 상승했다면서 150여 명의 홍콩 시민이 참여하는 항의 시위가 벌어졌다. 시위가 발생하자 부근 약국, 금은방 등 상점들은 아예 문을 걸어 잠갔다. 그런데 시위가 격화되면서 시위대가 중국인으로 보이는 행인을 공격하는 사태까지 벌어졌다. 일부 시위 참가자는 중국인으로 보이는 행인에게 "중국으로 돌아가라"고 고함치는가 하면 가방과 쇼핑 카트를 발로 차는 등 폭력적인 행동을 보였다. 특히 한 노인이 시위대 때문에 바닥에 넘어지는가 하면, 길을 가던 모녀가 시위대에 포위돼 겁에 질린 아이가 울음을 터트리는 사진이 중국 언론을 통해 대대적으로 보도되었다.

이를 본 본토인들은 홍콩 시위대에 대해 공분을 터트렸고 경찰의 강력한 검거를 촉구하는 사태까지 벌어졌다. 홍콩인들의 반 유커 시위가 중국 본토인과의 감정싸움으로 격화되었다. 중국 언론들은 이 사건 이후 보따리상 반대 시위를 일제히 만행으로 규탄했다. 심지어 본때를 보여야 한다는 격앙된 반응을 보이기도 했다. 보따리상 반대 시위가 아니라 '반본토' 행위라고 규정했다.

사실 겉으로 봐서는 그 유커가 밀수업자인지 아니면 순수 여행 관광객인지 알 수 없다. 실제로 홍콩 출입국 당국도 본토 중국인들의 밀수 행위가 늘어나고 있다는 아무런 증거가 없다고 말했다. 그런데도 그런 주장을 펼치는 데는 홍콩인들의 반중 정서를 시위 동력으로 삼으려는 시도로 보인다. 영국 식민 통치 155년의 간극이 너무 커 보인다. 이런 정서는 반유커 시위가 급진적으로 진화할 토대가 되었다. 하지만 홍콩 국가보안법 도입으로 인해 홍콩의 민주화 운동과 관련된 단체들은 활동이 거의 불가능해졌고, 많은 활동가들이 투옥되거나 국외로 망명했다.

제 발등 찍은
'호주 때리기'

　홍콩은 중국의 본심을 알 수 있는 '리트머스'다. 2020년 홍콩 국가보안법이 통과된 후, 가장 민감하게 반응한 곳은 타이완臺灣이다. 중국의 진심을 알았기 때문이다. 중국이 주장하는 '일국양제一国两制'를 더 이상 신뢰할 수 없다는 인식이 크게 확산됐다. '일국양제'는 중국이 타이완을 통일하기 위해 제안한 모델로, 홍콩과 마카오처럼 타이완이 고도의 자치권을 유지하면서 중국 일부로 남는 방안이다. 하지만 홍콩에서 보안법이 시행되면서 이 모델이 타이완에서 더 이상 실현 가능해 보이지 않게 되었다. 타이완 내 독립 지지 세력은 더욱 힘을 얻게 되었다. 타이베이臺北를 비롯한 주요 도시에서 많은 시민들이 홍콩의 민주주의와 자치권 훼손에 대해 항의하며 연대의 뜻을 표명했다.

　많은 시민 단체가 대규모 집회를 열어 중국의 억압적인 정책을 비판했다. "오늘의 홍콩은 내일의 타이완이 될 수 있다"라는 경고와 함께, '일국양제'가 실질적으로 자치권을 보호하지 못하며, 중국이 약속을 쉽게 번복할 수 있는 사례로 보았다. 차이잉원蔡英文 총통도

타이완은 '일국양제'를 절대 받아들이지 않을 것이라고 강력히 표명하며, 홍콩에서 탈출해 타이완으로 오는 사람들에게 인도적 지원을 제공하겠다고 밝혔다. 이로 인해 다이완 내 중국과의 통일을 반대하는 여론이 더욱 강해졌다.

서방 국가들도 일제히 반발했다. 미국에 이어 영국·호주·캐나다 3국은 물론 유럽연합EU도 홍콩보안법 제정에 반대하는 공동성명을 냈다. 심지어 호주는 자국민에게 홍콩 여행을 자제할 것을 당부했다. 애매하게 정의된 홍콩보안법을 이유로 체포될 위험이 있다는 것이다. 중국은 당시 호주에 대해 감정이 좋지 않은 상태였다.

한 달 전인 4월 스콧 모리슨 당시 호주 총리가 미국과 유럽의 정상들과 통화하면서 '코로나19 발원지 국제 조사'를 촉구했기 때문이다. 감염병 확산에 대한 책임을 직접적으로 중국에 돌리지는 않았지만, 사실상 중국을 저격한 것으로 풀이됐다. 그렇지 않아도 국제적으로 코로나19로 인한 피해가 눈덩이처럼 불어나면서 사면초가에 몰린 중국에 제대로 한 방 날린 셈이다.

중국은 발끈했고, 일주일 뒤 곧바로 호주산 품목에 대한 반덤핑 관세 부과와 관세 인상, 수입중단 조치로 보복했다. 호주산 와인에는 최대 218%에 달하는 반덤핑 관세를 부과했고, 호주산 소고기를 비롯해 밀, 랍스터, 설탕, 구리, 목재 등은 아예 수입을 막았다. 뒤이어 11월에는 의존도가 높은 호주산 석탄까지 수입을 금지했다. 대신 중국 내 석탄 생산량을 늘리고, 수입선을 러시아와 인도 등으로 돌렸다. 이를 두고 중국공산당의 '비공식 대변인'이라고 불리는 후시진胡錫進 전 환구시보 편집장은 "호주는 중국의 신발 밑에 붙은,

씹던 껌처럼 느껴진다. 가끔 돌을 찾아 문질러줘야 한다."라고 독설을 날렸다.

하지만 중국의 감정적인 '호주 때리기'는 전력부족이라는 부메랑으로 돌아왔다. 2020년 연말부터 시작된 그해 중국은 한파와 폭설로 몸살을 앓았다. 시베리아와 가까운 중국 동북부 헤이룽장성 모허漢河지역은 영하 40도 아래로 기온이 뚝 떨어졌다. 극강의 추위가 몰아치면서 극지방에서나 볼 수 있는 얼음인 유빙이 해수면을 뒤덮었다. 북한 면적보다 더 큰 13만km² 크기의 유빙이 보하이만渤海湾과 황하이黃海에서 관측됐다. 또 SNS에는 컵라면이 이내 꽁꽁 얼어붙어 굳는 '라면 세우기' 영상이 유행하기도 했다. 이런 갑작스런 한파에 중국 내 탄광마다 석탄 채굴에 비상이 걸렸다. 생산량을 최대치로 끌어올렸다. 겨울철 난방용과 발전용 석탄 수요가 급증했기 때문이다. 석탄을 운송하는 석탄 열차도 덩달아 바빠졌다.

선양 철도국의 한 작업자는 겨울이 되면서 작업량이 평소보다 2배 이상 늘었다며 20분 일찍 교대한다고 말했다. 하지만 이런 중국 정부의 노력에도 불구하고 일찍부터 곳곳에서 정전 사태가 빚어졌다. 구이저우貴州성의 성도 구이양貴陽에서는 아파트 엘리베이터 30대가 정전으로 갑자기 멈춰 섰다. 주민들은 불만을 드러냈다. 후난湖南성 창사長沙에서도 정전으로 주민들이 큰 불편을 겪었다. 창사시 주민은 "전기난로랑 에어컨이 안 되는 걸 보고 관리실에 찾아갔는데 저희 건물 전체 10층짜리 오피스텔이 다 정전됐어요."라며 빠른 조치를 호소했다. 전력 공급이 차질을 빚자, 후난성은 질서 있는 전력 사용을 당부하는 통지문까지 내려보냈다. 전기난로나 전기 오븐과 같은 전력 소비가 많은 가정기구 사용을 금지했다. 세계 최대 도매시장으로 불리는 저장浙江성 '이우义乌'에서는 전력 제한 조치로 공장이 가동을 멈췄다. 이우시와 진화金华시는 공공장소에서 외부 기온이 5도를 넘어가면 난방을 끄고, 조명은 합리적으로 사용해야 하며, 3층 이하 승강기는 가동을 멈춰야 한다는 에너지 절감 계획을 발표했다. 이로 인해 사흘에 하루씩 작업이 중단되면서 수출 주문이 쇄도했지만, 공장은 가동을 멈췄다.

중국 동부 저장성과 후난성, 남부 장시江西성에서 시작한 정전 사태는 광둥广东성과 상하이까지 곳곳에서 발생했다. 이와 관련해 화춘잉华春莹 당시 중국외교부 대변인은 이번 정전 사태는 2가지 중요한 이유가 있는데, 경제 성장 때문에 전기 사용량이 증가했고, 둘째는 전기 난방 수요로 전력 사용이 늘었다고 말했다. 하지만 중국이 호주산 석탄 수입을 막으면서 생긴 여파라는 게 일반적인 평가이다. 수입 석탄의 57%를 차지하는 호주산 고품질 석탄 수입을 금지했기 때문이다.

이로 인해 석탄 가격이 올랐고, 전력회사들은 석탄재고를 줄일 수밖에 없었다. 그런데 갑자기 강추위가 몰려오면서 전력수요가 급증하자 불가피하게 제한 송전에 나선 것이다. 석탄뿐만 아니라 호주산 양고기와 쇠고기, 와인 등에 대해 수입 제한 조치를 취했지만, 오히려 거센 역풍을 맞았다. 당시 양고기 가공업체 한 관리자는 "하루에 1,500마리의 양을 도축하는데 여전히 수요를 충족시키지 못한다. 많이 올랐다. 한 달 전과 비교해 양 한 마리당 100위안 넘게 올랐다."라고 말했다.

수입 의존도가 60%에 달하던 철광석도 가격이 급등하면서 업체마다 고심이 깊었다. 2020년 초에 철광석 가격은 톤당 약 90달러 수준이었지만, 하반기에는 급격히 올라 톤당 160~170달러 수준에 이르렀다. 철강 생산에 필요한 철광석 수요가 폭발적으로 증가했지만, 공급이 이에 못 미치면서 국제 시장에서 철광석 가격이 급등했다. 닝보宁波제철 구매 담당자는 "철광석 가격이 12월 1일 이후 큰 폭으로 올랐다. 단 며칠 만에 가격이 크게 뛰어오른 것은 이례적인 현상이다."라고 말했다.

이에 중국 당국은 석탄 광산업자에 석탄 채굴 속도를 높일 것을 독려했다. 하지만 석탄 공급 부족 사태는 그 다음해에도 계속됐다. 중국은 2023년 1월 호주산 석탄 수입을 재개한데, 이어 2024년 6월 관계 개선을 목적으로 리창 총리가 호주를 방문했다. 미중 갈등이 심화되는 상황 속에서 호주와의 관계를 안정시키고 경제 협력을 강화하려는 의도로 보인다. 눈길을 끈 점은 호주 시민들에게 중국 방문 비자를 면제하겠다고 일방적으로 발표한 것이다. 원래 비자 면제는 상호주의에 따라 양국이 모두 비자 면제가 이뤄져야 하지만 중국만 하는 비자 면제이다. 호주 측은 여전히 중국 방문객에 대해 비자를 요구하고 있다. 중국이 체면을 구기면서까지 관계 정상화에 나선 것을 보면 석탄 수입 금지로 얼마나 큰 대가를 치렀는지 알 수 있다.

'석탄 부족'으로
동북부 난방비 2배

2021년 9월 중국 랴오닝성의 성도인 선양沈阳에서 갑작스러운 정전 사태가 발생했다. 예고되지 않은 정전으로 선양시 외곽의 일부 주택가와 도로 신호등이 꺼지는 간헐적인 정전이 나타났다. 정전 사태는 사흘간 지속됐으며 주민들은 휴대전화의 신호조차 잡히지 않을 정도로 깜깜한 어둠에 갇혀야 했다. 상점은 갑작스러운 정전 사태로 촛불을 켠 채 영업해야 했다. 현지 매체는 선양시 선베이沈北와 훈난浑南 일부 지역에 전기 공급이 중단된 것은 현재 부족한 전력 공급의 안전을 위한 전기 공급을 중단한 조치였다고 보도했다.

이후 랴오닝성·지린성·헤이룽장성 등 중국 동북 3성에서 잇달아 정전 피해가 발생했다. 장쑤성·저장성·광둥성 등 중국 남동부 공업 벨트도 전력난을 겪었다. 전력난으로 공장 생산이 멈추면서 글로벌 공급망이 위협받는 사태에 이르렀다. 때아닌 정전 사태는 중국 각 지방정부가 제한 송전에 나서면서 빚어졌다. 중국 전력원의 절반 이상을 차지하는 화력발전소들이 연초 대비 50% 치솟은 발전용 석탄 가격을 견디지 못해 가동을 멈춘 것이 제한 송전의 주된 배경이 됐다.

 전력난을 겪었던 중국 동북 지역은 이듬해 겨울이 되면서 또다시 난방에 어려움을 겪었다. 라니냐 현상으로 예년보다 20여 일 일찍 찾아온 혹한에 농촌마다 난방에 비상이 걸렸다. 이들 농촌지역은 난방을 위해 주로 석탄을 때고 있다. 그런데 석탄값이 치솟아 난방비 걱정이 태산이다. 톤당 800~900위안 하던 석탄값이 2,000위안, 우리 돈으로 38만 원 이상으로 껑충 뛰었기 때문이다. 석탄값이 두 배나 오르면서 주민들은 한숨을 내쉬었다. 3, 4년 전에 미리 석탄을 사놓은 주민은 그나마 걱정을 덜었다고 말했다. 비싸진 난방비를 아끼기 위해 산에서 땔감을 구해오는 일도 잦아졌다.

 마을 주민은 "겨울에 석탄은 조금 때고 보통 땔나무를 해 와서 때고 있다."라고 말했다. 난방철 대목을 맞은 석탄 소매상들은 손님맞이로 바빴지만, 가격만 물어보고 그냥 돌아서는 손님이 많다고 전했다. 한 석탄 구매자는 "가격이 오를 때부터 지금까지 계속 기다리고 있어요. 평소 같으면 1만 위안을 줬는데 지금은 2만 위안을 내야 해요."라며 정부의 가격 통제가 아직 시장에 먹히지 않는다고 말했다. 하지만 석탄 소매상은 정부가 가격 통제에 나서면서 시장 가격보다 낮은 가격에 손해를 보면서 판다고 말했다. 한 석탄 소매상은 "톤당 현재 2,000위안이 넘지만 1,700~1,800위안에 판다. 몇백 위안 손해를 본다."라고 말했다.

 중국 정부는 석탄 가격 안정을 위해 석탄 생산에 총력을 기울였다. 석탄 생산량이 6년 7개월 만에 최대치를 기록하기도 했다. 이 때문에 중국 정부가 강력하게 추진하는 탄소 중립 목표가 흔들리는 것 아니냐는 분석도 나왔다. 한때 아시아에서 가장 큰 노천 광산이었던 푸순抚顺의 서노천 탄광은 2019년 5월에 폐쇄했다. 현재 오일셰일을 일부 채취하고 있지만 녹화사업이 한창 진행되고 있다. 석탄 박물관 관계자는 "대략 1억 6,000만 톤의 석탄이 매장돼 있지만 도시 지하에 묻혀 있기에 더 채굴하면 도시가 붕괴할 수 있다."라며 석탄 생산중단 배경을 설명했다.

중국 정부는 14차 5개년 계획이 끝나는 2025년까지 연간 석탄 소비량을 42억 톤으로 묶는다는 방침이다. 이에 따라 난방 연료를 석탄에서 천연가스나 전기로 대체하는 방안을 강구했다. 하지만 당시 천연가스는 글로벌 에너지 가격급등과 공급망 문제로 공급이 차질을 빚었다. 또 정부의 시범사업으로 전기 열풍기를 설치하는 마을이 늘었지만, 전기료가 너무 비싸 농민들이 사용을 꺼렸다. 시진핑 주석은 2020년 9월 유엔총회 연설에서 2060년까지 탄소 중립을 실현하겠다는 목표를 제시했다. 하지만 중국 전력 발전의 70% 이상을 석탄에 의존하고 있다. 이 때문에 각 지방정부마다 서둘러 비화석 에너지로 전환했지만, 준비 과정이 생략된 탄소중립 방침으로 중국 동북부 지역은 그 어느 때보다 혹독한 겨울을 맞았다.

불 꺼진 압록강 단교,
북한의 수풍댐 전기 받아

    북한 신의주와 마주한 랴오닝성 단둥에 가면 압록강 단교^{鴨綠江} 斷橋가 있다. 일제 총독부가 압록강에 가장 처음 놓은 다리로 1909 년 5월 착공해 1911년 10월 준공했다. 압록강 단교는 원래 개폐식 철도교로 길이 941.83m, 폭 11m의 다리로 건설됐다. 1943년 현재 조중우의교朝中友誼橋가 상류 100m 지점에 추가 건설되면서 도로교 로 바뀌었다. 열차가 다니던 다리 가운데는 차도로 바뀌었고, 다리 양쪽에는 인도가 놓였다. 왼쪽은 북한으로 가는 통로로, 오른쪽은 중국으로 들어오는 통로로 구분됐다. 하지만 한국전쟁이 한창이던 1950년 11월 미 공군에 의해 북한 측 구간이 폭파돼 '부러진 다리', 단교가 되었다. 지금은 중국 측 구간만 남아 관광지로 개발돼 입장 료를 받고 있다.

    압록강 단교는 2006년 5월, 제6차 국가 중점 문화재 보호 단위 로 지정된 항미원조전쟁抗美援朝战争, 한국전쟁를 상징하는 기념 명소가 되었다. 매일 해 질 무렵부터 밤 9시까지 오색찬란한 조명을 밝히며 관광객을 맞고 있다. 그런데 2021년 10월 1일, 중국의 황금연휴인

전력난 전의 압록강 철교와 단교. 매일 해 질 무렵부터 밤 9시까지 오색찬란한 조명을 밝혔다. 하지만 2021년 10월 전력난으로 조명이 꺼졌다.

국경절 기간 단둥의 대표적인 관광지인 압록강 단교와 압록강 철교는 조명을 밝히지 못했다. 단둥시가 전력이 부족해지자 제한 송전을 시행했기 때문이다.

유례없는 전력난을 겪었던 중국은 당시 곳곳에 화력발전소를 지었다. 2021년 기준으로 중국은 전 세계에서 가장 많은 수의 화력발전소를 건설했다. 중국은 약 95기의 화력발전소를 새로 건설했으며, 이는 전 세계에서 건설 중인 석탄 기반 화력발전소의 약 55%를 차지했다. 이러한 발전소 건설은 중국의 경제 성장을 위한 전력수요를 충족시키기 위한 것이지만, 동시에 탄소 배출 문제를 심화시키는 요인으로 지적됐다. 중국은 세계 최대 오염 배출국으로 2021년 기준으로 약 110억 톤의 이산화탄소CO_2를 배출했다. 이는 전 세계 배출량의 약 30%를 차지한다. 또한 중국은 세계 석탄 소비의 약 50%를 차지하고 있으며, 2021년 기준으로 약 42억 톤의 석탄을 소비했다.

심지어 중국이 북한으로부터 전력을 수입하는 상황까지 벌어졌다. 단둥 시내에서 80km 정도 압록강 상류 쪽에 수풍댐이 있다. 북한 평안북도 삭주군과 랴오닝성 단둥시 콴뎬만족자치현寬甸滿族自治縣 사이에 놓인 수풍댐은 1943년 건설 당시 아시아 최대 규모로 한반도 대부분 지역에 전기를 공급했다. 발전 용량 80만kWh인 수풍댐은 현재 북한과 중국이 공동으로 운영하고 있다. 2021년 10월, 수풍댐은 수문을 전면 개방하고 발전을 최고치로 끌어올렸다. 수풍댐은 원래 발전기 7대 가운데 1·4·5호기는 중국으로, 3·6·7호기는 북한으로, 2호기는 가변 송전이 이뤄지지만, 중국으로 발전량 대부분이 향했다. 북한이 중국에 전기를 판매한 것이다.

실제로 중국 해관 총서 자료에 따르면, 2021년 10월 중국의 북한산 전기에너지 수입량은 4,400만kWh로 코로나 이전인 2019년 같은 기간의 2배 가까운 수준으로 나타났다. 유엔의 대북 제재와 북한의 '코로나 봉쇄'로 중국의 대북 수입이 코로나 이전의 20% 수준으로 급감했지만, 전기만 증가세를 보였다. 2021년 1월부터 10월까지 중국의 대북 전기에너지 수입은 한 해 전 동기 대비 46.8% 급증한 1,376만 달러로 나타났다. 유엔이 채택한 2017년 대북 제재에 따라 석탄과 철광석, 식품, 농산물 등의 수출품은 제재 대상이지만 전기는 아니다. 이때문에 유엔의 대북제재를 받지 않는 북한산 전기는 중국 동북 지역으로 계속 공급될 수 있었다.

'최악 가뭄' 4개월째,
석탄 앞으로 돌격

한 해 전 전력난을 겪은 중국이 이듬해인 2022년 여름에는 최악의 가뭄으로 큰 타격을 입었다. 코로나19 확산세가 꺾이지 않았는데 생활용수마저 위협을 받았다. 유례없는 가뭄에 수력발전이 한계를 드러내면서 중국 당국이 또다시 석탄채굴에 열을 올리는 상황에 놓였다. 장시江西성 상라오上饶시에는 중국에서 가장 큰 담수호인 포양호鄱阳湖가 있다. 창장长江의 물 흐름을 조절하는 역할도 하며, 겨울철 시베리아 학과 흑두루미, 황새의 서식지로도 유명하다. 호수의 표면적은 평균 수위 14~15m일 경우 3,150km²이지만 수위가 12m 아래로 떨어지면 500km²로 줄어든다.

그런데 가뭄이 닥치면서 포양호 수위는 7m도 안 돼 지난 1951년 관측 이래 가장 낮은 수준까지 떨어졌다. 물이 썰물처럼 빠져나가면서 곳곳에 모래톱이 드러나 배들이 좁은 물길을 따라 조심스럽게 운항했다. 현지 주민은 "올해 가뭄은 100년 만의 일이다. 이런 가뭄은 없었다."라며 혀를 내둘렀다. 물이 사라진 호수는 바닥을 드러낸 채 유람선 대신 유람차가 등장하고, 체험승마는 관광객의 인기 코스가 되었다. 쩍쩍 갈라진 호수 바닥에서 맨손으로 물고기를 잡거나, 금속 탐지기로 옛날 동전을 찾는 보물찾기까지 생겨났다. 포양호 호수에 섬처럼 떠 있던 고대 건축물인 뤄싱둔落星墩이 맨땅 위로 모습을 드러냈다.

새로운 볼거리가 등장하면서 관광객들이 이를 보기 위해 찾아왔다. 하지만 넉 달 이상 계속된 가뭄은 농민들에게 큰 타격을 주었다. 창장 중·하류 지역은 중국 벼 생산량의 66%를 차지할 정도로 대표적인 곡창지대이다. 그런데 죽은 벼들이 수두룩하고, 논에 소를 풀어 죽은 벼를 먹이는 일까지 벌어졌다. 논을 갈아 유채를 심으려 하지만 이마저 가뭄으로 여의찮다. 이곳 농민은 "여태까지 보름 동안 심었는데도 아무것도 안 나요. 수분이 없어서 유채가 자라지 않고 싹이 안 나요."라며 안타까움을 나타냈다.

최악의 가뭄에 수문을 닫고 발전을 중단하는 댐들이 속출하는가 하면 저수지도 말라, 식수를 공급하지 못했다. 저장浙江성 진화金華시와 위에칭乐清시는 남은 생활용수가 각각 70일과 50일분밖에 남지 않았다. 위에칭시는 제한 급수에 들어갔다. 진화시는 "6월 하순 장마가 끝난 이후 지금까지 강우량이 예년보다 70% 감소해, 1954년 관측 이래 가장 적었다"라며 "용수가 심각한 상태"라고 걱정했다. 저장浙江성 기상국은 가뭄해소를 위해 역대 최대 규모의 인공 강우를 실시했다. '중국의 젖줄'로 불리는 창장 중·하류에 속하는 쓰촨, 충칭, 장시, 저장, 후난 등 10개 성·시가 60여 년 만에 폭염과 가뭄에 시달렸다.

날씨가 건조하다 보니 산불도 잇달았다. 이런 상황에서 창장에

고대 건축물인 뤄싱둔(落星墩). 포양호 푸른 물에 섬처럼 떠 있었지만, 2022년 여름 '100년 만의 가뭄'으로 작은 언덕 위에 서 있는 모습이 되었다.

물을 내려보내야 하는 세계 최대 수력발전댐인 싼샤댐三峽大坝은 제 역할을 못 했다. 당초 싼샤댐은 비가 많이 내리는 7, 8월 장마철에 대비해 221억 톤을 미리 방류했는데, 이후 기다리던 비가 내리지 않아 저수량이 급격히 떨어졌다. 중국 전체 발전량의 16%를 차지하는 수력발전이 가뭄으로 차질을 빚으면서 쓰촨성 등 일부 지역은 전력난을 겪었다.

중국 당국은 전력난 해소를 위해 석탄 채굴에 총력을 기울였다. 산시성陝西省 위린榆林은 중국의 대표적인 석탄생산지이다. 위린은 2023년 기준 연간 약 6억 600만 톤의 석탄을 생산했다. 이는 중국 전체 석탄생산량 47억 1,000만 톤의 약 13%를 차지하며 네이멍구內蒙古의 어얼둬스鄂尔多斯에 이어 두 번째로 많은 생산량이다. 이처럼 위린의 석탄 생산은 산시성뿐만 아니라 중국 전체 석탄공급에서도 중요한 역할을 담당하고 있다. 위린을 찾았을 당시 대규모 노천 탄광은 석탄을 캐는 굴착기와 운반하는 차량들이 분주하게 움직였다. 탄광밖에는 석탄을 적재하러 온 대형트럭들이 대략 2~3km에 달할 정도로 장사진을 이뤘다. 꼬리에 꼬리를 문 트럭들은 밤을 꼬박새워 차례를 기다렸다. 대규모 탄광들이 앞다퉈 석탄증산에 나섰기 때문이다. 트럭기사들은 차량에서 숙식을 해결했다. 인근 음식점에 위챗으로 음식을 주문해 먹을 정도로 쉴 틈이 없었다. 한 석탄 트럭 기사는 "앞 트럭들은 어젯밤에 온 거예요. 우리는 방금 왔는데 어떤 기사들은 어젯밤에 와서 줄을 섰어요."라고 얘기했다. 중국은 탄소 중립 방침에 따라 석탄사용을 줄여 나갈 계획이었지만, 돌연 2025년까지 석탄생산을 늘리겠다고 밝혔다.

중국은 석탄 생산에 총력을 기울였지만, 제로 코로나 정책이 걸림돌이 되었다. 석탄 주산지인 산시와 네이멍구 등은 코로나19 발생이 빈번해 통제가 강화됐기 때문이다. 실제로 석탄트럭 기사는 제로 코로나 정책 때문에 운전석에서 내리지 못하도록 차압 딱지를 붙여 놓듯이 운전석 문에 종이 딱지를 붙여 놓아 탄광에 들어간 뒤에도 차에서 내리지 못했다.

중국은 석탄부족 사태가 해소되지 않자 심지어 대북제재를 위반하면서 북한에서 석탄을 사들였다. 주로 동중국해와 서해상에서 환적하는 방식이다. 북한의 중국 내 합작파트너인 훈춘 아태국제전자상거래유한공사泤太国际网络科技有限公司는 2022년 8월, 해상 운송을 통해 수입한 북한 제품을 판매하겠다며 북한상품관을 처음으로 열었다. 북한상품관은 북중러 삼국의 접경지역인 훈춘에 있는 동북아 국제상품성东北亚国际商品城에 입주했다. 훈춘종합보세구가 바로 옆에 있고 총 건축면적이 4만 5000m²에 달하는 대규모 쇼핑몰이다. 상품성에는 북한상품관뿐만 아니라 한국을 비롯해 일본, 러시아 등노 입주해 만 여종의 수입상품을 팔고 있다.

러시아상품관 바로 옆에 있는 북한상품관은 대체로 한산한 편이다. 200m² 남짓한 소규모로 차려진 북한상품관은 북한의 대표 차인 고려 인삼차를 비롯해 홍삼, 화장품 등 100여 종이 판매됐다. 상품관 측은 이들 북한 제품이 산둥성 롱커우龙口항을 통해 정식 통관 절차를 통해 들여왔다며 앞으로 국경이 열리면 육로를 통해 더 많은 제품을 들여올 계획이라고 말했다. 오랜 해상운송으로 인해 유통기한을 넘기거나 심지어 곰팡이가 핀 제품도 있었다. 확인해 보니 고려인삼차는 생산일자가 21년 7월 1일로 표시돼 유통된 지 1년이 넘었고, 백학 캔 맥주는 2020년 12월 18일로 1년 8개월이나 지났다. 모자와 가방 등 수공예품은 손으로 만지자, 곰팡이까지 묻어 나왔다.

북한상품관 관계자는 당시 수입상품 수량이 너무 적은 데 비해 수만 톤이나 되는 배에 드는 운반비나 기름값을 충당하기 위해 '석탄'도 운반하다 보니 어쩔 수 없다고 털어놨다. 북한산 석탄의 수출이나 불법 해상환적에 관여하는 선박을 통해 이들 상품이 중국 내로 들어오는 것이 확인된 셈이다.

'마오둥' 몰아낸 하얼빈 '빈자의 등'

하얼빈의 겨울은 혹한의 땅답게 몸서리치게 춥다. 시베리아 북풍한설에 영하 20도는 예사다. 몰아치는 눈발에 논과 밭의 경계는 사라지고 가없이 펼쳐진 대설원이 펼쳐진다. 이 때문에 1960년대 초까지만 해도 하얼빈 사람들은 겨울철이면 집에 틀어박혀 외출하지 않았다. 시쳇말로 주로 '방콕'을 했다. 겨우내 집에서 꼼짝도 하지 않고 웅크리고 사는 고양이와 같다고 해서 중국어로 '마오둥猫冬'이란 말이 생겼다. 이런 '마오둥'이 많다 보니 시내 공원은 늘 썰렁하고 사회 분위기는 생기를 잃었다. 비교적 산업이 낙후돼 있던 헤이룽장黑龙江을 비롯한 동북 3성은 이런 '마오둥'으로 골머리를 앓고 있었다.

1962년 초겨울 당시 헤이룽장성 서기 겸 하얼빈시 제1서기였던 런쭝이任仲夷는 이런 '마오둥'을 없애고 지역 사회의 활력을 찾을 방안을 궁리했다. 그런 고민을 안고 회의 참석차 광저우广州를 찾은 런쭝이 서기는 우연하게 찾은 화훼 전시장을 보고 깜짝 놀랐다. 겨울철인데도 비단 같이 아름다운 꽃들과 눈부시게 빛나는 색등, 거기에 자신의 눈을 의심할 정도로 밀려드는 사람들. 남방 사람들의 겨울나기가 동북인과 사뭇 달라 생소하게 느꼈다. 이듬해 겨울, 런쭝이 서기가 하얼빈의 한 시장을 시찰할 때 일이다. 그가 민가 앞에 켜진 희미한 불빛을 발견하고 다가가 보았다.

그때 한 노파가 길가에 쭈그리고 앉아 속이 빈 양동이 모양의 얼음 안에 촛불을 밝히는 모습을 보았다. 이런 방식은 하얼빈 쑹화강松花江 유역의 농

하얼빈 빙등제. 캐나다 퀘벡 겨울축제와 일본 삿포로의 눈축제와 더불어 세계 3대 겨울 축제로 성장했다.

부나 어민들이 돈을 아끼기 위해 간단하게 불을 밝히던 방식이다. 예로부터 가난뱅이, '빈자의 등貧棒子燈'이라고 불렸다. 살을 에는 듯한 추운 겨울밤, 말을 먹이거나 물고기를 잡을 때 나무통으로 얼음틀을 만들어 그 중간에 촛불을 넣었다. 약한 촛불이 바람에 꺼지지 않도록 하기 위해서다. 이들 가난한 사람들은 우리의 설인 춘절春節 때나 음력 정월 대보름 집 문 앞에 초롱을 걸 형편이 되지 않으면 이 '빙등冰灯'을 만들어 쓰곤 했다. 노파가 밝힌 '빈자의 등'을 보고 뭔가 착안한 런쭝이 서기는 곧바로 집으로 돌아와 아들과 함께 빙등을 만들기 시작했다.

더 나아가 물에 잉크를 풀어 얼린 다양한 색의 빙등을 만들어 보기도 했다. 그리고 이렇게 만든 빙등을 몇몇 집 앞에 전시하자 사람들이 몰려들었다. 빙등이 사람들의 입에 오르내리면서 점차 화제가 됐다. 런 서기는 성공을 예감하듯 "우리는 반드시 빙등제冰灯節를 성공시켜 이곳에서 '마오둥'

을 일소하고 활력을 북돋아 더 이상 하얼빈을 적막공산으로 만들지 말자"
라고 호소했다. 이렇게 해서 제1회 하얼빈 빙등제가 1963년 음력 정월
14일 밤 시내 자오린兆麟 공원에서 열렸다. 개막 소식에 온 도시는 들끓었
고 사람들은 노인과 아이들을 데리고 나왔다. 개막 첫날 5만 명이 몰렸고,
당초 3일 동안 열기로 했던 빙등제는 3일을 연장해 6일 동안 총 25만 명
이 다녀갔다. 하얼빈 인구의 10분의 1이다.

빙등제는 대성공을 거두었다. '마오둥'을 문밖으로 내몰았고 겨우내 문을
닫았던 공원은 활기를 찾았다. 그 후로 60여 년이 지났다. 하얼빈의 겨울 풍
경은 많이 달라졌다. '빙설대세계冰雪大世界' 주행사장은 해를 거듭하면서 넓
어지고 화려해지고 있다. 인근 '타이양다오太陽島'에서는 거대한 눈 조각 박
람회로 관람객들의 눈길을 사로잡고 있다. 도심 거리인 종양다제中央大街 곳
곳에도 화려한 조명과 함께 얼음 조각상이 들어서 한껏 축제 분위기를 끌어
올린다. 이젠 캐나다 퀘벡의 겨울축제, 일본 삿포로의 눈축제와 더불어 세계
3대 겨울축제로 성장했다. 마치 안데르센 동화에 나오는 굶주린 성냥팔이
소녀가 밝힌 불꽃이 이 얼어붙은 하얼빈에서 노파가 밝힌 '빈자의 등'으로
나타난 건 아닐까. 마술처럼 동화처럼 하얼빈 빙등제는 그렇게 시작됐다.

09

양극화 해법:
공동부유

야시장 경제,
그때는 맞고 지금은 틀리다

2020년 양회는 '우한武漢 폐렴'으로 시작해 미증유의 '팬데믹'으로 발전한 코로나19 사태를 겪으며 두 달 반이나 연기돼 열렸다. 통상 양회는 매년 3월 초에 개최되지만, 코로나19 여파로 5월 21일 개막했다. 이는 1978년 개혁개방 이후 처음 있는 일이다. 또 중국 정부가 처음으로 한 해 경제성장 목표치를 내놓지 않았다. 1분기 중국의 경제 성장률이 −6.8%를 기록하면서 낮은 경제 성장률 목표치를 내놓는 것보다 아예 제시하지 않는 쪽이 더 나을 수 있다는 판단을 한 것으로 보인다.

하지만 리커창 총리의 양회 기자회견은 전 세계를 놀라게 했다. 중국 CCTV를 통해 생중계된 기자회견에서 리커창 총리는 세계 2위의 경제대국 중국에서 14억 인구의 40% 이상을 점하는 6억 명의 국민이 아직도 빈곤에 허덕이고 있다고 말해 국내외에 큰 파문을 일으켰다. 리커창 총리는 "중국의 1인당 GDP가 2019년 기준 1만 달러를 넘었지만, 아직도 6억 명 국민의 월수입은 1,000위안약 18만 원에 머물고 있다."라며 "이 돈으론 웬만한 도시에서 집을 빌리고 세를 내는 것조차 버겁다."라고 토로했다. 그러면서 그는 "코로나19로 인한 생산 활동 중단으로 빈곤층이 다시 늘었다."라면서 "고용이 최대의 민생"이라는 점을 여러 차례 강조했다. 경기부양책의 핵심으로 떠오른 '탈빈곤', 즉 실업률을 낮추고, 새로운 일자리를 창출하는 데 역점을 두겠다는 의지로 읽혔다.

리커창 총리는 '대규모 양적완화大水漫灌'는 없지만 특수한 시기에는 특수한 정책이 필요하다며, '물을 풀어 물고기를 기른다放水养鱼'라고 표현했다. 리 총리는 "충분한 물이 있어야 물고기가 살 수 있다. 그러나 만약 물이 범람하면 거품이 형성된다. 그래서 정책활용에는 구체적 목표가 필요하다. 돈의 출처와 쓰임새를 잘 파악해야 한다."라고 설명했다. 불합리한 규제를 혁파해 새로운 일자리가 많이 생기도록 해야 한다고 강조했다.

그러면서 '다완차大碗茶' 얘기를 꺼냈다. 그는 "개혁개방 초기 지식 청년들이 대거 도시로 되돌아왔는데, 다완차 한 잔으로 수많은 사람의 취업을 해결했다."라고 설명했다. 베이징 천안문 광장 인근 '치엔먼前门'에 가면 '라오셔차관老舍茶馆'이라는 전통찻집이 있다. 중국풍의 이 찻집에 들어가면 순식간에 얼굴 가면이 바뀌는 쓰촨四川 지역의 전통 '촨쥐川剧'에 나오는 '변검变脸' 공연과 다완차를 즐길 수 있다. 이 라오셔차관의 창업자 인성시尹盛喜는 개혁개방 직후인 1979년 6월, 일자리를 찾지 못하고 거리에 떠도는 청년 구직자 20명과 함께 이 다완차를 팔기 시작했다. 1잔당 2펀分이라는 저렴한 가격에 손님들이 줄을 이으면서 대성공을 거두었다.

노점 신화의 출발점이 된 라오셔차관의 성공 스토리를 꺼낸 이

라오셔차관의 창업자 인성시는 1979년 6월 청년 구직자 20명과 함께 다완차를 팔기 시작했다.

총리는 규제를 완화해 노점상 활성화에 나선 쓰촨성 청두成都시를 예로 들었다. 그는 "2주 전 기사를 보니, 우리 서부 도시가 현지 규범에 따라 3만 6,000개의 노점상을 설치한 결과, 하룻밤 사이에 10만 명이 취업했다."며 노점상 경제를 적극 띄웠다. 실제로 당시 신화통신은 "청두에는 임시 노점구역이 2,234개에 달하고, 1만 7,891개 노점상이 활동하고 있다."라면서 "노점경제 덕분에 새로이 취직한 사람이 10만 명이 넘고 다시 문을 연 음식점은 98%에 달한다."라고 보도했다. 관영 CCTV 뉴스채널도 불야성을 이룬 거리의 모습을 소개하며, "청두는 코로나19 사태의 충격에서 완전히 벗어났다"라고 전했다. 리 총리의 말 한마디에 당시 중국에서 '디탄地摊', 이른바 노점상 경제가 최대 화두가 됐다.

리커창 총리는 이후 산둥성山東省 옌타이烟台 한 노후 주택가에서 장사하는 '쑤씨네 마라반麻辣拌, 마라 비빔무침 요리'이라는 먹거리 노점상을 찾기도 했다. 그는 당시 코로나19 사태로 얼마나 영향을 받았는지, 수입은 얼마나 줄었는지, 직원들 임금은 제대로 챙겨주고 있는지에 관심을 보였다. 그가 노점상 경제가 중국 경제 일자리 창출의 주요 원천임을 강조하자, 일반 라오바이싱老百姓, 일반인에게는 노점상 영업 규제를 완화하는 신호로 받아들여졌다. 이 도시 경관을 해친다는 이유로 노점상 영업을 규제해 왔던 광저우를 비롯해 항저우, 난징, 다롄, 칭다오, 시안, 창사, 정저우 등 중국 내 주요 도시 곳곳에서 노점상 영업을 위한 구역을 거리에 조성했다. 중국 내 주요 도시들은 매일 저녁 6시부터 다음 날 새벽까지 먹거리나 잡화 노점을 열 수 있도록 야시장을 허용했다. 소비 촉진과 일자리 창출을 통해

2020년 6월 리커창 총리가 산둥성 옌타이 주택가 노점상 찾아 격려하고 있다.

코로나19로 침체에 빠진 지역경제를 살려 보려는 고육책이었다.

2020년 7월, 인구 900만 명의 랴오닝성 성도인 선양沈阳에도 대규모 야시징이 들어섰다. 서울의 한강처럼 도심을 남북으로 가르는 '훈허渾河' 강변에 자리한, 선양 옛 이름을 딴 '성징盛京' 야시장은 축구장 8개 규모이다. 이 야시장은 원래 부동산 개발 회사가 소유한 강변 공터였지만, 선양시 정부가 처음으로 야시장을 허용하면서 위락시설과 함께 먹거리 노점상이 들어섰다. 화려한 조명과 신나는 음악은 코로나19와 더위에 지친 시민들에게 오랜만에 생동감을 선사했다. 야시장 입구에는 경비원이 배치돼 입장객의 체온을 일일이 체크했다. 코로나19 감염원을 사전에 차단하기 위해서다. 발열 증상이 있으면 입장이 불허된다. 야시장에는 소규모 점포가 즐비한 먹거리코너와 야외 공연을 즐길 수 있는 맥주코너도 마련됐다. 코

2020년 7월. 선양에 들어선 대규모 야시장. 선양 옛 이름을 딴 '성징' 야시장은 축구장 8개 규모로 '훈허' 강변에 자리했다.

로나19로 어려움을 겪고 있는 상인들에겐 오랜만에 찾아온 특수에 즐거움이 가득했다. 손님들도 그동안 코로나19로 갇혀 생활하다시피 했는데 강바람이 간간히 불어오는 도심 속에서 잠시나마 여유를 즐겼다며 야시장을 반겼다.

야시장 측은 주중엔 평균 1만 5,000명, 주말엔 2만 명이 다녀갈 정도로 성공적이라고 자평했다. 그러면서 현장 통계에 따르면 1,200여 명의 취업 문제를 해결했고, 주변 경제를 촉진한 효과가 아주 현저하다고 평가했다. 동북 3성에서 가장 큰 도매시장인 '우아이 五愛'시장에도 야시장이 개설됐다. 야외 활동이 가능한 10월 중순까지 포장마차 거리와 맥주 광장 등을 운영했다. 유동 인구가 많은 도매시장은 보통 새벽 일찍 영업을 시작해 아침 무렵 영업이 마무리되기 때문에 저녁 장사를 하는 야시장과 큰 충돌 없이 영업할 수 있었다. 선양시는 야간 경제 활성화 방안의 하나로 야시장 개설을 적극적으로 확대 추진했다. 선양시는 시市 전역에 50개의 야시장 거리가 만들어졌다며 이후에도 3년간 33개의 야시장 거리를 추가로 설치할 계획이라고 설명했다.

하지만 야시장이 모든 곳에서 사람을 끌어모은 것은 아니었다. 지린성吉林省 창춘長春에 들어선 야시장은 달랐다. 유동 인구가 많은 국제 컨벤션센터 주차장에 마련된 야시장은 인적이 드물고 한산했다. 해가 저물고 퇴근 시간이 한참 지났는데도 찾아오는 손님이 없었다. 반짝 특수를 기대했던 노점상들은 울상이다. 노점상들은 원인을 모르겠다며 그냥 걸어 다니는 사람만 있고 음식 먹으러 오는 사람은 아주 드물다고 말했다. 또 다른 노점상은 지금 악순환이 되고 있다며, 손님이 없으니 상인들이 안 나오고 상인들이 안 나오니 손님들은 더 안 온다는 것이다. 이 때문에 문을 연 지 얼마 안 돼 입주 노점상들이 속속 철수하자 야시장은 이내 썰렁해졌다. 중국 정부가 소비 진작과 일자리 창출을 위해 야심차게 추진한 야시장 진흥책이 생각만큼 성과를 내지 못했다. 노점상 경제는 창업 문턱이 낮고, 실패로 인한 위험이 적다. 반면 소비자들은 저렴한 가격에 물건을 구매할 수 있다는 이점이 있다. 하지만 코로나19로 침체한 중국 경제에 돌파구가 필요한 시점에 등장한 야시장 활성화 방안은 서민들에게 미약하나마 일자리 안정에 도움이 되었다.

하지만 총리의 노점상 발언이 알려진 지 1주일 만에 중국 내 기류가 변하기 시작했다. 공산당 선전부는 주요 언론에 노점경제라는 단어를 쓰지 말라고 지시했다. 대외적으로 중국에 부정적인 이미지를 심어준다는 이유에서다. 베이징시의 관영 매체인 베이징 일보는 '노점경제'는 베이징에서 적합하지 않다는 칼럼을 게재했다. 또 베이징시 정부 관계자를 인용해 "베이징시는 노점과 도로 점거 영업 등 위법행위에 대한 법집행을 강화해 엄격하게 처리할 것"이라고 보도했다. 관영 CCTV도 논평에서 "노점경제는 만병통치약이 아니다. 맹목적으로 뛰어들면 안 된다"라고 비판했다. 중국공산당 기관지 〈인민일보〉도 노점경제 과열을 경고하면서 관영 매체들이 줄줄이 총리의 노점경제에 대해 이례적으로 비판하고 나섰다.

당시 홍콩과 서방 매체들은 이런 공개적인 비판의 배후에 당시 베이징시 당서기인 차이치蔡奇가 있다고 보도했다. 차이치 서기는 시진핑 총서기가 푸젠福建성과 저장浙江성에서 근무할 당시 10년 넘게 시진핑 주석을 보좌해 온 대표적인 시자쥔軍家軍, 시진핑 측근계 핵심 인물이다. 시진핑 주석은 2020년 신년사를 통해 올해는 '전면적 샤오캉小康, 모든 국민이 편안하고 풍족한 생활을 누리는 것' 사회를 건설하는 기념비적인 해라고 공언했다. 하지만 전면적 샤오캉 사회 건설을 앞두고 6억 명의 국민이 월수입 1,000위안약 18만 원에 불과하다는 리커창 총리의 발언은 시진핑 측근들의 집단 반발을 불러왔을 것으로 보인다. 리 총리와 시진핑 주석과의 갈등설의 배경이 됐다.

구호로 끝난
2020 '샤오캉 사회'

2012년 4월, 허베이河北성 바오딩保定 둥장촌东臧村에서 충격적인 사건이 발생했다. 이곳에 사는 47세의 정옌량郑艳良이라는 한 촌민이 자기 집에서 단 18분 만에 맨손으로 자신의 오른쪽 다리를 톱질하여 잘라냈다. 사용된 도구는 톱과 작은 칼, 나무 막대, 수건이 전부였다. 마취도 없었고 소독이나 치료도 없었다. 이전에 극심한 통증으로 병원을 찾은 그는 의사로부터 대퇴부 동맥 색전증이라는 진단을 받고, 괴사가 진행되고 있어 빨리 수술받지 않으면 3개월 만에 사망할 수 있다는 소견을 들었다. 하지만 그는 망설였다. 수술비 100만 위안1억 9,000만 원을 마련할 길이 막막했기 때문이다. 농사일과 농한기에 나가 일해 봐야 1년 수입이 1만 위안약 190만 원에 불과하다 보니 치료비는 엄두가 나지 않았다. 결국 정옌량은 직접 잘라내야겠다는 결정을 했다. 시진핑 주석은 공산당 총서기로 취임하기 불과 몇 달 전 발생한 이 일로 충격을 받았다고 한다. 그래서 농촌 빈곤 문제와 농촌 의료 시스템 개혁에 큰 관심을 두고 집권하게 된다.

이후 2012년 11월 29일, 중국공산당 제18차 전국대표대회에서

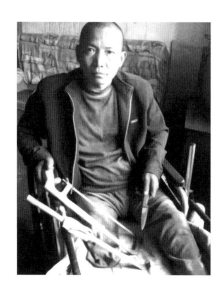
허베이성 바오딩 둥장촌에 사는 정옌 량. 이 사람은 자신의 집에서 단 18분 만에 맨손으로 자신의 오른쪽 다리를 톱질해 잘라냈다.

총서기로 선출된 시진핑은 자신의 중요한 집권 이념으로 '중국몽中国梦'을 처음으로 꺼냈다. '중국몽'의 핵심 목표는 공산당 창당 100년이 되는 2021년까지 '전면적 샤오캉小康사회'를 실현하고, 신중국 100년이 되는 2049년까지 '다퉁大同사회완벽한 평등·안락·평화가 있는 사회'를 건설하는 '두 개의 100년'으로 요약된다. 중국 개혁개방의 아버지 덩샤오핑이 처음 제시한 샤오캉은 의식주 걱정하지 않는 물질적으로 풍족한 사회, 비교적 잘사는 중산층 사회를 의미한다.

따라서 2020년은 그가 말한 바로 '2개의 100년' 가운데 첫 번째 목표인 전면적 샤오캉 사회 실현의 마지막 해다. 시 주석이 제시한 전면적 샤오캉 사회의 기준은 2020년 GDP를 2010년의 두 배로 만드는 것인데, 이를 달성하려면 2020년 중국은 최소 5.5%는 성장해야 했다. 하지만 코로나19로 2020년 1분기에 마이너스 성장을 거둔 터라 샤오캉 사회 실현은 사실상 불가능에 가깝다. 시 주석의 공약이 결국 실패했다는 뜻으로 해석될 수 있는 대목이다.

샤오캉 사회 건설이 요원해지자 시 주석은 역점 추진사업이던 '빈곤 탈출脫貧'에 가시적인 성과를 내기 위해 더욱더 매달렸다. 관영 CCTV와 신문 매체에서 연일 '탈빈공견 빈곤적모脫貧攻堅 貧困摘帽'를 대서특필했다. '빈곤을 퇴치해 빈곤에서 벗어나자'라는 말이다. 중국은 개혁개방 이후 고속성장을 통해 세계 2대 경제대국으로 성장했다. 2020년 3월 국가통계국이 발표한 2019년 1인당 GDP는 7만 892위안1만 392달러으로 처음 1만 달러를 넘어섰다. 하지만 이런 고속성장에도 정작 극빈층과 서민의 상황은 달라지지 않았다. 손으로 하늘을 가릴 수는 없는 일이다. 이 때문에 2020년 코로나19에도 불구하고 각 지방정부는 농촌 빈곤 퇴치 운동을 대대적으로 전개했다. 하지만 구조적으로 뒷받침되지 않는 경제 상황에서 전개되는 이런 실적 쌓기식 정치운동은 공염불에 그치고 말았다.

2020년 5월, 빈곤 퇴치 운동이 한창 전개되고 있는 한 농촌을 방문했다. 대륙의 황토 벌판이 끝없이 펼쳐진 랴오닝성 푸신阜新시 장우彰武현 외곽이다. 트랙터로 밭을 갈고 있던 한 농민을 만나 정부의 농촌 지원 사업에 관해 물었더니, 그는 여기 농민들은 양이나 닭, 거위, 소를 키우는데 정부에서 잘 지원해 준다고 말했다. 그리고 낡고 위험한 집은 다 새로 지어준다고 얘기했다. 그런데 취재가 시작된 지 10분쯤 지나자, 검은색 차량 6~7대가 몰려들더니 이내 촌장이 불쑥 나타나 취재를 가로막았다.

촌장은 현縣 선전부에서 전화가 왔다며 최대한 주민들하고는 접

라오닝성 푸신시 장우현 외곽에서 농촌 실태 취재에 들어가자 국가안전국 직원이 나타
나 취재 막았다.

촉하지 말고 당장 가달라고 요구했다. 코로나19가 엄중한 상황에서
인터뷰하는 것은 위험하다고 말했다. 그러면서 자신들은 절대 '취
재'를 반대하는 게 아니라고 덧붙였다. 나중에 연락하고 다시 오라
며 협조해달라고 요구했다. 어쩔 수 없이 취재를 중단할 수밖에 없
었다. 코로나19는 이들 공무원에게 더할 나위 없는 손오공의 '여의
봉'이다. 자기 마음대로 할 수 있다. 사실 취재팀이 이 농촌 지역에
들어서자마자 검은색으로 짙게 선팅한 정체불명의 차량이 우리 뒤
를 계속 밟았다. 우리 차량이 우회전하면 그 차도 우회전하고, 유턴
하면 그 차량도 어김없이 유턴했다. 그러더니 우리가 차를 세워 취
재를 시작하자 자신들도 차를 세우고 어딘가에 전화를 걸었다. 늘
따라다니는 국가안전국 요원이다. 당시 농촌 빈곤 탈출 문제는 시
진핑 주석의 최대 관심 사안이다. 혹여 외국 방송에서 농촌실태가

잘못 보도되면 책임 추궁을 받을 수 있기에 악착같이 쫓아다니며 방해하는 것이다.

시진핑 주석은 코로나19가 잦아들자마자 곧바로 농촌 시찰에 나섰다. 중국공산당 창당 100주년을 1년 앞두고, 농촌 빈곤 퇴치를 마무리 짓겠다는 분명한 메시지를 전달하기 위해서다. 시진핑 주석은 산시陝西성 안캉安康시 핑리平利현을 방문한 자리에서 올해 전면적으로 추진하는 빈곤 퇴치 목표는 실현될 것이라며 자신감을 드러냈다. 중국공산당은 앞서 2월 발표한 당 중앙 1호 문건을 통해 농업과 농촌, 농민 이른바 3농 부문의 임무완성을 명확히 했다. 핵심은 농촌 빈곤 탈출이다. 이 때문에 전 중국이 코로나19에도 불구하고 농촌 빈곤 퇴치에 열을 올렸다. 관영 CCTV는 농촌이 변화했다며 중국공산당 선전매체로서 최전선에서 역할을 다했다.

관영 CCTV는 당시 아찔한 절벽을 오르내리며 살던 쓰촨성의 량산凉山 이족彝族 자치주 농민들을 집중 조명했다. 쓰촨四川성 남서부에 위치한 량산凉山 이족彝族자치주는 총 면적 6만 400m²에 달한다. 이족뿐만 아니라 한漢족, 장藏족, 회回족, 몽고족 등 14개 소수민족이 이곳에 살고 있다. 그런데 쓰촨성 전체 20만 명의 빈곤층 중 89%에 달하는 17만 8,000명이 이곳에 산다. 이들의 1년 소득은 4,000위안약 80만 원에 미치지 못한다. 중국 정부는 이 지역을 탈빈곤 정책을 펼치는 대표적인 지역 중 하나로 선정해, 이족을 산 아래로 이동시키고 일부에게 현대식 아파트를 무상으로 공급하기도 했다. 무상으로 공급받은 이족 농민들은 수세식 화장실과 입식 부엌을 갖춘 번듯한 새집에 놀라움을 감추지 못했다. 중국 정부는 시진핑 주

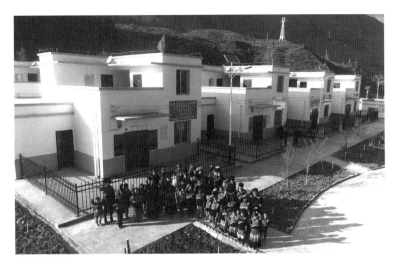

쓰촨(四川)성 량산(凉山) 일부 이족(彝族) 농민들은 탈빈곤 정책에 따라 이주한 새집

석이 취임한 2012년 말, 9,800여 만 명에 달하던 농촌 빈곤 인구가 2020년 551만 명까지 감소했다고 대대적으로 선전했다.

하지만 특파원이 만난 농촌 현장의 목소리는 달랐다. 푸신시 푸멍阜蒙현에서 만난 리 모씨의 사연은 딱했다. 태어나서 고향을 한 번도 떠나보지 못한 리 씨는 취재진이 빈곤 문제를 꺼내자, 감정이 북받쳐 눈물을 흘렸다. 자신은 올해도 정부 지원을 받는 빈곤호 신청이 또다시 좌절됐다고 낙담했다. 리 씨는 지금도 16만 위안3,100만 원 정도의 빚이 있는데, 아들이 교통사고를 당해 치료비로 남기고 간 것이라고 말했다. 리 씨는 4년 전 하나뿐인 아들을 교통사고로 잃고, 남편과 단둘이 살고 있지만 남편마저 정신병을 앓고 있다고 말했다. 그녀도 지병이 있어 한 달에 10만 원 정도 받는 국가 보조금으로는 약값 내기도 빠듯하다고 말한다. 의료비를 지원해 준다고는 하는데 시내로 나가서 입원하면 보통은 50%를 지원해 준다고 한다. 그런데 나머지 반은 본인이 부담해야 하는데 약값이 비싸 나머지 돈을 마련하기도 쉽지 않다고 한다. 현재 연간 소득이 70만 원 이상이면 빈곤 가구로 신청을 할 수 없다. 산양을 키우며 1년에 180만 원 정도 번다는 또 다른 농민은 이런 이유로 정부 지원은 꿈도 못 꾼다고 말한다. 정부가 지원금을 주기는커녕 산양 키운다고 벌금만 받아 간다고 불평을 숨기지 않았다.

중앙정부가 역점 사업으로 내세운 빈곤 퇴치 사업은 다음 해인 2021년 관영 CCTV 프로그램을 통해 실체가 드러났다. CCTV 기자가 국가급 빈곤 지역인 중국 산시陝西성 뤄난洛南현의 한 마을을 취재했다. 중국 중앙정부는 탈빈곤 정책에 따라 노동력이 없고, 소득이 없는 가구 4곳에 '우바우후五保户'를 지원했다. 즉 음식과 의복, 의료, 주택 및 장례식 등 다섯 부분을 국가가 도왔다. 하지만 CCTV 기자가 다시 찾아간 집에는 쓰레기와 잡동사니가 쌓여 있고 원래 이곳에 살던 노인은 친척 집 창고에서 지내고 있었다. 현지 주민들에 따르면, 마을 관리들이 상부의 빈곤퇴치 검사를 앞두고 서둘러 지원하면서 물도 공급되지 않는 흙벽인 집만 덩그렇게 만들어 놓았다는 것이다. 어처구니없는 일이다.

2019년 빈곤 마을에서 벗어난 뤄난현 링커전룻口镇 산싱춘三星村도 사정이 비슷하다고 CCTV가 보도했다. 당시 10여 가구가 사는 이 마을에 상수도를 공급한다며 집마다 수도꼭지를 설치했다. 하지만 이 마을에 사는 사람들은 집에서 수돗물이 나온 적이 없다고 말한다. 집안에 설치한 수도는 물도 안 나오는 장식물에 불과하다는 것이다. 하는 수 없이 마을 주민들은 생활용수를 우물에 의존하고 있는데, 우물마저 이물질이 떠있고, 올챙이가 헤엄쳐 먹을 수도 없다고 하소연했다. 이 마을 주민들은 결국 식수 문제를 해결하기 위해 비가 많이 올 때는 지붕에서 떨어지는 빗물을 모아 걸러 썼다. 그런데 그 지역 관리들은 마을 상황에 대해 아는 바가 없다고 CCTV는 보도했다.

2021년 2월 중국은 가장 가난한 농촌 주민 9,899만 명이 빈곤에서 해방돼 탈빈곤 전투에서 중국이 완승하였다고 선언했다. 수천 년을 괴롭혔던 절대빈곤 문제가 역사적으로 해결되어 인류 빈곤퇴치사의 기적을 썼다고 칭송하기도 했다. 하지만 중국 정부의 의중을 드러낸다는 관영매체마저 탈빈곤의 바닥을 보이고 말았다.

농민공 자녀 유서,
"수년간 죽는 게 꿈"

리커창 총리가 2015년 6월 "관련 기관은 각지의 관찰을 강화하고 도움의 손길이 필요한 이들에게 적절한 조치를 취하도록 하라."며 "이 같은 비극이 다시는 발생해선 안 된다."라고 강조한 적이 있다. 농민공 자녀 4명이 한꺼번에 목숨을 끊는 비극적인 사건이 발생했기 때문이다. 중국 매체에 따르면 2015년 6월 9일, 구이저우貴州성 비제畢節시 톈칸田坎 마을에서 15세 소년과 여동생 3명이 음독한 채 발견됐고, 병원으로 옮겨졌으나 끝내 숨지고 말았다. 자살 당시 이들 남매만 집에 남아 있었던 것으로 알려졌다. 남매의 어머니가 3년 전 가출한데다 아버지마저 돈을 벌기 위해 도회지로 나가 연락이 끊겼다. 그런데 숨진 남매 맏이의 유서가 알려지면서 전 중국이 충격에 빠졌다.

소년은 유서에서 "당신들이웃 주민들의 호의는 고맙지만 나는 15살 이후 더 살지 않기로 결심했고, 죽는 것은 수년간 '나의 꿈'이었으며, 이제 모든 것이 끝났다."라고 적었다. 도시에서 일하는 부모와 함께 떠돌이 생활을 해왔던 이 소년은 2011년 여동생들과 함

2015년 6월 구이저우성 비제시 톈칸 마을에서 4명 아이들이 살 던 집. 이곳에 살던 15세 소년과 여동생 3명이 음독자살했다.

께, 고향 마을로 돌아왔다. 하지만 폭력적인 아버지와 엄마의 부재로 소년은 늘 우울했다. 이 사건을 계기로 감정적으로 고립된 '고향에 남아있는 농민공의 자녀' 이른바 '류서우얼퉁留守兒童' 문제가 사회적으로 큰 주목을 받았다. 이런 류서우얼퉁은 2010년 중국의 제6차 인구센서스 데이터에 따르면 6,102만 명이나 되는 것으로 집계됐다. 특히 2020년 기준, 농촌 지역에만 약 4,177만 명이 있었으며, 도시에서도 2,516만 명의 아동이 부모와 떨어져 생활하고 있는 것으로 조사됐다. 도시에서 근근이 살아가는 농민공과 농촌에 버려져 생활하는 류서우얼퉁은 중국 고도성장의 큰 그림자로 남아있다.

중국은 1970년대 가난을 딛고 경제적 번영을 향해 전력 질주했고, 오늘날 미국에 이어 세계 경제 2위의 경제대국으로 도약했다. 하지만 이 과정에서 빈부격차는 크게 벌어졌다. 2014년 베이징대학교 중국사회과학조사센터는 '2014 중국 민생발전보고서'를 통해 중국 상위 1% 가구가 중국 내 자산의 3분의 1 이상을 보유하고 있다는 다소 충격적인 연구 결과를 내놨다. 이에 비해 중국내 하위 25%

가 가진 자산은 중국 전체 자산의 1% 수준에 불과한 것으로 나타났다. 문제는 갈수록 이런 중국 가구 자산 불균형이 심화되고 있다는 데 있다.

세계은행 자료에 따르면, 2022년 기준 중국의 소득 분배 불평등 도를 나타내는 지니GINI계수는 약 0.467로 보고되었다. 지니계수는 0부터 1까지 값을 나타내며 1에 가까울수록 불평등 정도가 높아 '부익부 빈익빈' 현상이 심화함을 의미한다. 0.4를 넘으면 상당히 불평등한 소득 분배의 상태에 있다고 할 수 있다. 2008년에 최고치를 기록한 이후 2010년대 중반까지 감소세를 보였으나, 다시 증가하는 추세를 보이며 불평등 문제가 여전히 심각해지고 있다.

이런 지니계수를 굳이 말하지 않더라도 베이징 도로에서는 벤츠나 BMW, 페라리와 같은 고가의 외산 차를 흔히 발견할 수 있다. 시내 번화가에는 샤넬, 구찌, 루이비통, 페라가모 등 해외 명품 브랜드의 명품관들이 즐비해 있다. 중국의 한 부호가 결혼식을 올리면서 외제차 수십 대가 동원된 초호화 카퍼레이드를 벌여 소동이 난 적이 있다. 빨간색 페라리를 비롯해 롤스로이스 30대, 호화 오토바이 등으로 이날 동원된 외제차의 합산 가격만 해도 2억 위안약 360억 2,000만 원에 달했다. 이런 부유한 사람들 곁에서 하루 끼니를 걱정하는 걸인의 모습도 쉽게 발견할 수 있다. 시내 패스트푸드점 앞에서는 사람들이 먹고 남긴 음식을 먹으려고 쓰레기통을 뒤지는 거지의 모습을 심심찮게 볼 수 있다. 이것이 지금 사회주의 국가 '중국의 역설'이다.

시진핑 주석은 2017년 중국공산당 19차 전국대표대회당대회 업무 보고에서 '덩샤오핑 시대' 이후 36년 만에 새롭게 모순을 정의했다. 그는 "중국 사회의 주요 모순은 나날이 커지는 인민의 아름다운 생활에 대한 수요와 불균형하고 불충분한 발전 사이의 모순으로 변했다."라고 지적했다. 지난 30여 년간 중국은 경제대국으로 부상하면서 인민들이 잘 먹고, 잘 입는 물질문화 수요는 어느 정도 충족시켰지만, 중국 경제의 고속성장에 따른 부작용으로 도농격차·빈부격차 등 발전 불균형, 불충분 문제도 더욱 두드러졌다는 것이다. 이 모순을 해결하기 위해 시 주석은 '공동부유共同富裕'를 핵심으로 하는 '시진핑의 신시대 중국특색 사회주의 사상'을 제기했다.

공동부유는 본래 공산주의 통치의 기초로, 중국 혁명지도자 마오쩌둥이 처음 제창했다. 하지만 시진핑 주석이 제시한 공동 부유론은 1978년 개혁개방의 총설계자 덩샤오핑이 주창한 '공동부유'에 뿌리를 두고 있다. 덩샤오핑은 1978년 공산당 11기 3중전회에서 "일부 사람, 일부 지역이 먼저 부자가 돼야 한다는 게 내 지론이고, 대원칙은 함께 잘 살자는 것이다. 일부 지역은 더 빨리 발전하여 대부분의 지역을 이끌며 발전을 가속화하는 것이 공동 번영을 달성하는 지름길이다."라며 '선부론先富论'에 불을 지폈다. 덩샤오핑邓小平은 생산의 발전 없이는 부의 증가도 없고 부의 증가 없이는 부유할 수 없으며 공동부유共同富裕는 더더욱 불가능하다는 생각을 했다. 덩샤오핑이 역설한 '선부론先富论'과 '검은 고양이든 흰 고양이든 쥐만 잘 잡으면 된다'는 '흑묘백묘론黑猫白猫论'은 중국의 성장 우선 경제정책을 이론적으로 뒷받침했다. 하지만 경제가 성장하면서 빈부 격차가 더 크게 벌어지자 이에 대한 해법으로 덩샤오핑이 꺼낸 것이 '공동부유'이다.

덩샤오핑^{鄧小平}은 1985년 "사회주의의 목적은 전 국민이 함께 잘 사는 것이지 양극화가 아니다. 만약 우리의 정책이 양극화를 초래한다면 우리는 실패할 것이고, 만약 새로운 부르주아 계급이 생긴다면 그것은 정말 잘못된 길을 가는 것이다."라고 말했다.

2021년 8월, 시진핑 주석이 주재한 제10차 중앙재경위원회 회의에서 공동부유를 처음으로 꺼냈다. 시 주석은 "공동부유는 사회주의의 본질적 요구로서 중국식 현대화의 중요한 특징"이라고 강조했다. 또 민생을 개선하고 보장해 교육 수준을 향상하며 공평한 복지를 제공할 수 있도록 촉구하며 부유층과 기업이 차지하는 몫을 줄여야 한다고도 말했다. 과도한 소득을 합리적으로 조정하고 고소득층과 기업이 사회에 더 많이 환원하도록 장려했다. 인위적 개입으로 부유층과 기업의 부를 사회 대중의 몫으로 돌리겠다는 의지를 드러낸 것이다.

정부 보호비 명목,
'공동부유 지원금'

시진핑 주석의 이런 뜻이 알려지자 '관官'이 빠르게 움직였다. 중국 최대 게임업체이자 국민 메신저인 위챗중국판 카카오톡을 운영하는 텐센트腾讯가 첫 타깃이 됐다. 2021년 3월 반독점 기구인 국가시장감독관리총국은 텐센트 마화텅马化腾 회장을 불러 '예약 면담', 즉 '위에탄約談'을 가졌다. 중국에서 '위에탄'은 '만나서 이야기나 좀 하자'는 뜻으로 읽히지만 사실 그게 아니다. 중국인은 당국에서 '위에탄' 하자고 하면 긴장한다. 왜냐면 처벌이 따르기 때문이다. 최소가 경고다. 따라서 이 위에탄은 규정을 위반했거나 위반했다고 의심되는 감독 대상 기업에 감독·관리 부서가 권유·권고·경고·비평하는 행위를 말한다.

이 자리에서 마 회장은 "독점금지법 등을 준수하라"라는 말을 들었다. 이후 자세를 낮춘 마 회장은 텐센트의 핀테크 계열사인 차이푸퉁财付通의 대표 자리에서 스스로 물러났다. 그럼에도 불구하고 중국 관영매체는 온라인 게임을 '정신적 아편', '전자 마약'이라고 비판하자 마 회장은 농촌 경제 활성화 명목으로 500억 위안의 기부금을 내놓았다. 또 넉 달 후 공동부유 프로젝트에 "500억 위안9조 원을 추가로 기부하겠다."라고 밝혔다. 홍콩 매체는 지난 1년간 알리바바阿里巴巴와 텐센트, 비이트덴스ByteDance, 핀둬둬拼多多, 메이톼美团, 샤오미小米 등 6대 빅테크 기업이 낸 기부금이 우리 돈 약 30조 원에 달한다고 보도했다. 이 같은 기부를 일부 학자는 당국의 감독을 의식한 '보호비'라고 부른다고 전했다.

이처럼 그동안 소위 잘나가던 중국의 주요 빅테크 기업들이 너나 할 것 없이 몸을 낮췄다. 또 중국 정부가 벼르던 알리바바를 보란 듯이 손을 봤다. 앤트 그룹Ant Group 상장 중단 사건이다. 2020년 11월 2일 저녁 중국 증권감독위원회는 공식 웹사이트에 "오늘 중국인민은행과 은행보험감독위원회, 증권감독위원회, 국가외환관리국이 마윈 알리바바 전 회장과 진셴둥 앤트 그룹 회장, 후샤오밍 앤트 그룹 CEO와 '위에탄' 자리를 가졌다."라고 보도자료를 통해 공개했다. 보도자료는 짧았지만 분위기는 심상치 않았다.

앤트 그룹은 알리바바의 금융 자회사로, 중국에서 모바일 결제시스템, 알리페이를 운영하고 있는 중국 내 최대 핀테크 기업이다. 당시 코앞에 홍콩과 상하이에서 동시 상장을 추진하고 있었다. 미·중 갈등의 심화로 앤트 그룹이 뉴욕증시보다는 중국 본토를 선택했다. 앤트 그룹은 기업공개IPO를 통해 345억 달러, 우리 돈 40조 원가량을 조달한다는 계획까지 세웠다. 모기업 알리바바가 뉴욕증시에 기업공개를 통해 세운 250억 달러를 뛰어넘는 당시 세계 최대 규모이다. 앤트 그룹이 상하이 증시에 성공적으로 상장하면, 2020년 상하이 거래소에 조달된 자금도 1년 전보다 2배 급증한 529

억 달러에 이를 것으로 전망됐다. 이는 미국 나스닥에 조성된 380억 달러를 훨씬 앞지르는 수준이다. 그야말로 '블록버스터급 IPO'라는 표현도 나왔다. 여기에 중국이 핀테크와 디지털 금융 혁신의 중심으로 자리 잡으려는 시도로 평가되었다.

위에탄 직후 알리바바는 당국과 나눈 이야기 내용을 충실히 실천하고, 지속해서 혁신을 추구하고, 감독·관리를 수용하며, 실물 경제에 봉사하고, 민생 발전에 조력하겠다고 공개로 사과했다. 하지만 중국 최대 전자상거래 업체 알리바바 계열사인 앤트 그룹의 상하이·홍콩 증시 상장은 예정일을 48시간도 안 남기고 무기한 연기됐다. 불길한 분위기가 감지됐지만 세계 최대 규모의 기업공개 자체를 막지는 않으리란 전망이 우세했다. 하지만 상하이 증권거래소는 앤트 그룹의 상장을 잠정 중단한다고 공고문을 냈다. 당시 갑작스런 앤트 그룹 상장 중단은 전 세계적인 이슈로 부각됐다.

이는 마윈의 설화舌禍가 빚은 후과라는 분석이 많았다. 상장 예정일을 10여 일 앞둔 10월 24일 상하이에서 왕치산王岐山 국가부주석, 이강易纲 인민은행장 등 정부 지도부와 금융 최고위급 당국자들이 참석해 와이탄外灘 금융 서밋이 열렸다. 이 자리에서 마윈은 낡고 진부한 금융당국의 감독 정책을 정면 비판해 중국 경제계에서 큰 파장을 불러일으켰다. 그는 "좋은 혁신가들은 감독을 두려워하지 않지만, 뒤떨어진 감독은 두려워한다."라며 담보에 의존하는 은행을 '전당포'로, 글로벌 은행 건전성 규제시스템인 바젤협정을 '노인클럽'이라고 조롱했다. 아울러 "위험을 제로(0)로 만들려는 것이 가장 위험하다."라면서 "미래의 시합은 혁신에 초점을 맞춰야지 감독 당국의 (규제) 기능 경연 시합이어서는 안 된다."라는 도발적 발언을 쏟아냈다. 마윈이 '혁신의 아이콘'답게 자신의 생각을 가감 없이 표출했지만, 정부와 당국을 향한 도발로 비칠 수 있는 대목이다.

이는 즉각 시진핑 주석에게 보고됐고 마윈 관련 보고서를 접한 시 주석은 분노해 앤트 그룹의 상장을 중단시킬 것을 명령한 것으로 알려졌다. 이후 최고 지도부의 눈 밖에 난 중국 최대 전자 상거래 업체 알리바바는 사상 최대 규모인 3조 원대의 과징금을 부과받았다. 또 중국인민은행, 은행보험감독관리위원회, 증권감독관리위원회, 외환관리국 등 금융당국이 공동으로 앤트 그룹을 대상으로 위에탄約談을 실시한 뒤 2021년 4월에는 텐센트, 메이퇀, 바이트댄스, 디디 등 금융서비스를 제공 중인 13개 플랫폼 기업을 대상으로 위에탄을 진행했다.

앤트 그룹이 홍콩·상하이 증시 동시 상장이 취소된 데 이어 '중국판 우버'인 디디추싱滴滴出行도 뉴욕증시 상장 폐지 사태가 벌어졌다. 2021년 6월 44억 달러約 5조 5,000억 원 규모 기업공개IPO에 성공하며 뉴욕증시에 상장한 디디추싱은 상장 이틀 만에 중국 국가사이버정보판공실CAC 등 7개 국가기관 합동으로 인터넷 안보 심사를 강도 높게 받았고, 디디추싱 앱의 신규 다운로드도 금지당했다. 중국 당국은 조사 이유로 디디추싱이 보유한 방대한 이용자 정보가 미국으로 넘어가면 국가 안보에 타격을 입을 수 있다는 입장이었다. 압박을 느낀 디디추싱은 뉴욕증시에 상장하는지 반년도 안 돼, 2021년 12월 스스로 상장 폐지를 결정하고 홍콩증시에서 재상장하겠다는 계획을 발표했다.

사실 디디추싱 상장 폐지는 상장 전 중국 당국의 강력한 반대에도 불구하고 상장을 강행한 이유가 컸다. 신속한 자본 조달로 빠르게 성장하기 위해 강행했지만 과유불급이었다. 이후에도 디디추싱에 대한 제재는 이어졌다. 중국 정부는 디디추싱이 기사들에게 과도한 수수료를 받고 있다며 낮추도록 했다. 또 2022년 9월 디디추싱 앱이 원인을 알 수 없는 이유로 먹통이 된 일이 있었다. 택시 배차를 받았는데 아무리 기다려도 오지 않았다거나, 당초부터 주문자체가 되지 않았다는 사람들도 있었다. 이후에도 먹통 사태가 발생해 출근대란을 겪었지만, 정확한 원인을 찾지 못했다. 정부의 지시를 따르지 않은 결과는 가혹했다.

연예계에 부는 공동부유,
'칭랑' 운동

중국 배우 겸 감독인 자오웨이赵薇는 1998년 방영된 드라마 〈황제의 딸还珠格格〉에 주연으로 출연하면서 대박을 터트렸다. 당시 드라마 〈황제의 딸〉은 65%라는 경이적인 시청률로 중국 드라마 사상 최고 시청률을 기록한 바 있다. 그 뒤 그녀는 〈뮬란〉과 〈적벽대전〉, 〈화피〉 등의 영화에도 잇따라 출연해 국내 영화팬들에게도 친숙하다. 또 '중국의 여성 버핏'이라고 불릴 만큼 주식투자의 귀재로도 유명하다. 그런데 그녀가 중국 당국의 '공동부유' 규제 타깃이 됐다.

2021년 8월 동영상사이트에서 자오웨이의 작품 검색이 갑자기 차단됐다. 마윈 실종설이 돌던 시기였다. 당국에 미운털이 박힌 알리바바 창업자 마윈과 친분을 맺은 것이 공산당의 심기를 건드렸다는 말들이 나왔다. 이후 실종설과 프랑스 도피설이 나돌았다. 그도 그럴 것이 마윈 회장과 자오웨이 부부는 예전부터 왕래가 잦았고 친분이 있다. 자오웨이 부부는 2014년 말 마윈 회장이 대주주로 있는 '알리바바 필름阿里巴巴影业'에 31억 홍콩달러약 5,530억 원를 투자해 9.18%의 지분을 확보해 2대 주주에 올랐다. 마윈 회장과 알리바바

그룹이 인수한 홍콩 상장회사는 알리바바필름과 알리건강阿里健康, 뤼둥그룹瑞东集团 등 3개 회사다. 이 가운데 자오웨이 부부는 2개 회사 지분 매입에 마윈 회장과 함께하는 셈이다. 게다가 번번이 천문학적인 수익을 냈다.

2015년 5월 중국 매체는 이전에도 주식으로 하루 5억 위안약 970억 원을 벌었던 자오웨이가 주식 거래로 또다시 74억 홍콩달러약 1조 3,000억 원를 벌었다며 떠들썩했다. 알리바바의 마윈 회장은 홍콩 증시에 상장된 금융회사 '뤼둥그룹'의 지분 매입에 나섰다. 뤼둥그룹은 주식 매니지먼트를 주로 하는 종합 금융회사다. 알리바바 마윈 회장이 이 회사 지분 매입에 나서는 이유는 알리페이와 함께 앞으로 온라인 금융업에 나서기 위한 사전 포석으로 알려졌다. 이 지분 매입에 자오웨이가 남편 황요우롱黄有龙과 함께 투자에 나섰다. 매입 단가는 주당 2홍콩달러약 357원로 3억 6,000만 주를 사들였다. 투자금이 자그마치 7억 2,000만 홍콩달러1,030억 원에 달하는 대형 거래다.

한 달 가까이 일시 거래가 중지되었던 뤼둥그룹 주식은 다시 거래가 시작된 6월 1일, 주가가 폭등하기 시작하면서 주당 23.5홍콩달러약 4,188원로 치솟았다. 주가가 무려 11배 이상 뛴 것이다. 자오웨이 부부는 지분 투자로 장부상 이익이 74.3억 홍콩달러1조 4,000억 원에 달했다. 이런 사실이 알려지면서 네티즌들은 "주식은 역시 부자가 노는 게임이다.", "가난한 사람은 어디서 놀지?"라며 시기 어린 부러움을 나타내는가 하면 일부 네티즌은 "인간관계는 정말 중요하다. 친구를 잘 찾으면 인생을 고치는 일은 쉬운 일이다."라는 반응을 보이기도 했다.

부와 명예를 한꺼번에 거머쥔 유명 연예인은 늘 관심의 대상이다. 그만큼 '공동부유共同富裕'를 알리는 데 성치석 효과가 크다. 2021년 8월, 중국 관영매체들은 유명 배우 정솽鄭爽이 탈세로 2억 9,900만 위안약 580억 원의 벌금을 부과받았다며 일제히 비판 논평을 내놨다. 인민일보는 "연예계 길을 가려면 법치의 끈을 꽉 묶고 도덕의 선을 지켜야 한다."라면서 "법률과 도덕의 레드라인을 건드리면 연예계 길의 종착점을 맞이할 것"이라고 경고했다. 정솽은 2009년 초 최고시청률 32.9%를 기록한 드라마인 〈같이 유성우를 보자一起來看流星雨〉에 위쉰 역으로 출연하면서 많은 인기를 얻었다.

그런데 2021년 1월 18일, 전 남자친구인 장헝張恒은 "우리 두 사람은 사실 결혼한 사이고, 중국에서 불법인 대리모 이용, 낙태 및 입양 강요에 이혼 소송까지 있었다."라고 폭로했다. 이 일로 중국이 발칵 뒤집혔다. 무엇보다 중국에서는 대리모 출산이 불법이기 때문이다. 게다가 아이들을 낙태하려고 했다는 점에서 도덕적 비난까지 이어졌다. 여기에 장헝은 정솽이 2019년 드라마 〈천녀유혼〉에 주연으로 출연하면서 실제로는 1억 6,000만 위안, 우리 돈 약 270억 원을 출연료로 받았지만, 출연료를 대폭 줄인 이중계약서를 만들어 탈세했다고 주장했다.

이에 중국 세무 당국과 베이징시 광전국, 국무원까지 조사에 나섰고 정솽은 결국 사과문을 내고 "국가와 사회에 진심으로 사과한다."라면서 벌금을 제때 납부하겠다고 밝혔다. 정솽의 출연작 〈천녀유혼〉 등을 제작한 업체는 드라마 투자지분 수익권의 허위 양도 등

위법 사항이 적발돼 벌금 60만 위안약 1억 1,000만 원을 부과받기도 했다. 이 일은 2021년 중국 연예계에 대한 대대적인 정화 작업인 '칭랑淸朗, 깨끗하게 한다' 운동이 점화되는 직접적인 계기가 됐다.

연예인을 대상으로 하는 부패 수사는 이전에도 있었다. 대표적으로 2018년 여배우 판빙빙范冰冰 탈세 사건을 꼽을 수 있다. 판빙빙 탈세 논란은 당시 관영 CCTV 출신 방송인 추이용위안崔永元의 폭로로 불거졌다. 당시 추이용위안은 "판빙빙이 4일간 공연하고 6,000만 위안약 113억 원의 출연료를 받았으나, 이중계약서를 통해 이를 은닉했다"라고 주장했다. 이후 판빙빙이 공개 석상에서 모습을 드러내지 않으면서 실종설, 망명설까지 제기됐다.

의혹이 불거진 뒤 4개월 만에 소셜 미디어에 반성문을 남기고 탈세 혐의를 인정했다. 중국 세무총국과 장쑤성 세무국은 판빙빙에게 이중 계약서, 수입 은폐 등 불법적인 방법으로 내지 않은 세금 2억 5500만 위안약 494억 원, 그 금액의 2배 수준인 벌금과 연체금을 합쳐 총 8억 8400만 위안약 1,720억 원을 물렸다. 사건이 불거지기 직전인 2017년 판빙빙의 소득은 2억 4,400만 위안약 473억 원을 기록해 중국 연예계 소득 순위 1위였다. 판빙빙 사태 이후 중국 관영매체들이 연예계의 부패를 손봐야 한다고 주장했고 중국 여론도 연예계에 불리하게 돌아갔다.

공동부유 속
고소득자는 '공적'

2018년 7월에 개봉한 영화 〈나는 약신이 아니다我不是药神〉는 의료개혁의 촉매제 역할을 했다는 점에서 큰 의미가 있다. 비싼 약값에 신음하는 암 환자들을 소재로 중국에서 가장 부패한 영역으로 꼽히는 의료 환경을 고발한 영화로 큰 반향을 일으켰다.

　당시 비난 여론이 들끓자 결국 총리까지 나섰다. 리커창 총리는 공개 석상에서 영화 〈나는 약신이 아니다〉를 언급하며 서민들의 치료비 부담 경감을 위한 약값 인하를 약속했다. 리 총리는 "암 등 중증 질환자가 돈이 없어 약을 못 사는 현실에 대한 호소는 약값 인하와 물량 확보의 시급성을 반영하는 것"이라며 각 부처의 대책 마련을 지시했다. 이후 약품관리법이 개정됐다. 개정안은 가짜 약의 범위와 관련해 중국에서 허가를 받지 못한 해외의 합법적 신약을 수입하는 경우 더는 가짜 약으로 처벌하지 않는다는 내용을 담았다. 수입산 항암제에 붙던 관세를 없애고 부가가치세를 낮췄으며, 의료보험 적용대상에 포함되는 항암제 범위를 확대했다.

　여기서 그치지 않고 코로나19가 잠잠해지자, 관계 당국이 칼을

영화 〈나는 약신이 아니다〉 포스터

빼들었다. 2023년 상반기에 공립병원 원장과 서기 100여 명이 부패 혐의로 낙마했다. 이들은 약품·의료기기 구매 과정에서 리베이트를 챙기거나 병원 공사 발주를 하면서 뒷돈을 받아온 것으로 드러났다. 국가위생건강위원회가 국민의 원성이 컸던 의료계의 만연한 비리 척결에 나서면서 검은돈 거래의 주요 통로 역할을 하던 주요 의료 학술회의도 줄줄이 연기되는 일이 벌어졌다.

사실 중국 병원에서 체감하는 의료계 부패는 더 심각하다. 진료 접수 때 뒷돈을 주면 먼저 진료해 주거나, 입원하거나 수술할 때 의사에게 홍바오紅包, 촌지를 건네는 관행이 여전하다. 2014년 12월 초에 이런 일까지 생겼다. 학생들을 대상으로 한 의사의 동영상 강의가 인터넷에 공개되면서 파문이 일었다. 장본인은 베이징 우주센터 병원 비뇨기과 의사이자 온라인 강의 명사로 알려진 리루이李睿였다. 그는 7분 44초 분량의 동영상 수업에서 학생들에게 직설적으로 "비웃지 마라. 검을 때는 검어야 한다. 사람들이 다 촌지 받는데 왜 안 받아!" 그러면서 그는 끊임없이 학생들에게 약품을 통해 돈을 버는 일과 고가 치료 소모품에서 돈을 챙기는 비결을 소개했다. "수술 후 쓰는 지혈 거즈가 한 묶음에 1,500위안²⁹만 원인데, 10여 개를 사용하면 1만 위안¹⁹⁰만 원이 넘는다. 때로는 의사가 번거로워 환자에게 쓰지도 않는다. 어차피 환자도 복부 수술에 무엇을 쓰는지 모른다. 그런데 수술일지는 모두 의사 자신이 쓴다. 어떻게 해도 상관없다."라고 말한다. 그러면서 그는 노골적으로 강의 핵심을 주저없이 말한다. "의사가 음성 수입이 없으면 완전 꽝이다."라고 단언한다. 리루이 씨는 자신이 이번 달에 비뇨기과에서 나눈 촌지가 비닐봉지 가득이라며, 아내가 연말 보너스로 3만 위안⁵⁴⁰만 원을 받았는데 그가 매달 내는 세금에 불과하다고 말한다.

인터넷에서 '리루이 의사의 촌지 수수를 가르치는 동영상'이란 제목으로 알려지면서 네티즌들의 십자포화가 쏟아졌다. 중국 매체까지 취재에 가세하면서 논란은 더욱 더 증폭됐다. 리루이는 신경보新京報와의 인터뷰에서 동영상은 허위로 만들어졌으며 목소리는 합성된 것이라고 주장했다. 그러면서 자신과 분쟁 중인 의대 대학원 진학 기구에서 제작한 것으로 추측한다고 전했다. 하지만 해당 대학원 진학 기구에서는 그런 동영상을 올리지 않았다고 반박해 진실 공방으로 번졌다. 사회적으로 큰 파문이 일자 리루이 소속 베이징 우주센터 병원도 긴급 성명을 발표했다. 병원 측은 리루이의 동영상 강의 내용은 의료 상식과 사실에 부합하지 않는다면서 의사가 그런 식으로 돈을 벌지 않는다고 반박했다.

중국에서 병원은 늘 환자들로 넘쳐난다. 환자들이 진료 순서 번호표를 받으려고 병원 밖까지 줄을 길게 늘어서 있는 경우를 자주 볼 수 있다. 이러다 보니 갑과 을은 너무나 분명하고 쉽게 정해진다. 의사의 촌지 수수 관행이 사라지지 않는 이유다. 시진핑 체제 들어서 반부패의 회오리가 몰아치고 있지만 꿈쩍하지 않는 곳이 의료 약품 분야다.

중국 보건당국인 국가위생 · 계획생육가족계획위원회는 의사의 촌지 수수 관행을 근절한다며 환자들에게 촌지를 받지 않겠다는 '서약서'까지 받도록 했다. 전국에 있는 2급지역 의원급 이상 병원과 의료기관이 대상이다. 하지만 규정이 시행된 지 반년이 지나도록 상당수 병원은 서약서를 받지 않고 있으며, 의사들은 '인격 모독'이라며 강력히 반발했다. 중국의 '사스SARS, 중증급성호흡기증후군 퇴치 영웅'으로 불리는 중난산鍾南山 중국공정원 원사도 공개 강연에서 "촌지 거부 서약서를 인정할 수 없으며 본인도 작성한 적이 없다."라고 밝히기도 했다. 환자 보호자들이 의사들에게 환자를 잘 봐달라고 건네는 '촌지'는 사실 제약사의 '리베이트'에 비하면 오히려 소박한 편에 속한다.

중국에서의 의약품의 가격구조는 리베이트 등으로 시장이 완전히 왜곡돼 있다. 환자가 워낙 많다 보니 제약사는 의사들에게 사활을 걸고 이른바 '풀 베팅'을 한다. 중국 매체에 따르면 중국에서 공장도 출고가가 0.32위안약 62원짜리 주사액은 몇 번의 유통과정을 거쳐 환자에게 21.26위안약 4,130원에 팔린다. 중간 유통과정에서 발생한 이윤만 원가의 6,500%에 해당한다. 이는 유통과정에서 판매상, 병원, 의사가 모두 리베이트를 챙기기 때문이다. 다국적 제약사의 천문학적 수익은 몇 개의 나라를 돌아 더 낮은 유통단계를 서치며 약가를 부풀려 팔기 때문에 가능하다. 그래서 중국과 같이 넓은 시장을 뚫을 수만 있다면 리베이트 액수는 이들에게 중요하지 않다. 어차피 중국 환자의 호주머니에서 모두 나오기 때문이다.

2013년 중국에서 발생한 'GSK의 뇌물 파동'은 그 대표적인 사례다. 당시 후난湖南성 창사長沙시 중급인민법원은 영국계 글로벌 제약회사 '글락소스미스클라인GSK' 중국지사에 사상 최대 규모의 30억 위안약 5,800억 원의 벌금을 부과했다. 또 영국 국적의 마크 라일리 전前 GSK 중국 대표에게 3년형을 선고하는 등 전직 고위 간부 5명에 대해 각각 2~3년 형을 선고했다. 중국 공안에 따르면 GSK가 자사 제품을 사용하게 하려고 2007년부터 6년여간 뿌린 뇌물 성격의 돈만 약 30억 위안 규모라는 것이다. GSK는 700여 개 여행사를 통해 돈을 세탁한 뒤, 고위 공무원과 의사들에게 리베이트를 제공하고 약품 판매량을 늘렸다고 한다. 심지어 다른 국가보다 7배나 비싸게 약값을 부풀려 팔기도 했다. 재판 직후 GSK 본사는 사과 성명을 통해 "법원 판결에 승복하며 중국 전체 인민들에게 깊이 사과드린다."라고 밝혔다.

중국 병원에도 공동부유의 바람이 불면서 의료 비용 절감과 공공병원 지원확대, 민간병원 규제 강화, 기본 의료 서비스 강화가 이뤄지고 있다. 하지만 의약품과 의료기기의 가격을 낮추는 정부의 강력한 규제 정책이 시행되면서, 벌써부터 일부 의료기기나 신약

부족 사태를 맞고 있다. 병원들은 규제된 가격으로는 일부 기기나 약품을 공급받기 어렵다며 환자들이 적절한 치료를 받지 못하고 있다고 지적했다.

한줄기 빛 '주식마을' 탄생

빈부격차가 벌어지면서 농민공과 농민들이 절대빈곤의 사슬에서 벗어나게 해줄 탈출구로 다가온 것이 주식투자이다. 2014년 11월부터 시작된 7개월간의 중국 증시 랠리는 거칠 게 없어 보였다. 중국인들은 자고 나면 뛰는 증시를 보며 열광했다. 너나 할 것 없이 주식 시장으로 달려갔고 돈 될 만한 것은 모두 팔아 주식을 샀다. 이런 주식 광풍은 도시나 농촌이나 별반 차이가 없었다. 대륙 전체가 홍역을 앓았다고 해도 지나친 말이 아닐 정도다.

산시陝西성 시안西安에서 서쪽으로 1시간 정도 가면 인근에 싱핑興平시가 있다. 인구 62만 명의 작은 현縣급 도시다. 이곳에 있는 난리우촌南留村이 중국 매체의 집중 조명을 받았다. 자그마한 시골 마을이 전 세계 언론의 관심을 끈 이유는 '주식' 때문이다. 원래 이 마을은 사과를 주로 재배하는 궁벽한 시골 부락이다. 아직도 비단이나 삼베 등의 피륙을 짜는 베틀이 있고 전통 수공예와 바느질로 생계를 잇고 있다. 곳곳에 쓰러질 듯한 흙집도 그대로 남아있다. 그런데 이 마을 주민들이 대부분 주식투자에 나서면서 유명해졌다. 이 마을 800여 가구 가운데 100여 명의 농민이 주식을 했다. 마을에서 젊은 축에 속하는 4, 50대가 거의 주식을 한다. 그래서 붙여진 별명이 '주식 마을炒股村'이다. 이들 농민은 새벽에 일어나 농사일을 하고 낮에는 주식을 거래한다. 이 마을 사과밭에서 만난 한 농민은 한해 전 자신의 사과밭 1,800㎡를 경작해 6만 위안1,100만 원 정도의 수입을 올렸다고

산시(陝西)성 싱핑(興平)시에 있는 시골 부락 난리우촌(南留村)은 주식마을로 유명하다. 마을 서기집 거실에 컴퓨터와 49인치 대형 모니터가 설치된 '주식 객장'까지 만들었다.

말했다. 농촌에서 적지 않은 수입을 올리고 있지만 그 역시 주식에 투자하고 있었다. 그는 자신의 일과를 이렇게 소개했다. "새벽에 일어나서 농사일을 좀 하다가 오전 9시에 집으로 돌아와서 아침밥을 먹고 주식을 한다. 그리고 오후 1시부터 3시까지 주식을 하고 그 뒤에 밭에 나간다."

이 농민은 자신의 스마트폰에서 현재 거래하고 있거나 관심 있는 종목 수십 개를 보여주었다. 자랑삼아 보여준 그의 스마트폰 주식 계좌에는 오른 주식이 더 많아 보였다. 하지만 자신은 주식을 절대로 전문적으로 하는 것이 아니고 단지 부업일 뿐이라고 설명했다. 왜 주식을 하느냐는 질문에 그는 속삭이듯 나지막한 목소리로 작년부터 시작해 돈을 좀 벌었는데 은행 이자가 너무 낮기 때문이라고 했다. 그래서 돈이 있으면 모두 주식에 투자한다고 말했다. 한 해 농사로 번 수입도 모두 주식에 투자하고 있다. 자신도 주식이 위험하다는 것을 알고 있지만 그것은 견딜 수 있는지의 문제라며 크게 괘념치 않는 듯한 태도를 보였다. 이 농민은 주식을 잘 이해하고 있으면 걱정할 필요가 없다고 말했다. 주식은 원래부터 오름이 있으면 내림이 있다며 나름의 주식 철학을 얘기했다. 그와의 인터뷰가 진행될 때 곁에서 지켜보던 아내는 이런 그의 말에 마뜩잖은 표정을 지었다. 아내는 걱정이 많다. 그녀는 주식을 못 하게 하지만, 남편이 한사코 고집을 피워 어쩔 수 없었다고 말한다. 큰 손해를 볼 뻔한 일도 여러 번 겪었다고 얘기했다.

2005년부터 주식을 시작한 농민 리우쉬체旭 씨의 일과도 비슷하다. 동틀 무렵 새벽 밭에 나가 일하고 오전 9시에 집으로 돌아와서 뉴스부터 챙겨 본다. 그리고 그날 주식 시장이 어떻게 열리는지 관심 있게 지켜본다. 뤼우 씨는 주식을 연구하기 위해 매일 특징적인 주식 종목과 흐름을 노트에 꼼꼼히 기록하고 있다. 그는 자신의 주식투자 철학은 정부 정책을 중요하게 생각하고 투자하는 것이라고 말한다. 그래서 그는 정부가 추진 중인 신실크로드 정책인 '일대일로一帶一路'사업이라든지 고속철 합병 소식을 주의 깊게 본다고 말했다. 주식 시장에 큰 영향을 줄 수 있는 재료라는 것이다. 그러면서 올해 같은 상승장牛市에서는 절대로 주식을 포기하지 않을 것이라고 말했다. 그에게는 농사보다 주식이 훨씬 돈을 빨리 벌게 해준다는 믿음이 있었다.

이 마을에 사는 65세의 난싱라오南兴半 씨는 원래 초등학교 교사로 일하다 은퇴했다. 그도 마을 농민들이 주식으로 돈을 벌게 되자 퇴직금 일부인 3,500위안약 64만 원을 주식에 투자했다. 처음에는 그의 아들과 며느리가 그가 주식하는 것을 반대했다고 한다. 하지만 이제는 아들, 며느리와 함께 주식을 한다. 난 씨는 주식한 지 6개월 만에 2만 위안약 370만 원을 벌었다. 이뿐만이 아니다. 마을에서 편의점을 하는 한 아주머니는 6개월 사이에 12만 위안2,180만 원을 손에 쥐게 되었다. 그녀는 아들의 6개월 월급에 해당하는 돈을 벌었다며 흐뭇해했다. 주식을 한 지 6개월밖에 되지 않는 리우안치卓 씨도 시진핑 주석이 시안에 왔을 때 시안 관광과 시안 음식 관련 주가가 폭등했다며 시 주석이 중국판 실리콘밸리로 불리는 중관촌中关村에 시찰하러 갔을 때 중관촌 주식을 사서 재미를 보았다며 즐거워했다.

이렇게 주식으로 한몫 잡았다는 사람들이 하나둘 생겨나면서 마을 주민들이 너나 할 것 없이 주식에 뛰어들었다. 주식이 너무나 쉬워 보였기 때문이다. 마을의 풍경도 달라졌다. 예전에는 동네 곳곳에서 농민들이 틈만 나면 마작으로 소일했다. 하지만 지금은 농민들이 경제 뉴스와 주식에 관한 토론을 더 선호한다. 세계에서 벌어지는 다양한 사건에도 관심이 생겼다. 모두 주가와 관련되기 때문이다. 이런 바람을 타면서 이 마을 서기인 난둥량南栋梁 씨의 집에는 아예 '주식 객장'까지 만들어졌다.

예전에 사랑방 역할을 하던 10㎡ 크기의 거실에 컴퓨터와 49인치 대형 모니터가 설치됐다. 이곳에서 농사일을 마치고 돌아온 농민들이 모니터를 보며 추세선을 분석하고 주식 거래를 했다. 난 서기는 시골이라 인터넷이 안 되는 집이 많아 몇천 위안의 자비를 들여 주식하는 농민들에게 제공하고 있다고 얘기했다. 많을 때에는 농민 20여 명이 이곳에 와서 주식 토론을 한다. 난 서기는 2007년 당시엔 5~6명에 불과했는데, 지난 2013년부터 마을 주민들이 주식을 시작하더니 2014년에는 많은 농민이 주식 시장에 발을 들여놓았다고 말했다. 한 해 전에 70~80개의 증권 계좌가 한꺼번에 개설되기도 했다. 한 싱핑시 증권사 영업부장은 이곳 농민들은 1월 19

일 주가폭락을 모두 피했다고 말한다. 당시 전국의 많은 개인 투자자들이 주식을 팔지 못했지만, 이들은 거의 전부 팔아 현금화했다며 이들 농민들의 안목을 놀라워했다.

그런데 그 후 중국 상하이종합지수는 급전직하 폭락했다. 중국 매체는 6월 26일 '검은 금요일' 이후 달라진 이 주식 마을을 크게 보도했다. 증시 폭락 이후 마을 주민들이 예전에 하던 폐품과 쓰레기 줍는 일을 다시 시작했다고 보도했다. 또 한동안 사라졌던 마작하는 농민들도 하나둘씩 다시 생겨나고 있다고 소개했다. 주식마을의 상징처럼 여겨지던 시끌벅적하던 주식 객장은 인적이 끊겼고, 촌 서기는 문을 걸어 잠갔다. 마을 주민들도 주식에 대해 얘기하길 꺼린다. 그들이 꿈꿨던 부농의 꿈은 여름날 신기루처럼 허망하게 사라지고 말았다.

10

공동부유 결말:
침몰

사교육 규제에
학원가 썰렁, 집값 급락

빈부격차 해소를 목표로 하는 공동부유의 칼날은 사교육과 부동산 시장으로 향했다. 저출산의 원인으로 지목된 높은 사교육비와 비싼 부동산 가격은 이전부터 원성의 대상이었다. 시진핑 정부는 이 부분에 대한 개혁을 통해 민심을 얻고 정권 연장의 명분을 찾으려 한 것으로 보인다. 하지만 시장의 충격이 컸고 그렇지 않아도 휘청이는 중국 경제에 어두운 그림자를 드리웠다. 막무가내 식 사교육 규제는 큰 혼란을 초래했고 집값이 급락하는 원인이 됐다.

중국 정부는 2021년 9월 신학기부터 쌍감雙減 조치를 시행한다고 전격적으로 발표했다. 두 가지를 줄이겠다는 뜻의 쌍감 조치의 대상은 유소년들의 숙제와 사교육 부담이다. 이에 따라 초·중학생을 대상으로 한 예체능을 제외한 방과 후 교습은 금지됐다. 주말과 공휴일, 방학 때 학원 강의와 과외도 금지했다. 코로나19로 급성장한 온라인 사교육 강의도 불허했다. 사교육 기관의 신규 개업은 불가능하며, 기존 사교육 기관은 비영리 기구로 재등록해야 한다. 온·오프라인 교육업체의 해외자본 IPO기업공개와 인수합병 및 가

맹점 방식의 투자도 금지됐다. 더 나아가 초등학교 1, 2학년은 지필시험을 금지했고, 시험 성적 등수를 매기거나 이를 반 배치에 활용하는 것도 막았다. 우등반을 허용하지 않겠다는 것이다.

이런 조치의 배경에는 공동부유가 자리 잡고 있다. 중국 교육 당국의 발표가 나온 뒤 개학을 전후로 해서 각 지역 교육당국이 구체적인 방안을 쏟아냈다. 초등학교 1, 2학년에게는 숙제를 내지 말고, 3학년부터 6학년까지는 1시간을 넘기는 숙제를 내면 안 되도록 했다. 이 때문에 중국의 뜨거운 교육열과 함께 성장해온 학원가는 하루아침에 문을 닫아야 했다. 광둥성广东省 선전의 1인당 GDP는 2023년 기준으로 약 19만 5,230위안약 2만 7,000달러으로 베이징과 상하이에 이어 세 번째로 부유한 도시이다. 이 선전에서 사교육 1번지로 통하는 학원 밀집 상가인 백화신천지百花新天地는 쌍감 조치로 직격탄을 맞았다. 정부 발표 이후 입주 학원은 불이 꺼진 채 문이 굳게 잠겨 있었다. 걸상과 의자가 어지럽게 놓여 있었고 사무실에도 학원 관계자를 찾아볼 수 없었다. 폐원 소식을 미처 접하지 못하고 학원을 찾은 한 중학생은 굳게 닫힌 학원 문을 보며 당황했다. 이 중학생은 학원에 다녔는데 선생님이 앞으로 어떻게 수업할지 자신에게 알려주지 않았다고 말했다.

이런 상황은 랴오닝성辽宁省 선양沈阳의 유명 학원가도 비슷했다. 학원들이 거의 문을 닫았다. 심지어 한 학원은 정부 조치 이후 폐업한 뒤 내부 수리가 한창이다. 아예 신선 식품 가게로 업종을 전환하기 위한 인테리어 작업을 벌이고 있었다. 학원 관계자는 예전에 학원 영업을 한 지 10년이나 됐는데 사교육 규제 정책 이후 앞으로 정책이 어떻게 될지 알 수 없어서 문을 닫았다고 말했다. 또 다른 많은 학원은 경영난을 우려했다. 한 학원 관계자는 학생들이 오지 않기 때문에 사무실 비용은 높은데, 인건비 부담도 커 유지하기 힘들다고 말했다.

중국 정부는 학부모의 체감도를 높인다며 경찰까지 동원해 불법 과외 단속을 벌였다. 현직 교사가 호화 별장에서 고액 과외를 하다 들통나는가 하면, 단속 과정에서 문을 부수고 강사에게 폭력을 행사하는 일까지 벌어졌다. 하지만 중국 정부의 사교육 규제에 대한 단호한 의지에도 불구하고 불법·편법 과외가 성행했다. 한마디로 '위에 정책이 있다면 아래에는 대책이 있다上有政策 下有對策'는 식의 중국식 변통술이 진가를 발휘했다. 현장에선 벌써부터 1대 1일 비밀과외가 유행했다. 중개 업소가 가사 도우미로 소개한 명문대 졸업생이 해당 가정에 입주해 고액 과외를 하는 식이다. 학력 수준과 영어 구사 능력, 유학 경험 등 이력에 따라 월 1만 위안에서 최대 4만 위안약 776만 원까지 받는 경우도 생겨났다. 특히 예체능과 놀이식 교육은 규제 대상에서 제외되면서 오히려 틈새시장이 열렸다.

이를 바라보는 학부모들의 반응은 엇갈렸다. 일부 학부모들은 사교육비가 줄어든다는 점에서 대체로 반겼다. 아파트 놀이터에서 아이들이 보이기 시작했다는 말이 나왔다. 하지만, 입시 제도가 바뀌지 않으면 사교육이 근절되기 어렵다는 반론도 만만치 않다. 한 학부모는 "한 아이가 학원을 다닌다면, 한 과목당 1년에 아마 몇만 위안이 들 겁니다. 간단히 말하면, 영어 학원 1대 1로 수업하면 한 시간에 1,500위안29만 원에 달합니다."라며 정부 조치를 반겼다. 반면 또 다른 학부모는 "현재 고등학교 입학시험이 바뀌지 않았는데 쌍감 정책으로 보충수업을 못 하고, 시험을 잘 못 보면 무슨 소용이 있겠어요. 결국 학부모와 아이에게 스트레스가 되는 거죠."라고 말했다.

하지만 사교육 금지 정책이 시간이 흐르면서 형해화되고 있다는 비판이 나왔다. 당국의 단속에도 불구하고 음성적인 과외 시장은 여전히 번창하고 있다는 것이다. 선전深圳의 한 과외 중개인은 "정부가 영리 사교육 기업을 처음으로 압박한 지 2년이 지난 지금 과외가 매우 빠르게 번창하고 있다"라며 "점점 더 많은 부모가 방과후 학원과 과외가 여전히 존재하고 있으며 자식들을 학원에 보내지 않으면 뒤처질 것임을 깨닫고 있다"라고 말했다. 상하이의 한 영어 과외선생은 "수요가 미쳤다"라며, "시간당 400위안약 7만 8,000원 이상을 받으며 아파트를 오가고 있다"라고 실태를 전했다.

쌍감 정책 발표 직후 중국 내 최대 온라인 사교육 업체인 '신둥팡자오위커지新东方教育科技'는 일순간에 무너졌다. 주가도 90% 가까이 폭락했다. 베이징대 출신인 위민훙俞敏洪 대표가 설립한 신둥팡은 중국 전역에서 1,500개에 달하는 지점이 폐쇄됐고, 학원 강사 등 6만 명 넘는 직원들이 일자리를 잃었다. 쌍감 시행에 따라 사교육 기관·학원들이 대부분 문을 닫으면서 2조 위안약 387조 7,000억 원 규모였던 중국 사교육 시장이 사실상 붕괴했다. 2021년 12월 28일 위민훙 대표가 직접 농산물 쇼호스트로 출연해 큰 화제를 모았다. 자신이 만든 농산품 라이브커머스에 출연한 그는 3시간 동안 진행된 첫 생방송에서 약 460만 위안, 우리 돈 9억 원어치 농산물을 팔았다. 누적 시청자 수도 180만 명을 넘었다. '쌍감' 시행 이후 파산 위기에 몰렸던 중국 최대 학원기업 신둥팡은 라이브커머스를 통해 기사회생했다. 이런 성장 배경에는 자수성가한 대표적 인물로 꼽히년 위 회장과 스타 강사들이 갑작스러운 정책 전환으로 몰락한 데 대한 동정심이 작용했다는 분석도 있다.

이런 중국 정부의 강력한 교육 개혁 조치는 부동산 시장을 얼어붙게 만들었다. 특히 서울 강남의 8학군처럼 교육 기반 시설이 잘 갖춰져 집값 상승세가 멈추지 않았던 명문 학군 즉 '쉐취팡学区房' 지역에 영향을 미쳤다. 베이징과 상하이, 선전 등 중국의 주요 대도시에 있는 이런 쉐취팡 지역은 좋은 학교 근처에 집이 있으면 근거리 배정 원칙에 따라 자녀를 그 학교에 보낼 수 있어 부동산 가격이 매우 높다. 선전의 쉐취팡 지역에 거주하는 한 학부모는 "학원 가는 것이 아주 편리하고 어디에나 학원이 있다. 게다가 규모도 비교적 크고 본사가 모두 이쪽에 있다. 그다음에 좋은 선생님들도 다 여기 있다."라며 자랑했다. 그런데 중국 정부의 쌍감 정책 이후 부동산 가격이 떨어지고 있다며 울상이다. 가격이 하락하면서 부동산 거래가 거의 끊겼다고 말했다. 116m² 아파트는 경매에 시세보다 500만 위안, 9억 원 정도 싸게 나왔지만 팔리지 않았다. 다른 아파트 역시 시세보다 20% 싸게 경매에 나왔지만 역시 거래가 이뤄지지 않았다. 한 부동산 중개업자는 "지금 이런 상황에서 유찰되는 것은 이상하지 않다며 지금 시장이 조정 중에 있기에 가격을 다시 정해야 한다."라고 말했다.

중국은 도시별로 '지도 가격' 제도를 시행하고 있다. 지방 정부가 부동산 가격을 정해 사실상 그 이상 팔지 못하도록 묶은 것이다. 지도 가격의 설정으로 인해 부동산 거래가 위축되고, 집값이 하락하는 현상이 나타났다. 광저우에서는 '지도 가격'이 시가의 최고 50%까지 내려갔다. 부동산 중개업자는 "현재 시장 전체가 조정되고 있기 때문에 모든 가격을 정부의 지도가격에 따라 다시 참고해 인하 조정해야 할지 모른다."라고 말했다. 이처럼 중국 정부는 궁극적으로 교육비 절감과 부동산 시장 안정을 통해 출산율을 높이겠다는 전략이다. 하지만 많은 학부모들이 "어차피 나에게 아이가 더 이상 필요 없다. 아이 하나 키우기도 너무 힘들다."라고 말한다. 공동부유는 정부의 뜻대로 낙관적이지 않았다.

세계 최대 인공섬 건설,
헝다 파산으로 좌초

중국 정부의 공동부유 정책은 사교육 시장에 이어 건설업계에도 큰 영향을 미쳤다. 중국 정부는 2020년 8월, 부동산 개발사의 차입을 억제하는 '3개 레드라인三条红线' 조치를 단행했다. 부동산 개발업자에 대해 순부채율을 100% 이하로 낮추고, 유동부채 대비 현금성 자산을 1배 이상으로 늘리며, 선수금을 제외한 자산부채율을 70% 이하까지 낮추도록 규제했다. 이와 함께 부동산 개발사들을 겨냥해 자금조달과 분양가격 책정 등 전 분야에 걸쳐 조사도 진행했다. 주택가격 상승에 따른 빈부격차 해소와 출산율을 높이겠다며 부동산 개발업계에 대해 칼을 빼던 것이다. 시진핑 주석은 2016년 12월, 베이징에서 열린 중앙경제공작회의에서 처음으로 "집은 거주용이며, 투기용이 아니다房住不炒"라고 못을 박았다. 2020년부터 시작된 코로나19 영향과 2021년 정부 대출규제 심화로 부동산 시장은 급속히 꺾이기 시작했다. 특히 중국 부동산 위기의 상징인 헝다恒大, 에버그란데는 부동산 기업의 집단 디폴트의 서막을 열었다.

　'중국의 하와이'라 불리는 하이난海南섬은 시진핑 정부가 역점적

으로 추진하는 해상 실크로드의 핵심 거점이다. 이 하이난섬의 서
북쪽에 세계 최대 규모의 인공섬인 '하이화다오海花島'가 있다. 단저
우儋州시 해안에서 600m 떨어진 바다를 매립해 만든 하이화다오는
하이난성의 성화인 '부겐빌레아Bougainvillea' 꽃을 형상화해 만들었
다. 바다를 매립해 만든 두바이 팜주메이라를 벤치마킹했다. 면적
은 여의도의 1.7배 정도인 7.8km²이다. 이 인공섬은 쉬자인許家印 헝
다恒大 회장이 총 1,600억 위안약 29조 9,000억 원을 투자해 호텔, 워터
파크 등 휴양·오락 시설과 고급 별장촌 및 아파트 단지 등이 들어

세계 최대 규모 인공섬 하이화다오. 공사 중단에 부실공사로 입주민 원성을 사고 있다.

선 복합 레저 단지를 조성했다. 섬 중심에 특급호텔과 테마파크 등이 들어선 꽃 모양을 한 1호 섬이 들어섰고, 파도 모양을 한 아파트 위주의 2호 섬과 고급 별장 위주의 3호 섬이 양옆에 나란히 자리 잡고 있다.

2013년 헝다는 바다 매립권 허가를 받고 본격적으로 사업을 추진했지만, 정부의 부동산 대출 규제로 심각한 유동성 위기를 겪으면서 공사가 멈췄다. 특히 2호 섬 끝자락에 시공 중인 아파트 단지는 완공을 눈앞에 두고 공사가 중단됐다. 당초 18층 높이의 아파트에는 2,700가구의 아파트와 상가가 들어설 예정이다. 특히 바다를 가까이서 조망할 수 있어 총분양 대금이 1조 4,000억 원에 이른다. 하지만 헝다가 부채위기에 빠진 2021년부터 공사가 멈췄다. 게다가 단저우시는 2021년 12월에 이 아파트 단지가 해양환경을 파괴한 위반 건축물이라며, 2호 섬에 있는 건물 39개 동을 열흘 안에, 철거하라고 명령했다. 이뿐만 아니라 2호 섬 내 절반 가까이 되는 개발 예정지에 대한 건축 허가도 취소했다. 하지만 철거 명령이 '뜬금없다'는 지적이 쏟아지자, 단저우시는 헝다가 2호 섬에 건설 중인 아파트 39개 동에 대해 내렸던 철거 명령을 몰수로 변경했다.

쉬 회장과 의기투합해 하이화다오 사업을 자신의 공적으로 만들고자 했던 장치張埼 전 단저우시 당 서기가 비리 혐의로 낙마하면서 하이화다오 사업은 전면 재검토에 들어갔다. 유착관계가 드러났기 때문이다. 중앙 환경감사팀이 파견돼 조사를 벌여 바다 환경을 파괴하는 '불법 프로젝트'로 지목됐다. 2021년 1월 당 중앙기율검사위는 장 전 서기의 '죄상'을 공개하면서 그가 섬 개발을 핑계로 돈을 벌기 위해 규정을 어기고 하이화다오 사업을 인가했다고 비판했다. 이와 관련해 헝다 분양 피해자는 "단저우시 서기 등 많은 사람이 연루됐는데, 헝다를 철저히 조사하면 전국에서 적어도 공무원 만 명은 낙마할 것이다."라고 말했다.

이런 부패 고리는 신축 아파트뿐만 아니라, 이미 분양한 아파트에도 피해를 낳았다. 2호 섬에 300여 동, 3호 섬에 400여 동, 모두 7만여 가구에 이른다. 대금을 치르고도 소유권자들이 지금까지 등기 권리증을 갖지 못해 팔지도 못하고 있다. 헝다가 이미 분양 전 아파트를 담보로 대출을 받았기 때문이다. 헝다 분양 피해자는 "우리가 집을 살 때 어떻게 우리 집이 저당 잡혔는지 알 수 있겠습니까? 헝다가 저당 잡았으면 우리는 사지도 않았을 거예요. 모두들 지금 집이 저당 잡혀서 권익을 지켜야 합니다."라고 말했다. 심지어 헝다는 협력업체에 지급해야 할 공사대금을 아파트로 대신 주기도 했다.

문제는 이런 아파트는 근저당이 설정돼 있어 위험하다는 게 현지 중개업소의 얘기이다. 부동산업체 관계자는 "제곱미터당 7,000~8,000위안의 집이라도 사지 마세요. 그것은 헝다에 속한 자산이기 때문에 정부가 청산합니다."라고 설명했다. 더구나 부동산 경기 침체로 집값이 계속 곤두박질치고 있다. 해가 떨어진 아파트 단지에는 불 켜진 집이 한 동에 네다섯 집에 불과해 이른바 '구이청鬼城, 미분양으로 인해 사람이 살지 않게 된 귀신의 마을'을 연상하게 했다. 번듯하게 지어진 수십 동의 아파트와, 불그스레한 지붕으로 가득 찬 별장촌인 3호 섬의 사정은 더욱 심각했다. 따뜻한 기후 덕분에 겨울을 나는 휴양지로 인기였지만 지금은 사정이 달라졌다.

3호 섬의 별장촌은 유럽의 주택가를 연상시킬 정도로 매우 호화롭게 지어졌다. 하지만 대부분 집안은 텅 비어있고 길거리에서 사람의 흔적을 찾을 수 없을 정도로 한산하다. 외지인들이 대부분 투기 목적으로 주택을 구매했기 때문이다. 쉬자인 헝다 회장의 해상 왕국을 실현한 1호 섬은 호텔과 국제회의장, 대형 공연장, 영화 촬영소, 고급 식당가 등이 망라된 최대 관광명소이다. 하지만 바닷가 쪽에 있는 호화 별장단지는 공사가 중단돼 흉물스럽게 방치됐다. 축구장 21배 규모로, 중국에서 가장 큰 면세점이 들어설 국제쇼핑센터는 당초 2021년 말 오픈할 예정이었지만 공사가 중단됐다. 만 3천㎡나 되는 복합 공연장도 역시 공사가 중단됐다.

이에 성난 투자자들이 헝다그룹 선전 본사에서 투자금 반환 시위를 벌였지만 이내 경찰력이 투입돼 시위를 막았다. 이들은 연일 시위를 벌이며 "돈을 돌려 달라"고 목소리를 높였다. 하지만 현지 공안은 채권자들의 시위를 막으려고 헝다 본사로 연결되는 허우하이后海 지하철역의 출입구 셔터를 내리고 바리케이드로 막았다. 공안이 본사 주변을 수시로 순찰하고 있어 취재진의 접근이나 외곽 취재도 쉽지 않았다. 헝다는 당시 소리소문없이 선전 본사를 이전해 '야반도주'냐는 비아냥거리는 소리를 듣기도 했다. 30조 원을 들여쌓아 올린 세계 최대 인공섬은 바벨탑처럼 무너져 내렸다. 헝다의 야심작이 자금난에 빠진 헝다를 구하기는커녕 승자의 저주로 돌아왔다.

이런 와중에 헝다는 전기차 사업에도 뛰어들었다. 쉬자인 회장은 2019년 20억 달러약 2조 4,000억 원의 자본금으로 헝다차를 설립했고 2022년 1월, 헝다차는 웨이보微博에 톈진 공장에서 진행된 '헝츠恒馳5' 양산 1호차 출고식 영상을 올렸다. 당시 쉬자인 헝다 회장은 만족감을 나타내며 진짜 멋있다고 엄지척했다. 이후 헝다는 지방정부 투자까지 유치하면서 공격적으로 사업을 펴 2025년까지 중국과 해외 공장에서 연간 100만 대 이상의 전기차를 생산하겠다는 야심찬 청사진을 제시했다.

모기업의 유동성 위기로 내일을 알 수 없는 상황을 맞게 됐지만 헝다는 애써 외면했다. 2023년 6월, 헝다 전기차인 '헝츠'를 생산하는 광저우 공장은 채무불이행디폴트에 빠진 모기업 헝다恒大 그룹처럼 휘청했다. 평일 대낮인데도 공장은 가동을 멈췄고 직원들은 거의 보이지 않았다. 공장 곳곳에는 짓다가 만 건물이 흉물스럽게 방치돼 있었다. 순찰하는 경비들은 공장 밖을 주시하며 누구라도 있으면 바로 달려왔다. 취재하지 못하도록 원천 봉쇄하기 위해서다. 공장 인근 주민은 헝다가 돈이 없어서 짓다 만 건물이 많다고 말했다. 헝다는 자금난으로 톈진 공장도 생산을 중단했다. 헝다차의 첫 번째 모델인 헝츠5는 2023년 말 기준 고작 1,389대가 고객에 인도됐고 119억 9500만 위안의 순손실을 기록했다. 결국 2024년 7월, 헝다의 핵심 계열사인 헝다차의 자회사 2곳이 파산 및 법정관리에 들어갔다.

쉬자인 회장은 헝다가 파산하면 관련 산업과 금융 시장에 미치는 파급력이 크기 때문에 중국 정부가 절대 죽이지 않을 것이라는 '대마불사'의 믿음을 가졌던 것으로 보인다. 하지만 그 예상은 빗나가고 있다.

얼어붙은 부동산,
투신 소동에 시위까지

"불법 대출, 상환 거부!" 2020년부터 코로나19 영향으로 부동산 시장이 급속히 침체에 빠지기 시작했다. 하지만 정부는 부동산 시장 규제 정책인 디레버리징Deleveraging, 부채축소정책을 고수했다. 이 영향으로 헝다恒大와 비구이위안碧桂園 등 수많은 대형 부동산업체가 자금난에 몰리면서 디폴트에 빠졌다. 공사가 중단된 아파트가 급격히 늘어나면서 중국 전역에서 주택담보 대출 납부를 집단 거부하는 일까지 벌어졌다.

헝다는 2021년 9월 공식적으로 디폴트를 선언했다. 하지만 그 전부터 자금 사정이 좋지 않아 공사 중단이 나타났다. 후베이성 우한에 건설 중이던 5,000세대 규모의 아파트 공사는 멈춘 지 오래다. 외벽에 2022년 8월 말까지 완공 기일을 적어 놓았지만, 작업자들은 거의 보이지 않았다. 건물 골조만 올라갔을 뿐 언제 공사가 재개될지 알 수 없는 상황이다. 이 때문에 하루에도 수십 명의 입주 예정자들이 불안한 마음에 공사장 옆 분양사무소를 찾았다. 입주 예정자들이 은행에서 빌려서 낸 분양 대금만 7,700억 원이 넘는다. 입주 예정자들은 8월부터 공사를 재개하지 않으면 대출 상환 거부에 나서겠다고 밝힌 상태였다. "1차 목적은 틀림없이 집을 인도하는 것이고 시설도 잘 갖춰야지. 집만 인도하면 안 돼 시설도 갖춰야지."라고 한 입주 예정자는 말했다.

하지만 헝다가 디폴트를 선언하면서 협력업체들도 연쇄 부도 위기에 놓였다. 자금난에 빠져있는 헝다는 현재 자체적으로 할 수 있는 일이 없다고 말했다. 우한 헝다 공사 관계자는 "정부에 먼저 물어야 해요. 돈을 빨리 줄 수 있는지 정부에 물어봐요. 돈을 빨리 주면 집을 빨리 지을 수 있죠."라며 정부에 탓을 돌렸다. 2021년 7월 공사가 중단된 뒤 완공이 계속 미뤄지면서 후난성 창사에서는 입주 예정자가 급기야 아파트 옥상에 올라가 투신 소동까지 벌였다. 이를 목격한 주민들은 안타까움을 나타냈다. "자식에게 주려고 결혼용으로 집을 샀는데, 집을 인도하지 않으니 버티지 못하고 뛰어내리려 했어요." 공사가 중단된 이런 '란웨이러우烂尾楼' 즉, 미완공 아파트 현장 곳곳에서 투신소동이 벌어졌다.

결국 2022년 6월, 장시성 성도 남창南昌과 핑샹萍乡에서 주택 담보대출모기지 상환 거부 운동이 시작되었다. 부동산 개발사들이 주택을 제때 완공하지 못했는데 주택 구매자들은 모기지상환을 계속해야 했기 때문이다. 중국에서는 일반적으로 선분양 방식을 통해 아파트를 공급한다. 즉, 건물이 완공되기 전에 구매자들이 미리 계약금을 내고 주택을 분양받는다. 이때 개발사는 구매자들이 낸 계약금과 은행에서 받은 대출을 이용해 건설을 진행한다. 은행은 구매자들이 낸 모기지 대출을 통해 개발사에 자금을 제공하는데 문제는 개발사들이 이 자금을 제대로 관리하지 못해 다른 프로젝트나 빚 상환에 사용하면서 건설이 중단된다. 이럴 경우 구매자는 아직 집을 빋지 못했는데도 계속해서 모기지를 상환해야 하는 상황이 발생한다. 헝다가 선분양으로 계약금을 받은 뒤 완공하지 못한 '란웨이러우烂尾楼' 즉, 미완공 아파트가 전국적으로 160만 채가 넘는 것으로 알려져 있다.

2022년 7월 14일, 시안西安에서는 1,000여 명의 분양 피해자들이 은행 감독국 건물을 에워싸고 대규모 '포위 시위'를 벌였다. 이들은 "집을 인도하기 전까지 대출금을 갚지 않겠다."라고 외쳤다. 중국에서 그간 공사 중단 아파트 수분양자들의 산발적 시위가 벌어진 적은 있지만, 부동산 개발 프로젝트 좌초로 입주 예정자들이 관청을 상대로 대규모 시위를 벌인 것은 처음이다. 이런 모기지 상환 보이콧 시위는 시안을 포함해 중국 100개 이상의 도시로 확산되었고, 약 320개 이상의 부동산 프로젝트와 연관된 구매자들이 모기지 상

2022년 7월 시안에서 1,000여 명의 분양 피해자들이 은행 감독국 앞에서 대규모 시위 벌였다. 이들은 "불법 대출 중단하라! 강제 대출 상환 중단하라!"는 구호를 외쳤다.

환을 거부했다.

문제는 이런 공사 중단이 중국 정부가 보증하는 국유 기업으로까지 확산되면서 중국 부동산 시장 전체로 확산됐다. 국유기업인 뤼디绿地 그룹이 우한에 짓고 있던 한 아파트는 공정률 65%에서 공사가 중단됐다. 우한시가 100만 대학생 유치계획에 따라 건립을 추진했지만, 공사 중단을 피해가지 못했다. 주택구매자 대부분은 대학 이상의 학력을 소유한 지식인층이었지만 언제 입주할 수 있을지 알 수 없는 상황에 내몰렸다. 부동산 전문가는 "뤼디 그룹은 사실상 국유 기업인데도 더 어렵다. 왜냐면 정부의 규제 강화로 자금 부족을 겪고 있고, 부동산 시장의 불안정 등이 원인이다."라고 지적했다. 뤼디 그룹은 제주도에 영리병원인 녹지국제병원 설립을 추진하기도 했다. 결국 적지 않은 건설사들이 줄줄이 자금난에 빠지면서 뤼디와 같은 대형 건설사들조차 제2의 '헝다 리스트'에 올랐다.

이런 모기지 상환 거부 움직임이 자칫 금융권 부실로 이어질 수 있다는 지적이 나왔다. 이는 중국 정부와 은행 시스템에 큰 충격을 주었다. 중국 각 은행들이 그동안 부동산 경기 호황을 타고 부동산 개발업자와 주택 구매자에게 대출을 통해 막대한 수익을 올렸기 때문이다. 이와 관련해 궈수칭郭树清 전 중국인민은행 당 서기는 2021년 기준으로, 중국 내 은행 대출 중 부동산 관련 대출이 전체 대출의 약 39%를 차지한다고 밝혔다. 궈수칭 전 인민은행 당서기는 이러한 대출 비중은 중국의 금융 안정성에 큰 영향을 미치며, 회색 코뿔소Gray Rhino'라고 언급했다. 이미 징조가 보이는 잠재적 부동산 시장의 위험성을 강조했다.

2022년 7월, 허난성 정저우는 전국 주요 도시 가운데 신규 주택 공사 지연 비율이 가장 높은 28%에 이르면서 주택 모기지 상환 거부 운동의 중심지로 떠올랐다. 이 때문에 많은 주택 구매자들이 미완공 주택에 대한 모기지 상환을 거부하며 시위를 벌였다. 동시에, 정저우와 허난성의 일부 농촌 은행들은 고객들의 예금을 동결시키면서 뱅크런예금 대량인출 사태가 일어났다. 이로 인해 약 60만 명의 예금주들이 예금을 찾지 못한 상태에 빠졌다. 피해 규모만 약 40억 달러약 5조 4,000억 원에 달하는 규모로, 예금자들이 대규모 항의 시위를 벌였다. 주택 구매자들의 모기지 상환 거부와 더불어 예금자들의 불안이 겹쳐져 뱅크런 사태로 이어진 것이다.

이에 중국 각 은행은 성명을 내고 위험이 통제가능한 범위 안에 있다며 일제히 진화에 나섰다. 하지만 부동산 경기가 침체에 빠지면서 해법을 찾기가 더욱 어렵게 되었다. 중국 내 70대 도시 가운데 34개 도시는 2년 전 수준으로 집값이 하락했고, 심지어 정저우 등 6개 도시는 5년 전 수준으로 폭락했다.

중국 은행들의 손실이 최악의 경우 약 464조 원에 달할 수 있다는 분석도 나왔다. 원톄쥔溫鉄軍 중국 런민대학 교수는 "은행이 목숨을 내걸고 부동산에 투자했다. 사실 부동산은 몇 년 전부터 넘쳐났다. 2018년, 2019년 계산에 따르면 전국적으로 분양주택은 수요의 두 배이다."라며 부동산 버블을 지적했다. '콘크리트 GDP'는 전체의 30% 정도를 차지할 정도로 중국 경제의 주요 기둥이다. 사태의 심각성을 파악한 중국 정부는 2022년 7월 열린 중국공산당 중앙정치국 회의에서 '바오쟈로우保交楼' 즉 집 인도 보장을 주요 안건으로 처음 제시했다. 이 자리에서 시진핑 주석은 지방정부가 집 인도를 보장하고 민생을 안정시키는 책임을 다해야 한다고 강조했다. 바오쟈로우 정책 이후, 일부 프로젝트는 재개되었고, 주택 인도가 이루어졌다.

그러나 부동산 시장의 전반적인 불안정성은 여전하고 근본적인 해법을 찾지 못했다. 2021년 시진핑 주석은 모두가 잘사는 '공동부유'를 제창하면서 부동산과 교육 분야에 대한 강력한 규제 정책을 실시했다. 하지만 시행 1년을 넘기면서 대형 부동산 기업의 연쇄 부도 위기로 서민의 내집 마련의 꿈은 멀어지고, 음성적 사교육비 증가로 살림은 더 팍팍해지고 있다는 평가를 받았다. 중국 정부가 뒤늦게 또다시 부동산 규제를 풀어 경기부양에 나서고 있지만 이미 식어버린 시장을 다시 살리기에는 역부족으로 보인다.

청두 아이폰 매장에서 '방을 세놓는다 (出租房屋)'는 전단을 옷에 붙이고 세입자를 찾고 있는 사람. 중국의 부동산 침체를 상징적으로 보여준다.

코로나에 농민공 직격탄,
농촌 인력난 심화

중국 헌법 1조는 "중화인민공화국은 노동자 계급이 이끌고 노동자와 농민 연맹을 기초로 하는 인민민주독재의 사회주의 국가이다. 사회주의 제도는 중화인민공화국의 근본제도이다."라고 규정했다. 노동자와 농민이 이끄는 국가임을 선명하게 명시했다. 중국 국기인 오성홍기의 작은 별 두 개도 노동자와 농민을 상징한다. 하지만 중국 정부가 부동산 시장에 대한 규제와 고강도 방역 정책인 제로코로나를 고수하면서 노동자 계급이 가장 큰 타격을 받았다. 상하이를 비롯한 대도시의 강력한 봉쇄와 통제로 코로나19 발생 이후 실업률은 최고치를 기록했다. 이런 사정은 코로나19 이후에도 계속됐다. 좀처럼 경기가 회복될 기미를 보이지 않기 때문이다. 이 과정에서 저렴한 노동력의 원천이며 중국이 세계의 공장으로 성장하는 데 큰 역할을 했던 농민공農民工들은 큰 타격을 입었다.

쓰촨四川성 청두成都시에 있는 진장錦江구 인력시장은 중국에서 6900개가 넘는 인력시장 가운데 규모가 큰 편에 속한다. 동트기 훨씬 전부터 노란 안전모를 쓴 농민공이 일자리를 찾아 모여들면서 인도까지 금방 이들로 가득 찬다. 이들은 인력을 찾는 승합차가 오면 구름떼처럼 몰려가 무슨 일을 하는지, 일당은 얼마나 주는지 등 협상을 마치면 차량에 바로 올라탄다. 인력을 다 구한 구인차량은 농민공을 태우고 곧장 일터로 떠난다. 하지만 농민공 대부분은 일자리를 잡지 못하고 발길을 돌려 숙소로 돌아간다. 한 농민공은 건설업 경기가 좋지 않은데다 코로나19 방역조치로 구직에 어려움을 겪고 있다고 말했다. "코로나19 자가 검사도 받아야 하고 외출을 줄이라고 하는데 일자리를 구할 수 없고, 구인하는 사람도 적어지고 있다."라고 말했다.

이처럼 매일 일자리를 찾는 농민공이 전 중국에서 2억 9,000만

인력시장에 구인 차량이 오면 농민공들이 몰려가 일당과 작업을 확인한 뒤 협상을 마치면 차량에 바로 올라타 일터로 향한다.

명이 넘는 것으로 추산되고 있다. 하루 벌어 하루 먹고사는 이들 농민공은 저임금과 기본적인 노동권조차 보호받지 못하는 경우가 대부분이다. 며칠째 허당치고 숙소로 돌아온 한 농민공은 일자리를 찾아 청두에 온 지 3년이 됐지만, 좀처럼 상황이 나아지는 것 같지 않다고 말했다. 그는 인력시장 부근에 하루 30위안, 우리 돈 5,700원 정도 하는 허름한 숙소에서 홀로 지내고 있다.

그는 "올해는 코로나가 심해져서 일자리 찾기가 힘들어요. 사장이 인력시장에 오질 않아요."라고 한숨을 내쉬었다. 코로나19 이후에는 청년 취업난으로 젊은 층의 유입이 늘면서 농민공이 일자리 잡기가 쉽지 않다. 농민공의 소득은 다른 노동자와 비교하면 여전히 낮은 수준이다. 2023년 제조업에 종사하는 농민공의 월 소득은 1.8% 증가한 4,780위안약 91만 원을 기록했다. 건축업에 종사하는 농민공의 소득은 2.4% 늘어난 5,488위안약 104만 원으로 집계됐다.

반면 농촌은 일손이 부족해서 난리다. 차茶의 나라 중국에서 최근 커피가 대세로 자리 잡으면서 커피 재배가 크게 늘고 있다. 세계에서 가장 오래된 차 교역로인 '차마고도'의 출발점이자 보이차普洱茶, 중국명 푸얼차의 고향인 윈난성云南省 푸얼普洱에서도 커피 바람이 불고 있다. 중국 최대 커피 생산지로 발돋움한 윈난성은 중국 커피 생산량의 98%를 차지한다. 그중의 60% 정도는 푸얼에서 생산된다. 중국 내 최대 커피 산지로 성장한 푸얼에는 커피 농장과 100여 개의 가공공장이 들어서 있다. 스위스 네슬레와 스타벅스 등 글로벌 커피 브랜드도 푸얼 커피 생두를 납품받아 현지에서 커피를 생산하고 있다.

푸얼 커피 수확철은 보통 11월부터 시작해 이듬해 2월까지 계속된다. 그중에서도 1, 2월은 가장 많은 커피를 수확한다. 바쁜 수확철에 재배 농민들은 하루 평균 50kg 안팎의 커피 생두를 딴다. 하지만 손에 쥐는 돈은 50위안, 우리 돈 만 원이 채 안 된다. 커피 농장에서 일하는 한 농민은 커피를 따서 커피 가공공장에 가져가면 1kg에 1위안을 받는다고 말했다. 그런데 가장 바쁜 수확철에 인력을 구하지 못해 커피 농장마다 어려움을 겪는다. 푸얼의 한 커피 농장은 원래 30여 농가가 함께 일했지만, 이제는 7가구만 남을 정도로 인력 부족이 심각했다. 모두들 도회지로 떠났다고 말한다.

이들이 떠난 이유는 일은 고되고 힘든데 소득은 도시와 비교해 적을 뿐만 아니라 아이들 교육 문제도 한몫했다. 한 커피농장 대표는 "커피를 재배할 노동력이 없어요. 밭에서 일하는 것을 좋아하는 사람이 없고 햇볕이 세서 매우 힘들어해요."라고 말했다. 늘어나는 수요만큼 커피 재배를 늘리려 하지만 현장 일을 기피하는 노동 성향 때문에 커피 생산 확대는 한계가 있을 수밖에 없다고 말한다. 이런 농촌 인력 감소는 더욱 심해질 전망이다. 정부가 도시 노동력 확보를 위해 법적인 정비에 나섰기 때문이다.

중국 정부는 농민공의 도시 유입을 활성화하기 위해 호구제 개편에 나섰다. 중국은 통상 태어난 지역에서 '후커우ᄆᄆ.호적'를 받는데, 특별한 경우가 아니면 다른 지역의 후커우를 받기가 어렵다. 2024년 7월 열린 제20기 중국공산당중앙위원회 3차 전체회의3중전회는 농민공에 대한 거주지 호적 등기를 통해 기본적인 공공 서비스를 제공하도록 하고 사회보험과 주택보장, 자녀 의무교육 등 동등한 권리를 누리도록 했다. 중국 국무원은 후속 조치로 초대형 도시를 제외한 도시에 대해 정착 제한을 완화하고 상시 거주지로 후커우를 등록할 수 있도록 제도를 개신했다. 특히 상주인구 300만 밍 이하인 소도시는 농촌에서 유입된 인구의 정착 제한을 전면 철폐하기로 했다.

생수보다 싼 우유,
낙농업 폐업, 도산

코로나 시기 중국의 엄격한 봉쇄 조치로 인해 농민들이 큰 타격을 입었다. 산둥과 허난의 배추 재배 농가들은 농산물이 밭에서 그대로 썩어져 나가는 모습을 안타깝게 지켜봐야 했다. 봉쇄 조치로 물류가 막혀 출하를 못 했기 때문이다. 평소 거래하던 중간상들은 봉쇄로 농장에 접근조차 못 했다. 코로나가 지나자 이제 낙농가들이 우유를 채소밭에 버리고 있다. 키우던 젖소는 내다 팔아야 할 형편이다. 원유原乳 값이 폭락하면서 팔아봐야 손해다.

급기야 중국 낙농협회 리성리李勝利 부회장은 2024년 7월 우한武汉에서 열린 제15차 낙농회의에서 충격적인 방안을 내놓았다. 30만 마리의 젖소를 도태시켜 하루에 8,000톤의 우유 생산을 줄여야만 원유 과잉생산 문제를 완화할 수 있다고 주장했다. 2018년만 해도 중국 정부는 유제품 장려운동을 펼쳤다. 이를 위해 소를 사는 낙농업자들에게 보조금도 줬다. 이 때문에 소를 키우는 농가가 급증하면서 우유 생산도 크게 늘었다. 공급과잉이 시작되면서 2023년에만 200만 톤 이상의 원유가 남아 돌았다. 이를 해소하기 위해 우유를 분유로 만들려 했지만 생산비 때문에 쉽지 않다. 분유 1톤 가격은 약 15,000위안약 290만 원에서 19,000위안약 370만 원이지만, 이를 생산하는 데 드는 비용은 약 35,000위안약 680만 원이다. 분유 1톤을 판매할 때마다 낙농업자는 약 1만 위안190만 원 이상의 손해를 보는 셈이다.

게다가 코로나19로 인한 경제둔화와 소비위축이 더해져 우유 수요가 감소했다. 중국의 우유 소비는 2021년 1인당 14.4kg에서 2022년 12.4kg으로 줄었다. 이런 상황에서 원유 가격은 계속해서 하락했다. 중국 농업농촌부의 자료에 따르면 2023년 12월 원유 가격이 전년 대비 약 11% 하락했다.

반면 생산비는 급등했다. 2022년 러시아의 우크라이나 침공으로 글로벌공급망이 혼란을 겪으면서 곡물과 에너지 가격이 크게 올랐다. 이는 낙농업에도 영향을 미쳐 사료가격 상승으로 이어졌다. 생산비가 우유 판매가격을 추월하는 상황이 빚어졌다. 8년 전인 2014년 러시아가 우크라이나의 크림반도를 침공할 당시와 비슷하게 흘러가고 있다. 당시 러시아는 서방제재에 대응해 EU, 미국, 호주 등에서 식품수입을 금지했다. 이에 따라 러시아로의 유제품 수출이 중단되면서 전 세계 유제품 시장에서 공급이 증가하고 가격은 하락했다. 이로 인해 중국의 낙농업계는 유럽산 유제품의 수입이 늘어나면서 가격 압박을 받았고, 중국 내 우유 가격도 하락했다. 이에 따라 중국은 2008년 멜라민 분유 파동 이후 최대 유업 위기를 맞았다.

중국에서 네이멍구內蒙古자치구 다음으로 우유 생산이 많은 헤이룽장黑龙江성 치치하얼齐齐哈尔에서 농가들이 무더기로 낙농을 포기했다. 치치하얼은 원래 젖소를 사육하기에 기후가 적합하고 초지가 풍부해 목축업이 발달한 곳이다. 치치하얼이란 지명도 현지 원주민인 다우르达斡尔족 말로 '천연 목장'이란 뜻을 담고 있다. 그런데 예년과 분위기가 달랐다. 을씨년스런 마을 주택 곳곳에 커다랗게 '젖소를 판다'라는 글씨가 씌어져 있었다. 젖소 운반 트럭이 마을을 돌면서 낙농을 포기한 농가들의 젖소를 싹쓸이했다. 생때같은 젖소를 내놓는 농가들은 어쩔 수 없다고 말한다. 농가들은 우유값이 말이 아니라며 킬로그램당 1위안180원이 약간 넘고 우유 수집소도 이미 망해 돈을 제때 받을 수 없다고 말했다. 그래서 젖소를 더 이상 키울 수 없다.

2024년 5월, 허난(河南)성 뤄양(洛阳)시 커우뎬(寇店)진에 있는 한자이(韩寨) 낙농단지에서 젖소 축사를 철거하고 있다. 이곳은 낙농업으로 한때 유명했지만 경영난을 겪으면서 젖소 대신 식용버섯을 키우기로 했다.

이런 현상은 중국 원유 생산량의 절반을 차지하고 있는 동북부 지역에서 광범위하게 나타났다. 심지어 영세 낙농가들이 우유를 폐기하거나 기르던 젖소를 도축했다. 중국 매체는 산지 우유 가격이 킬로그램당 1.8위안^{약 314원}까지 떨어졌다며 우유 500g이 생수 한 병보다 더 싸다고 보도했다. 그나마 근근이 버티던 낙농가들은 유가공업체가 우유 수매를 중단하거나 수매량을 축소하면서 직격탄을 맞았다. 유가공업체들이 중국 내 낙농가의 우유 수매를 꺼리는 이유는 국제 우유 가격 하락 때문이다.

우크라이나 사태 이후 러시아가 경제제재에 맞서 서방의 우유 수입을 금지하면서 세계적인 공급과잉을 초래했다. 돌파구로 찾은 곳이 중국 시장이다. 이러다 보니 유가공업체는 원가 절감을 이유로 저가의 수입 우유를 선택하면서 우유 수입이 급증했다. 2013년 18만 4,000톤에 불과하던 우유류 수입 물량은 2014년 32만 톤으로 74%나 늘었다. 유가공업체들은 오히려 농가와의 기존 계약 물량을 소화하느라 적자 폭이 커졌다고 항변한다. 국제 원유 가격 폭락에 따른 우유 공급 과잉과 시장 수요 감소가 중국 원유 가격 하락을 주도했다.

사실 러시아가 우크라이나를 침공하기 전인 2013년, 우유 가격이 계속 오르면서 중국 내 낙농가들은 드디어 한몫 잡을 기회가 왔다고 생각했다. 낙농가들은 '수창선고^{水漲船高}', 물이 불어나면 배도 올라간다는 생각에 사육 두수를 늘리면 수익도 자연 올라갈 것으로 판단했다. 그래서 단기간에 많은 돈을 들여 앞다퉈 젖소를 구입했다. 하지만 불과 반년 만에 무더기 우유 재고로 상황이 돌변했다.

우유 수매가는 덩달아 내리막길로 접어든 반면 젖소 사료나 인건비 등 생산 단가는 오히려 올랐다. 상황이 이렇게 악화되면서 영세 낙농가들이 줄도산으로 내몰렸다.

중국은 이미 여러 차례 유업파동을 겪었다. 1차 유업파동은 1992년에 닥쳤다. 당시 전국에서 젖소를 팔고 도축하는가 하면 우유를 버리는 현상이 처음으로 나타났다. 젖소 사료 가격이 제한을 받지 않고 전면적으로 풀어지면서 천정부지로 치솟았다. 반면 원유 수매가격은 전국적으로 킬로그램당 0.6~0.7위안으로 통일되면서 낙농가들이 깊은 적자의 수렁에 빠졌다. 결국 중국 정부는 원유 수매 정가제를 포기했다.

1995년부터 중국 유업은 다시 빠르게 발전했다. 유제품 소비 수요가 급속히 살아나면서 유제품 가공공장이 새로 건설되었고 젖소 사육두수도 빠르게 증가했다. 정부도 젖소 사육을 적극 지원했다. 당시 "집에 젖소 1마리만 키우면 먹을 걱정하지 않아도 되고, 집에 젖소 2마리만 있으면 결혼을 걱정할 필요가 없으며, 집에 젖소 10마리가 있으면 결혼하고 집 짓고 잘 살 수 있다."는 말이 있을 정도였다. 그런데 2003년부터 생산비는 점차 올라가고 소비가 줄어들면서 젖소 사육 농가들의 수익이 악화되기 시작했다. 하지만 유제품 소비 수요가 살아있어 유가공업체의 원유 수매 수요는 꾸준히 늘었다. 이 때문에 일부 낙농가들은 원유에 지방분, 단백질, 멜라민 등을 섞기 시작했다. 물량을 늘리기 위해서다. 결국 2008년 9월 멜라민 분유 사태가 터졌고 신중국 수립 이후 유업 파동이 나타났다.

멜라민 사태 이후 중국 정부의 강력한 규제와 지원으로 중국 낙

318

농업이 소규모 낙농가 위주의 '백야드Backyard, 뒤뜰 방식'에서 전업 기업화된 산업으로 급속히 개편됐다. 중국에서 개별 소규모 농가들은 점차 소멸되거나 통합되있다. 하지만 수십 개 농가들이 뭉쳐 외형적인 규모화를 실현한 것일 뿐 전문화된 규모화를 실현한 것은 아니다. 문제는 대형 유업체의 직영 목장이 바람이 불면서 해외의 우량한 젖소 수입이 급증했다. 중국은 해마다 15만 마리 이상의 젖소를 호주와 뉴질랜드, 우루과이, 루마니아 등으로부터 수입했다. 특히 호주와 뉴질랜드 젖소는 물량이 달릴 정도로 수입이 급증했다. 이 때문에 호주산 젖소 수입가는 천정부지로 뛰었다.

이처럼 대형 유업체들이 직영 목장에 뛰어들면서 원유 생산량도 크게 늘었다. 2000년 중국 원유 생산량이 918만 톤에 불과했지만 2013년에 3,649만 톤으로 4배 정도 늘어났다. 이런 상황에서 국제 유가 하락은 불난 집에 기름을 부은 격이 됐다. 공급과잉이 3차 유업 파동의 가장 큰 배경이 됐다. 또다시 수익이 낮고 경쟁력이 떨어지는 소형 목장사양두수 100두 전후은 큰 손해를 입었다.

중국 정부는 해외 의존도를 낮추고 식량 안보를 지키기 위해 자국의 낙농업 진흥에 힘썼지만, 매번 공급과잉과 소비 부진으로 우유 가격 하락과 재고 압박을 초래했다. 문제는 중국의 출산율까지 계속 떨어지면서 우유 소비량 감소 추세는 앞으로도 계속될 전망이다. 내 마당에서 해법 찾기가 쉽지 않아 보인다.

정부 규제 타깃, 빅테크도 '실업 쓰나미'

공동부유의 타깃이 된 중국 빅테크 대표주자인 BAT, 바이두Baidu, 알리바바Alibaba, 텐센트Tencent도 대규모 감원을 실시했다. 중국 빅테크 기업들은 중국 정부의 '공동부유' 정책에 따라 사회적 책임 강화와 이익 분배에 대한 압박을 받으면서, 각종 기부와 지역사회 기여 등으로 운영비용 압박이 커졌고, 결과적으로 채용 규모 축소와 일부 부서의 구조조정이 발생했다.

바이두는 2021년 말, 게임 분야 300여 명 전원을 감원한 데, 이어 모바일 분야는 50%를 정리 해고했다. 감원 비율이 전체 직원의 10~15%에 달했다. 한 바이두 해고 근로자는 "모든 증거를 준비해야 합니다! 언젠가 불법 해고당할 수 있어요! 당신도 이렇게 당할 수 있어요!"라고 말하는 영상이 화제가 된 적이 있다. 믿었던 회사에서 하루아침에 해고되면서 직원들의 배신감이 극도로 컸다. 11만 명 넘게 고용하고 있는 텐센트도 전체 직원의 10~15%를 감원하는 대규모 정리해고에 착수했다. 이처럼 2021년 중반 이후 20개 테크관련 기업에서 29건의 감원이 발생했으며, 감축 규모는 직원의 10%에서 회사 전체 폐쇄에 이르기까지 다양했다.

잦은 봉쇄에 따른 실적악화로 중국 본토 상장기업 1,600곳이 90만 명을 감원할 계획이라는 보도가 나왔다. 광둥성 선전에 있는 애플의 협력사인 폭스콘Foxconn,富士康 공장은 2022년 3월 코로나19로 선전이 봉쇄되자 가동을 중단했다. 이로 인해 폭스콘은 당시 생산인력 신규채용은 물론 잔

업도 중단했다. 폭스콘이 대규모 감원에 나서면서 선전공장 남문 앞에 조성된 기숙사 밀집촌인 '다수이컹大水坑'촌도 예전의 모습과 달리 활력을 잃었다. 그곳에서 만난 노점상은 "공장이 이전을 많이 했다. 그래서 현재 이 정도 남아 있는데, 이전 2,000년 전성기에는 20여 만 명이 일했다."라고 말했다.

이런 분위기를 타고 중국 내 대기업들은 해고의 일상화를 시도하고 있다. 알리바바는 인재를 사회로 내보낸다고 했고, 텐센트는 구조 최적화, 바이두와 화웨이는 부르주아 자세와 평범한 직원을 포기한다는 말로 미화했다. 중국의 청년실업률은 계속 상승하고 있다. 중국 정부는 2023년 6월 청년16~24세 실업률이 역대 최고 수준인 21.3%를 기록하자 통계 발표를 중단했다. 특히 2024년 여름 대학 졸업생이 사상 최다인 1,179만 명을 기록하면서 일자리 경쟁은 더욱 치열해졌다. 날벼락을 맞은 대학가는 '금삼은사金三銀四'라 불리는 3, 4월 최고 취업 시즌에도 뒤숭숭한 분위기였다. 빅테크가 많이 몰려 있는 선전의 한 대학 재학생은 "선전의 많은 회사들이 모두 도산한 것 같다."고 걱정했다.

2022년 중국 대학 졸업자가 사상 처음으로 1,000만 명을 돌파했다. 하지만 청년 세대가 선호하는 빅테크나 교육, 부동산 분야의 일자리는 갈수록 줄었다. 적합한 일자리 수가 한정되어 있다 보니 청년들이 그리는 최고 수준의 연봉을 받는 '샐러리맨의 왕'이라 불리는 '다궁황제打工皇帝'는 신화에 불과하다. 이 때문에 고학력 졸업예정자의 평균 취업률이 30%에도 미치지 못한다. 각 지역 구인센터 앞에는 직장을 얻으려는 젊은이들이 이른 아침부터 상담을 받기 위해 노숙하는 모습을 볼 수 있다. 그중에는 얼마 전까지 폭스콘에서 일하다 감원으로 일자리를 잃은 근로자도 인력시장에서 만날 수 있었다.

유례없는 취업난 속에 취업을 포기한 '탕핑족躺平族'이 늘면서 사회 불안 요인이 되었다. 이들 탕핑족은 가난을 벗어날 희망이 없어 자포자기하고 적극적인 근로도 소비도 회피하고 최소한의 생계 활동만 수행한다. 이들 청년은 대부분의 시간을 집에서 누워서 보낸다. 청년 취업난이 얼마나 심각한지 단적으로 드러내는 말이다. 칭화대清华大 경제연구소 리장타오李江涛 연구원은 "일자리를 잃은 젊은이들이 어디로 갔나요. 일부는 실직해 집에 있고 일부는 투잡 뛰고 일부는 택배기사나 인터넷 아르바이트 하고 있다."라고 말했다. 이처럼 미사여구에 불과한 공동부유가 현실 곳곳에서 역효과를 드러내면서 시진핑 정부는 슬그머니 말을 바꿨다.

시진핑 주석은 2021년 8월 제10차 중앙재경위원회 회의에서 "전면적 샤오캉小康사회 건설처럼 전체 인민의 공동부유는 전체적인 개념"이라면서 "모두가 동시에 부유해진다거나 모든 지역이 동시에 부유한 수준에 도달하는 게 아니다."라고 말했다. 그러면서 "정부가 모든 것을 책임질 수 없다."라면서 "게으른 자를 먹여 살리는 '복지주의' 함정에 절대로 빠지면 안 된다."라고 말하기도 했다. 하지만 '아니면 말고 식' 중국 정부의 헛발질에 기업은 멍들고 젊은이들은 일자리를 잃었다.

11

피크 차이나:
인구재앙

허강화,
지방 소멸 도미노

인구와 야간 조명 간의 상관관계를 분석한 흥미로운 기사가 났다. 홍콩 사우스차이나 모닝포스트SCMP는 칭화대 연구팀이 2013년부터 2016년까지 중국 내 3,300여 개 주요 도시의 야간 조명 조도照度를 분석한 결과, 전체의 28%에 달하는 938개 도시에서 조도가 약해졌다고 보도했다. 도시의 밤 조도는 단위 면적당 단위 시간에 흘러나오는 불빛의 총량을 말하는 것으로, 조도가 약해졌다는 것은 해당 도시의 인구와 경제활동이 축소됐다는 의미이다. 역성장이 가장 심각한 지역은 헤이룽장 등 동북부인 것으로 나타났다. 연구자인 칭화대 도시계획 전문가 룽윙龙瀛은 "중국 도시의 거의 3분의 1이 인구와 경제활동에서 축소 양상을 보이고 있음을 말해주는 연구 결과"라고 밝혔다.

실제로 헤이룽장에서 신중국 성립 이후 처음으로 지방 정부가 모라토리엄채무지급 유예, 즉 빚을 갚지 못하는 사태가 벌어졌다. '석탄의 고장'이라고 불리는 허강鹤岗시다. 2021년 12월 23일 허강시는 당초 예정돼 있던 공무원 채용 전형을 취소한다고 시 홈페이지를 통해 공지했다. 허강시 측은 "재정 중정重整 계획 실시로 재원에 중대한 변화가 생겼다."라며 그 이유를 밝혔다. '재정 중정'은 재정 건전성 개선을 위한 조치로, 법정관리 또는 기업회생과 비슷한 개념이다. 재정 중정 절차가 개시되면 채무상환 유예와 대환자금 지원 등이 이뤄지는 대신, 전력·수도 등 민생과 직결된 항목 외에는 예산 지출이 제한된다.

허강시가 재정난에 빠진 이유는 석탄 채굴에 기대 온 지역 경제가 쇠락했기 때문이다. 폐광은 늘어가는데 2·3차 산업이 성장하지 못한 탓에 많은 인구가 외지로 빠져나갔다. 2012년 108만 5,000명 이었던 상주인구가 2022년 86만 명으로 10년 새 20.73%나 감소했다. 인구가 줄어들면서 부동산 가격이 급락했고, 이에 따른 세수 감소로 지방 재정이 타격을 입었다. 코로나19 사태 이후 부동산 경기 침체로 집값이 더 내려가면서, 시 중심지에 있는 70m²의 주택이 고작 4만 위안약 760만 원에 거래될 정도로 폭락했다. 이처럼 급락하면서 집값이 아니라 '배춧값白菜價, 바이차이자'이라는 자조 섞인 한탄이 나왔다. 또 허강시의 부동산이 폭락하면서 허강화鶴崗化라는 신조어가 중국 매체에 등장했다. 이런 허강화 상황은 중국 내에서 산업 기반이 가장 약한 헤이룽장黑龙江성 곳곳에서 나타났다. 허강에 이어 쐉야산双鸭山, 치타이허七台河, 지시鸡西, 헤이허黑河 등에서 인구가 격감하고 있다.

랴오닝성 푸신阜新도 마찬가지다. 한때 아시아 최대 노천 광산과 최대 화력발전소로 유명해 석탄과 전기의 도시로 불리기도 했지만 지난 10년간 인구가 10%가량 줄면서 도시가 활기를 잃었다. 시

라오닝성 푸신시 아파트. 창문에 매매를 알리는 전단이 곳곳에 붙어 있다.

내 중심 상가는 줄줄이 문을 닫았고 임대를 내놓는다는 전단지가 상가 유리창 곳곳에 붙었다. 경기가 좋지 않으니, 행인들의 발길이 뜸하고 썰렁할 정도로 한산하다. 짓다가 만 아파트인 '란웨이로우爛尾樓'는 늘어가고, 부동산 거래마저 사실상 끊긴 상태다. 멀쩡한 아파트 유리창 곳곳에 매매를 알리는 전단이 붙었다.

매물을 내놓은 한 집주인은 부동산 경기가 좋을 것으로 생각하고 집 두 채를 샀는데 경기가 좋지 않아서 집을 도로 내놓았다며 언제 나갈지 모르겠다고 말했다. 석탄도시의 명성은 온데간데없이 사라지고, 지역경제가 쇠락하면서 생업을 찾아 인구가 빠져나가고 그로 인한 세수감소로 재정난이 가중되는 악순환의 덫에 빠졌다. 이 같은 위기는 헤이룽장성을 포함한 동북지역 대부분이 직면하고 있다.

이들 인구 유출이 심각한 도시들은 공통적으로 산업 기반이 취약하고 일자리가 충분하지 않다. 게다가 교육 기반도 상대적으로 부족해 더 나은 교육을 받기 위해 청소년기 고향을 떠난다. 또한 지역 주민의 의료 수요를 맞추지 못하고, 미흡한 사회보장 제도로 노인과 취약계층마저 더 나은 지역으로 이동하고 있다. 지방 재정이 빈약해 이러한 일을 뒷받침하기에는 어려움이 많다.

여기에 젊은이들의 결혼 기피와 신혼부부의 저출산 영향으로 지방 소멸 현상이 가속화하고 있다. 랴오닝성 선양沈陽시 도심 공원인 난후南湖공원에 주말마다 진풍경이 벌어진다. 나이가 지긋한 중국 부모들이 주말이면 자신의 아들과 딸의 이력서를 들고 공원에 나온다. 자녀들의 '짝'을 찾아주기 위해서다. 이들은 자녀에게 좋은 조건을 갖춘 배우자를 찾아주기 위해 매주 이곳을 찾는다. 2~3년

선양 주말 결혼 중매시장. 배우자를 구하는 이력서와 자기 소개서가 즐비하다.

동안 나오는 부모도 있다. 공원 곳곳에 이른바 '구혼 이력서'가 빼곡히 내걸렸고 바닥에도 즐비하다. 외모는 물론 나이, 학력, 키, 직업 등이 구체적으로 적혀 있다. 이들 자녀들은 평균 이상의 경제, 사회적 조건을 갖춘 경우가 많다. 월 소득이 2만 위안 이상인 고연봉의 인기 있는 '스펙'을 들고나오는 예도 있다. 베이징 주말 중매시장에서 가장 중요하게 따지는 조건에 베이징 '후커우戶口'도 있다. 베이징이 아닌 농촌 지역 출신이 베이징에서 살기 위해서는 반드시 베이징 후커우가 필요하다. 이를 얻기 위해 위장 결혼을 하는 일까지 벌어진다.

또 요즘은 부동산 보유 여부도 관심사이다. 한 구혼자 어머니는 자기 자식이 집이 다섯 채나 된다며 최근 한 채를 팔고도 네 채가 더 있다며 자랑을 늘어놓았다. 부모들이 공원을 돌아보며 유심히 이력서를 살펴보지만, 결혼으로 이어지는 경우는 드물다. 자녀들의 반응이 싸늘하기 때문이다. 눈에 띄게 아들의 신상 정보를 가득 적은 종이를 가슴에 붙이고 나선 아버지는 애가 탄다. 자기 자식이 나이가 많아 배우자를 찾고 싶어 하는데 마음에 들지 않아서 번번이 사귀려고 하지 않는다며 한숨을 내쉬었다. 이처럼 부모들까지 나선 이유는 결혼 적령기의 자녀들이 결혼을 기피하기 때문이다.

실제로 해마다 중국의 혼인 건수는 줄고 있다. 2024년 상반기에만 약 343만 쌍의 커플이 결혼했는데 이는 2023년 같은 기간에 비해 약 50만 쌍 감소한 수치로, 2013년 이후 최저 기록이다. 전문가들은 2024년 전체 혼인 건수가 약 660만 쌍에 이를 것으로 전망하고 있으며, 이는 1980년 이후 최저치가 될 가능성이 높다. 중국의 혼인 건수는 2013년 1,346만 건으로 최대를 기록한 이후 계속 감소 중이다. 2019년 1,000만 건 아래로 떨어진 혼인 건수는 2020년 800만 건, 2021년 763만 건, 2022년 683만 건으로 매년 100만 건 가까이 줄었다. 2013년과 비교해 9년 만에 49.3% 급감해 반 토막이 났다. 이러한 혼인 건수 감소는 결혼 적령기 인구 감소가 가장 큰 이유였다. 중국의 출생아는 1987년 2,508만 명을 기록한 뒤 감소 추세다. 특히 '주우허우$^{95后, 1995년 이후 출생}$', '링링허우$^{00后, 2000년 이후 출생}$' 인구가 크게 감소했고, 이들이 결혼 적령기에 진입하면서 결혼 적령기 인구도 감소한 것이다.

또한 주우허우·링링허우는 부모 세대에 비해 교육 수준이 높고 대부분 도시에서 일하면서 결혼 시기가 늦어지는 경향을 보인다. '2020 인구센서스 연감'에 따르면, 2020년 중국의 초혼 연령은 28.67세로 2010년 평균$^{24.89세}$에 비해 3.78세 상승했다. 혼인 건수 감소는 출산율 저하로 연결돼 인구 감소로 나타났다. 2022년 중국 인구는 14억 1,175만 명으로, 1961년 이후 61년 만에 처음으로 전체 인구가 감소했다. 중국의 출산율은 2017년 인구 1,000명당 12.43명에서 2023년 6.39명으로 감소하여 사상 최저치를 기록했다. 이는 2017년 이후 6년 연속 감소한 수치로, 2023년 출생아 수는 902만 명으로 집계되었다.

넘치는 '광군',
유치원이 노인시설로

출산율이 떨어지는 이유 중 하나는 가임 여성의 부족이다. 한 자녀 정책 탓에 남아선호 사상은 더욱 뚜렷했다. 하나라면 남자아이여야 대를 이을 수 있다는 생각 때문이다. 남아선호 사상이 강한 지역은 딸을 임신하면 낙태하는 일까지 벌어졌다. 이로 인해 실제로 1982년, 중국의 출생 성비는 여아 100대 남아 108.5로 적정 상한선인 107을 넘기 시작했다. 이후 계속해서 남녀 출생비율이 벌어지다가 2004년에는 여아 100명당 남아 121.2명으로 큰 격차가 났다. 결국 1980년부터 2021년까지 남자 출생 수가 여자보다 3,000만 명 이상 더 많아졌고, 이들은 짝을 찾지 못해 원치 않는 독신으로 지낼 수밖에 없는 처지가 됐다.

중국에선 원래 독신남을 '광군光棍'이라 부른다. 광군은 밋밋한 나무막대기를 뜻하는 말이다. 줄기와 잎이 없는 나무막대기가 마치 부인도 자녀도 없는 총각의 신세와 유사하다는 의미에서 붙여졌다. 이런 독신자들을 위한 날로 시작된 것이 11월 11일 '광군절光棍节'이다. 홀로 서 있는 사람의 모습을 닮아 독신자를 상징하는 '1'이 네번 반복되므로 특별한 날로 정해진 것이다. 중국 내 심각한 성비불균형으로 이런 '광군의 위기'가 닥칠 것이라 경고하고 있다. 이를 해소하기 위해 한 경제학자는 저소득층 남성들의 일처다부제一妻多夫制를 허용해야 한다는 황당한 주장까지 나와 중국 사회가 들끓기도 했다. 한 자녀 정책으로 독자 가정이 많다 보니 독자가 사망할 경우 대를 잇는 문제로 소송전까지 벌어진다.

이런 한 자녀 정책의 폐해로 중국 정부는 2013년 부모 중 한 사람이 독자일 경우에는 2자녀를 낳을 수 있도록 완화했다. 하지만 인구감소세가 예상보다 빠르게 진행되면서 경제 성장률이 7%대를 깨고 6.5%로 내려오자, 한 자녀 정책 폐기를 선언하기에 이르렀다. 중국은 2015년 10월 18기 5중전회에서 한 자녀 정책을 공식 폐기하고, '1가구 2자녀' 정책을 도입했다. 심각한 저출산과 인구 고령화로 인한 경제 침체의 악순환을 끊겠다는 강한 의지가 반영됐다. 소식이 전해지자, 산부인과 병원 예약이 쇄도하고 유아용품 관련 주식이 급등하는 등 2자녀 정책의 효과가 나타났다.

원숭이띠인 2016년에 아기를 낳으면 지혜로운 아이를 얻는다는 믿음에 예비 엄마들의 진료가 밀려들었다. 광저우의 한 자동차 전시 판매장에는 다인승 차량을 보러오는 손님들이 부쩍 늘기도 했다. 두 자녀까지 출산을 허용한다는 보도가 나오면서부터이다. 가족 모두 탈 수 있는 다인승 차량과 유아용품 시장이 들썩였다. 자녀 수가 늘어남에 따라 더 넓은 거주 공간에 대한 주택 수요와 조기 교육에 대한 수요도 늘었다. 중국 정부는 당시 두 자녀 정책에 힘입어 2030년까지 인구가 8,200만 명 늘어날 것으로 기대했다.

실제로 두 자녀 정책을 실시한 2016년 무렵 태어난 '둘째 자녀'들의 취학 원년인 2023년 각급 초등학교마다 비상이 걸렸다. 2016년 신생이는 1,846만 명으로 진년도인 2015년보다 약 11.5%나 증가했다. 항저우의 경우 한 해 전 초등학교 1학년 신입생은 12만 5,000명이었으나, 2023년 입학 예정인 아동은 역대 최대인 15만 명이 될 것으로 추산됐다. 항저우 교육국은 포화상태에 이르자 '입학 경보'를 발령하고 특정 학교에 몰려 자녀의 입학이 차질을 빚지 않도록 당부했다. 입학 경보는 취학 적령기 아동 수가 학교 모집 정원에 육박하거나 초과할 때 발령된다. 광저우와 창춘, 베이징, 칭다오, 청두, 지난, 다롄 등 많은 도시가 입학 경보를 내린 가운데 많은 현县급 학교들은 적색경보를 발령했다.

그렇다고 무턱대고 학교 시설 확충에 나설 수 없는 게 중국 교육 당국의 고민이다. 2024년부터는 취학 아동이 줄어들기 때문이다. 두 자녀 허용에 따라 2016년 반짝 증가했던 신생아는 2017년에는 1,723만 명으로, 2016년에 비해 약 3.5% 감소했다. 이후 신생아 수는 줄곧 줄어 2022년에는 2016년의 절반가량인 956만 명에 그쳤고, 이런 감소 추세는 계속될 것이라는 전망이 나오고 있다.

이제는 취학 아동 감소에 따라 오히려 학교가 폐교를 걱정해야 하는 상황이다. 많은 유치원은 원생 수의 급격한 감소로 운영난을 겪고 있다. 인구의 급격한 노령화로 중국에서 상당수 유치원이 노인들을 위한 교육 시설로 바뀌고 있다. 2005년 설립돼 한때 원아 수가 280명에 달했던 산시山西성 타이위안太原의 한 유치원은 2023년 줄어드는 원아 수를 감당하지 못하고 문을 닫았다. 빈 유치원은 은

퇴한 노인들을 위한 레크리에이션시설로 바뀌었다. 이 레크리에이션 센터에는 현재 약 100명의 노인이 음악, 무용, 기타 과목들을 배우고 있다.

　중국 정부 자료에 따르면 2023년 중국의 유치원 수는 2022년보다 1만 5,000곳이 감소했고, 등록된 유치원 원생 수도 530만 명이나 줄었다. 반면 2023년 중국의 60세 이상 노인인구는 1,700만 명 가까이 증가, 전체 인구의 20% 이상을 차지했다. 그 비율은 2035년이면 전체의 3분의 1에 달할 것으로 예상된다. 저출산 노령화가 빠르게 진행되고 있다.

한 자녀 정책에
벌금과 피임 증명

인구 감소는 몇 년 전만 해도 중국에서 상상할 수 없는 일이었다. 중국에서 살다 보면 "런타이두오人太多"란 말을 종종 듣는다. 사람이 너무 많다는 뜻이다. 특히 연휴가 1주일 이상 길어지는 춘절春节이나 국경절에는 이동 누적 인구가 90억 명에 이르면서 기차역이나 터미널은 사람들로 초만원을 이룬다. 표를 사는데 줄을 길게 늘어서야 하고 물품 검사를 받고 들어가는 일도 고욕이다. 유명 관광지는 발디딜 틈 없이 꽉 메우는 인파로 가득 찬다. 우리나라에서는 볼수 없는 광경이다. 만리장성이나 장자제张家界 등에서 케이블카를 타려면 몇 시간을 기다려야 할지 가늠할 수 없을 정도다. '런타이두오'를 절감한다.

이런 인구 대국 중국의 출발점은 마오쩌둥 시대로 거슬러 올라간다. 1949년 10월 1일 오후 3시, 마오쩌둥이 베이징 천안문 성루에서 카랑카랑한 목소리로 신중국 성립을 선포할 당시 중국의 인구는 대략 5억 명 정도였다. 1950년대 초 베이징 대학 총장이던 마인추马寅初 경제학 교수는 중국이 인구가 많고 토지가 적은 경제적 여건을 고려할 때 적당히 인구성장을 제한하는 정책을 실시할 필요가 있다고 중국 정부에 건의한 적이 있다. 그러나 그 당시 마오쩌둥 지도부는 이를 '신맬서스주의'라고 비판하면서 출생을 장려하는 정책을 폈다. 영국의 경제학자 맬서스는 '인구론'을 통해 "인구는 억제되지 않을 경우 기하급수적으로 증가하고, 식량은 산술급수적으로 증가한다."라고 주장했었다.

그러다가 계획경제 체제하에서 식량부족 문제가 심각해지자 1960년대 후반부터는 마오쩌둥 지도부가 직접 나서서 '산아제한 정책'을 국책으로 정하고 강력히 추진했다. 개혁개방 이후에도 이 정책만은 여전히 변함없이 유지됐다. 1974년 인구가 9억 명으로 폭발적으로 늘어나자, 덩샤오핑이 이끄는 중국 지도부는 2010년까지 인구를 14억 명으로 유지한다는 목표 아래 혁명적인 인구 억제책을 도입했다. '한 자녀 정책'을 내세운 중국은 1980년부터 모든 공산당원과 공청단원에게 한 자녀만을 키울 것을 요구했고, 혼인법 개정을 통해 모든 부부에게 '계획 출산' 의무를 부여했다.

또 1982년엔 헌법에까지 '국가의 계획 출산 시행'을 추가했다. 1979년부터 30년 넘게 시행해온 1가구 1자녀 정책은 2015년 말까지 계속됐다. 이를 어기면 연평균 개인 소득의 10배에 달하는 2만~20만 위안의 무거운 벌금이 부과됐고, 정부 당국이 강제 유산시키는 일까지 빚어졌다. 영화 〈패왕별희霸王別姬〉의 감독이자 베이징 올림픽 개막식 총연출자인 장이머우張艺谋 감독은 정책 위반에 대한 벌금으로 약 13억 원을 물어야 했다. 자녀가 모두 셋인데 둘째를 낳았을 땐 221만 위안약 4억 원, 셋째를 낳았을 땐 520만 위안약 9억 4,000만 원의 벌금을 냈다. '유전유자有錢有子'라는 비아냥이 인구에 회자되면서, 장 감독은 관영 CCTV에 나와 공개 사과까지 했다. 존경의 대상에서 조롱의 대상이 됐다. '한 자녀 정책'을 위반한 대가는 혹독했다.

거액의 벌금 외에도 둘째부터는 무상교육과 의료혜택 등 지원을 받지 못하는 불이익을 감수해야 한다. 중국은 우리나라와 달리 학교 신학기가 9월에 시작한다. 2015년 5월, 광저우廣州의 일부 초등학교가 신입생을 모집하면서 요구한 증빙서류를 놓고 발칵 뒤집혔다. 학교 측이 입학 제출서류로 취학아동 엄마가 피임수술을 했는지와 임신 여부를 확인할 수 있는 증명을 제출하도록 요구했기 때문이다.

현지 매체에 따르면, 광저우시 바이윈白云구 황비옌黃边 초등학교는 신입생 입학에 필요하다며 학생의 건강 진단서, 호적부, 신분증, 출생증명서와 함께 엄마의 '산아제한 증명'을 제출하도록 요구했다. 그중에서 '산아제한 증명'은 반드시 내야 한다며 만약 산아제한 증명이 없다면 최근 1년 안에 수술한 피임 확인 증명서를 대신 제출하면 된다고 설명했다. 학교 측은 취학아동 학부모가 정부의 산아제한 정책에 얼마나 잘 따르는지 아닌지를 조사하기 위해서라고 그 배경을 설명했다.

산아제한 증명은 취직은 물론 승진하거나 인사이동, 공산당 입당, 주요 간부가 되기 위해서는 반드시 제출해야 하는 증명이다. 그런데 이 산아제한 증명이 없으면 피임수술 증명이라도 내라는 말에 학부모들이 발끈했다. 부모 대부분은 극도의 불쾌감을 드러내며 자신의 아동이 입학하는데 왜 그런 서류를 제출해야 하는지 학교 측에 강하게 따졌다. 항의가 빗발쳤지만, 학교 측은 별다른 답변을 내놓지 못했다. 이런 소동은 이 학교뿐만 아니라 광저우 시내에 있는 대부분의 초등학교에서 벌어졌다.

파문이 일면서 중국매체의 취재가 잇따르자, 학교 측은 상급 기관인 교육청으로 화살을 돌렸다. 교육청의 학생모집 정책에 이런 입증서류를 받도록 규정하고 있어 어쩔 수 없다는 것이다. 그런데 학교 측이 이런 많은 비난을 무릅쓰고 산아제한 증명서류를 받는 이유가 곧 밝혀졌다. 광둥성 교육청 당국자가 산아제한 정책을 추진하는 광둥성 위생계획생육위원회의 위원을 겸하면서 벌어진 일이었다.

이 당국자는 관할지역 교육을 담당하지만, 산아제한을 지도할 의무도 있었다. 이 때문에 학교에 신입생이 입학 등록을 할 때 학부모의 '산아제한 증명'을 제출받아 확인하도록 하고 이를 현지 위생계획생육위원회에 제공한 것이다. 민원과 항의가 쏟아지자 급기야 광둥성 교육청과 광둥성 위생계획생육위원회는 2014년 8월 8일자 '의무교육 취학 아동 입학 업무 긴급 통보'를 통해 학부모의 가족계획 출산과 의무교육 학생의 입학 등록을 연계하지 못하도록 공식적으로 금지했다. 하지만 이런 긴급 통지가 휴지 조각이 되는 데는 그리 오랜 시간이 걸리지 않았다.

교육청 당국자가 한 자녀 정책을 추진하는 위생계획생육위원회 위원을 겸직하는 근본 원인이 바뀌지 않았기 때문이다. 긴급 통보 이후 교육청의 표면상 말만 바뀌었다. "산아제한 증명을 받아라."에서 "취학아동의 의무교육 권리를 보장한다는 전제 조건 아래 부모의 '산아제한 증명'을 확인"하도록 한 것이다. '눈 가리고 아웅'이란 말이 딱 어울리는 듯하다. 사실 입학서류 가운데 산아제한 증명을 빼면 간단하다. 그린데 교육청의 산아제한 지도 직무는 그대로 놔둔 채 말로만 하다 보니 '법 따로 현실 따로'를 만들었다.

여적

소황제와 헤이하이즈, 달라진 운명

1980년부터 1가구 1자녀獨生子女정책을 강력하게 시행하면서 '소황제小
皇帝' 또는 '소공주小公主'가 생겨났다. 외동아들, 외동딸로 태어나 '금지옥
엽' 자란 이들 소황제, 소공주는 부모뿐만 아니라 할아버지, 할머니, 외할
아버지, 외할머니의 전폭적인 지원을 받으며 중국의 급속한 경제성장 속
에서 물질적 풍요를 누리며 성장했다. 이들이 중국 사회의 주요 소비계층
으로 등장하면서 '빠링허우80后,1980년대 이후에 태어난 세대'라는 신조어가
생겼다.

특히 고관 자녀들의 경우는 부모의 과보호 속에 자라 자기밖에 모르는
성향이 매우 강하다. 이 빠링허우80后 때문에 중국이 시끄러워진 사건이
있었다. 류톄난刘铁男 전前 중국 국가에너지국장 겸 국가발전개혁위원회
부주임차관급의 거액 뇌물 사건이다. 류톄난 전 국장은 2014년 12월, 63
억 원의 뇌물을 받은 혐의로 무기징역이 선고됐다. 그런데 다른 부패 사건
과 달리 이 사건이 세간의 주목을 받은 이유는 그의 외아들 류더청刘德成 때
문이다. 류더청은 당시 29살로 1985년생이다.

검찰 조사 결과에 따르면 전체 뇌물 액수 가운데 아버지 류톄난이 받은
뇌물은 4만 위안약 709만 원에 불과했고, 나머지 97%는 아들인 류더청刘
德成이 수수했다는 것이다. 이 때문에 류톄난은 법정에서 무기형이 선고된
뒤 자신의 탐욕이 아들을 망쳤다며 통한의 눈물을 흘렸다. 아들 때문에 아
버지는 관직에서 쫓겨나고 평생을 감옥에서 보내야 하는 비참한 상황을

맞은 것이다. 류테난을 직접 조사한 최고인민검찰원 반부패총국 관계자에 따르면 아버지 류테난은 아들 류더청에게 어릴 때부터 "사람은 반드시 '지름길'로 가는 방법을 배워야 출세하고, 사람 위에 있어야 존경을 받는다고 가르쳤다."라고 한다.

그런데 아들 류더청은 공부를 썩 잘하지 못했다고 한다. 류테난은 아들이 18세가 되던 해에 '지름길'로 해외 유학을 선택했다. 흔히들 생각하는 것처럼 영어 좀 하면 먹고사는 데 지장 없다고 생각했을 것이다. 그런데 아버지의 기대와 달리 해외 유학 시절 그의 아들은 그야말로 방탕의 끝을 보고 돌아왔다. 영어를 한마디도 알아듣지 못해 수업을 따라가지 못했고, 친구들과 어울려 매춘과 도박을 일삼았다고 한다. 이런 방탕한 유학 뒤에도 아버지 뒷배로 국영기업인 자동차 회사에 취직까지 하면서 승승장구했다. 이 사건 때문에 아들이 아버지를 매장한 것이냐, 아니면 아버지가 아들을 매장한 것이냐로 중국 내 여론이 갈렸다.

반면 한 자녀 정책은 무無호적자인 '헤이하이즈黑孩子'를 양산하는 어두운 그늘을 만들어내기도 했다. 헤이하이즈는 한 자녀 외에는 호적에 올릴 수 없어 두 번째 아이는 호적에 없는, 세상에 없는 아이로 자라면서 학교도 제대로 가지 못하고 사회보장 혜택도 받지 못하는 유령 같은 존재로 성장한다. 몸이 아파도 병원 치료를 포기해야 한다. 결국 중국 정부는 2016년 두 자녀 정책을 공식적으로 시행하면서 약 1,100만 명의 무호적자에게 호적을 부여하여 이들의 기본 권리를 보장하는 조처를 했다. 이들 중 일부는 고아이지만 상당수는 헤이하이즈로 불리는 출생 미신고자들이다. 새롭게 등록된 사람의 57%가 여성인 점에 미뤄 남아 선호 때문에 여아 출생신고를 하지 않았을 가능성도 제기됐다.

중국의 한 자녀 정책은 예기치 않은 '소황제'와 '헤이하이즈'를 양산하면서 사회 경제적 비용을 유발했다. 더구나 30년 이상 지속된 한 자녀 정책으로 출산율이 급락하면서 노동인구는 감소하고 인구 고령화로 국가 경쟁력을 떨어뜨리는 요인이 되었다.

12

통제의 기술:
정점

코로나19로
디지털 감시체계 강화

2018년 8월 쑨원광孫文广 전 산둥대 교수는 '미국의 소리VOA'와의 생방송 인터뷰 도중 시진핑 주석의 일대일로一带一路 외교 정책을 비판하다가, 문을 부수고 들이닥친 공안에 의해 강제로 체포되는 사건이 있었다. 방송에 쑨 전 교수가 강제연행되는 과정이 생중계되면서 당시 전 세계적인 큰 파문을 일으켰다. 이 사건 이후 쑨원광 교수는 행방불명 상태이며, 그가 2022년 구금 중 사망했다는 보도가 있었으나, 사망 여부는 확인되지 않고 있다. 이 시기 베이징 대학에서 장기 집권에 반대하는 대자보가 나붙었고, 상하이에서는 시 주석 초상화에 먹물을 뿌리는 사건도 벌어졌다. 이 일로 시진핑 주석은 국가 인터넷 총괄 책임자를 자신의 가신들로 바꾸고 반대여론 틀어막기를 더욱 강화했다. 코로나19는 이 정책에 날개를 달아주었다.

코로나19 사태를 겪으면서 중국 정부는 전 국민을 손금 보듯 훤히 볼 수 있는 통제의 기술을 고도화시킬 좋은 기회를 만났다. 전염병 확산 저지라는 명분은 개인의 사생활 보호라는 프라이버시privacy 권을 철저히 무력화시켰다. 일단 자기 아파트에 들어가려면 먼저 거주민임을 확인받아야 한다. 통행증이 있어야 한다. 그다음 경비가 체온검사를 시행한다. 37.3도를 넘으면 주민이어도 집에 들어가지 못하고 추가검사를 받아야 한다. 이른바 중국 당국이 바이러스 확산 방지책으로 내놓은 '봉쇄식 관리'다.

빵을 하나 사러 슈퍼마켓에 가면 입구에서 경비가 체온기를 들고 딱 지키고 서 있다. 체온 측정을 통과하면 곧바로 '웨이신微信,WeChat'으로 정보무늬QR코드를 읽으라고 한다. 순식간에 실명 등록이 된다. 상가 방문 시간과 기록이 남는다. 나중에 상가에서 감염자가 나오면 같은 시간대 감염자의 동선을 파악해 곧바로 접촉자를 찾을 수 있다. 이렇게 집 밖을 나서면 하루에 적어도 2~3번은 체온검사를 받게 된다. 실명 등록을 해야 버스나 지하철을 탈 수 있다.

지하철 입구에 설치된 QR코드를 스캔해 실명 등록하도록 했다. 실명 등록을 해야 버스나 지하철을 탈 수 있다.

특히 지하철은 내부에도 QR코드를 부착해 승객이 구체적으로 어느 칸에 탑승했는지 알 수 있도록 했다. 물론 택시도 한 사람씩 QR코드를 읽어야 차에 오를 수 있다. 중국 당국은 대중교통뿐만 아니라 아파트와 병원, 시장 등 공공장소에도 QR코드를 스캔한 뒤 출입하도록 했다.

설령 QR코드를 읽지 않더라도 모르는 게 아니다. 시민 대부분이 간편결제 수단인 '위챗페이'와 '즈푸바오支付寶, 알리페이'를 사용하기 때문에 동선을 금방 파악할 수 있다. 그러니 중국 당국이 "네가 한 일을 모두 알고 있다"라고 말해도 결코 과언이 아니다. 외지 출장은 더욱 곤혹스럽다. 코로나19 초기인 2020년 2월 2일, 선양시 당국이 발표한 '3호 통고문'에 따르면 랴오닝遼寧성 밖을 다녀온 사람은 이틀 안에 주소지 주민센터에 자진 신고해야 한다. 그동안의 여행일정과 만난 사람, 당일 체온 등도 소상히 알려야 한다. 게다가 증상이 없어도 일률적으로 14일간 자가 격리와 함께 일체의 외부 접촉와의 끊어야 한다. 이를 어길 경우 법에 따라 엄중한 책임을 지게 된다. 자가격리기간 잠깐 쓰레기를 버리러 밖을 나갔다가 바로 파출소에서 연락받기도 했다. 휴대전화 위치추적을 하고 있기 때문이다.

이처럼 개인정보뿐만 아니라 행적이 고스란히 드러나면서 중국 정부는 14억 인구를 한눈에 파악할 수 있는 통제력을 갖추게 됐다. 실제로 코로나19 발생 초기인 2020년에 중국공안은 전국적으로 1,000명 넘는 장기 미검거 수배자를 붙잡기도 했다. 그중에는 최장 37년간 잠적한 범인을 체포하기도 했다. 윈난雲南성 망芒시에서 검거된 도ᵏ 모씨 경우다. 도 씨는 1983년 8월, 윈난성 망시에서 농업용수 문제로 이웃 보ᵝ 씨와 다툰 후, 뒤통수를 곡괭이로 내리쳐 살해했다. 범행 후 그는 처자식과 함께 해외로 도피하여 37년간 은신하며 지냈다. 시간이 많이 흘러 범행이 발각되지 않으리라 생각하고 귀국했다가 체포됐다. 코로나19 방역조치 중 신원확인 과정에서 붙잡혔고, 청년이었던 그는 체포될 당시 62세 노인이 되어 있었다. 이뿐만 아니라 33년 전 자기 동생을 화약총으로 살해하고 도주한 범인이 검거되기도 했다. 이러한 강력한 통제에 검거될까 두려워 자수를 선택한 범인도 부지기수다.

프라이버시를 기본권으로 생각하는 우리나라와 강력한 통제관리 시스템을 도입한 중국과 확연히 다른 점이다. 전직 베이징 주재 우리 경찰영사가 한 우스갯소리가 생각난다. 한중 경찰 협력회의 석상에서 중국 측 고위 공안 관계자가 불쑥 우리 경찰영사에게 한국의 치안이 좋다고 하는데 범인 검거율이 어떻게 되냐고 물었다고 한다. 그래서 내심 자신 있게 95% 정도라고 얘기했다고 한다. 그런데 중국 고위 공안 관계자는 우리는 얼마나 되는지 아느냐고 역으로 물어봤다는 것이다. 그러더니 자신들은 99.9%라고 말했다고 한다. 물론 농담 삼아 호기를 부린 것으로 치부할 수도 있다. 하지만 지금 상황을 보면 그 말이 실감이 난다. 시민 모두를 추적하고 있기 때문이다.

범인 검거를 위한 통제는 긍정적으로 작용한 경우이지만 중국처럼 권위주의 국가에서 이를 악용하면 탄압의 도구가 된다. 헤지펀드계의 '대부'로 통하는 조지 소로스는 기회 있을 때마다 시진핑 주석에 대해 "인공지능^AI을 이용해 중국 국민을 완전히 통제하려한다."라며 비판했다. 중국은 코로나19 기간 모두의 지지 내지 방관속에 파편처럼 흩어진 사회 공동체를 빅데이터로 묶어내는 작업에속도를 냈다. 더욱 강화된 중국식 AI 통제가 시진핑 주석이 꿈꾸는중국몽의 또 다른 얼굴은 아닌지 궁금해진다.

CAC, AI 통제와
여론조작 주도

2022년 20차 당대회 개막 연설에서 시진핑 국가주석은 "동태청령부동요^{动态清零不动摇}", 즉 제로코로나 정책은 흔들리지 않는다고 못 박았다. 하지만 그로부터 한 달 뒤 2022년 11월, 이례적인 도전에 직면하게 된다. 중국 전역에서 코로나19 봉쇄 항의 시위와 마찰이 곳곳에서 잇따랐기 때문이다. '세계의 공장'이라고 불리는 광둥성 광저우^{广州}에서 시위가 발생했다. 광저우 하이주^{海珠}구에서 수백 명이 봉쇄해제를 요구하며 시가행진을 벌였고, 이 과정에서 경찰이 세워놓은 바리케이드를 밀치고 경찰차를 전복시키기도 했다. 6만 명이 넘는 가난한 농민공들이 주로 거주하는 지역이지만, 장기간 봉쇄되면서 생필품 공급도 제대로 이뤄지지 않았기 때문이다. 특히 하루 감염자가 5,000명이 넘자, 광저우에서 감염자를 트럭에 격리하는 일까지 벌어지면서 공분을 샀다.

이후 봉쇄반대 시위가 반정부 시위로 양상이 변하기 시작하면서 A4용지 크기의 흰 종이를 든 시민들이 거리로 쏟아져 나오기 시작했다. 이른바 '백지시위'이다. 홍콩 민주화시위 당시 사용됐던 백지가 다시 등장했다. 아무런 구호도 적혀 있지 않은 흰 종이는 중국 시민들의 침묵항의를 상징한다. 동시에 아무것도 쓰여 있지 않은 종이를 들고 있으니 제포할 수도 없어 중국 정부의 검열과 통제에 저항의 의미를 담고 있다. 중국 본토 백지 시위는 2022년 11월 24일 밤 신장 위구르 자치구 우루무치烏魯木齊에서 발생한 한 화재참사에서 촉발됐다. 아파트 화재로 최소 10명이 사망하고 9명이 부상당한 큰 인명피해를 낸 사건이다. 그런데 피해자들이 봉쇄된 아파트 단지에서 사실상 갇혀 탈출하지 못한 것 아니냐는 의혹이 확산되면서 중국인들의 분노가 폭발했다. 이 사건은 우루무치를 시작으로 우한과 상하이, 베이징 등 주요 도시 16곳으로 번져 나갔고, 상하이

2022년 11월 우루무치 화재참사 추모식에서 코로나19 봉쇄 해제를 요구하는 베이징 시민들

시내에 모인 수천 명의 시위참가자들은 중국에서는 좀처럼 듣기 어려운 "시진핑 주석의 퇴진"과 "공산당은 물러가라!"라는 구호를 외쳤다. 이후 홍콩과 타이완 등 중화권은 물론 미국과 영국, 우리나라 대학가까지 확산되기도 했다.

잇단 시위에 당시 중국공산당중앙위원회 정법위원회약칭 중앙정법위 천원칭陳文淸 서기는 "법에 따라 적대세력의 침투 및 파괴 활동과 사회질서를 교란하는 위법 및 범죄 행위를 단호히 타격하고 사회안정을 수호해야 한다."라고 밝혔다. 막강한 힘을 가진 중앙정법위가 백지 시위에 대해 강경대응을 예고한 뒤 백지시위 참석자 색출에 나섰다. 대학을 졸업한 지 1년 반밖에 되지 않은 평범한 직장인 26살 즈신芷馨도 공안의 대대적인 검거선풍에 붙잡혀갔다. 그는 공안에 잡혀가기 전 자신의 복잡한 심경을 유튜브에 영상으로 올렸다.

"즈신입니다. 만약 제가 실종되면 이 영상을 대중에게 공개하라고 친구들에게 부탁했어요. 여러분이 이 영상을 봤을 때 저는 이미 경찰에 끌려간 상태일 겁니다. 11월 27일 우루무치烏魯木齊 화재 직후, 저와 친구 몇 명은 베이징 량마허亮馬河에서 동포를 추모한다는 알림 메시지를 봤어요. 우리는 침통한 심정으로 그날 밤 량마허에서 추모하는 군중 속에 참여했어요. 그런데 29일 새벽부터 경찰이 소환을 명분으로 줄줄이 끌고 갔고, 저와 함께 있던 친구들 몇 명은 24시간 가량 파출소에 머물며 교육을 받았습니다. 경찰은 우리가 죄가 없음을 인정하고 석방했습니다. 우리는 일이 끝났다고 생각했는데, 12월 18일 경찰은 또 차례로 형사 구인 명목으로 내 친구들 몇 명을 소리소문없이 연행했어요. 이들이 영장에 서명받을 때 죄명란은 비어 있었어요. 경찰은 이들의 수감 장소와 시간, 죄명을 알려주지 않았습니다. 제가 이 영상을 녹화하는 지금, 이미 네 명의 친구가 사전 고지 없이 잡혀갔습니다. 리위안징李元婧, 양리우杨柳, 덩덩登登, 리스치李思琪. 우리 어머니들은 혼란스러운 전염병 속에서 우리를 찾기 위해 뛰어다니셔야 합니다. 그들은 왜 끌려갔는지, 그리고 어디에 갇혀 있는지 알고 싶어 합니다."

상하이 시위에 참여한 샤차오촨夏巢川은 유튜브에 올린 영상에서 자신이 27일 새벽에 경찰에 체포됐다며 파출소에서 경찰은 나에게 누구 지시를 받고 거리에 나갔는지, 누가 이 운동을 기획했는지, 나에게 돈을 준 사람이 있는지, 나의 목적이 무엇인지 등을 캐물었다고 한다. 경찰은 배후에 한 집단이 있고, 사악한 세력이 우리를 조종하고 있다고 말했다고 한다. 구금된 지 24시간 만에 풀려났지만, 그 이후 12월 5일, 또다시 경찰이 찾아와 휴대전화를 압수하고 사회에 소요를 일으켰다는 이유로 체포했다. 그 후 37일 동안 구치소 독방에 수감됐다고 말했다.

당시 중국 공안은 상하이·베이징·광저우·우한·난징·청두 등에서 벌어진 동시다발 집회에 참여한 시민이 나눈 텔레그램과 SNS 메시지를 보고 추적에 나섰다. 또 시위 관련 정보나 소식을 접할 수 없도록 인터넷 여론 차단에 총력전을 펼쳤다. 이 때문에 시위 관련 영상은 중국 내에서 전혀 찾아볼 수 없었다. 이런 인터넷 차단과 관리 추적을 담당하는 기관이 '국가인터넷정보판공실国家互联网信

息办公室, CAC'이다.

2011년 5월 출범한 국가인터넷정보판공실은 인터넷 정보 전파에 관한 정책과 인터넷 정보내용 관리, 불법·위법 웹사이트 처벌 등의 역할을 담당하고 있다. 정권 보위의 핵심적인 역할을 하고 있다. 중국 당국은 인터넷이 상용화되고 통신량이 급격히 증가하던 1998년부터 외세의 선전선동으로부터 사회주의의 건전한 문화를 보호하고 불량한 정보의 확산을 막는다는 미명하에 '황금 방패 Golden shield project, 金盾工程'라는 프로젝트를 운영하고 있다. 특정 IP에 대한 접근 차단과 검색어나 도메인 등에서 특정 키워드를 차단하는 '황금 방패'라는 만리방화벽Great Firewall을 활용해 24시간 지우기에 바빴다. 1990대 후반까지만 해도 중국의 검열은 '3T'에 집중됐다. 천안문 광장Tiananmen Square, 티베트Tibet, 타이완Taiwan이 대상이다. 최근에는 시진핑 주석과 중국공산당 정책에 반대하는 모든 내용이 포함됐다.

2022년 10월 당대회에서 시진핑 총서기는 3연임을 확정하는 대관식을 가졌다. 1978년 개혁개방 이후 10년 주기의 관례를 깨고 최소 15년 이상 장기집권을 하게 될 지도자가 처음으로 탄생했다. 그런데 베이징에서 당대회가 개막되기 사흘 전, 베이징 천안문에서 북서쪽으로 10여km 떨어진 하이뎬海淀구 쓰퉁차오四通橋 다리 난간에 시진핑 주석의 파면을 요구하는 현수막이 내걸렸다. 반정부 현수막이 등장하자 빠르게 SNS를 통해 전 세계로 퍼져 나갔다. 전 세계의 이목이 집중됐지만, 중국 관영매체들은 관련 소식을 일절 보도하지 않았다.

베이징 시민들이 찍은 동영상에서 주황색 옷을 입은 남성이 다리 위에서 경찰들에 끌려가는 모습이 보였다. 현수막을 내건 사람은 중국 물리학자 펑리파彭立发이다. 이 일로 '쓰퉁차오의 영웅'이라는 별명을 얻었지만, 현재까지 구금 상태로 알려졌다. 펑리파가 내건 2장의 현수막에는 "독재자와 국가의 도적 시진핑을 파면한다."라는 내용과 또 다른 한 장에는 "우리는 음식을 원하지, PCR 검사를 원하지 않는다. 우리는 자유를 원하지, 봉쇄를 원하지 않는다. 우리는 존중을 원하지, 거짓말을 원하지 않는다. 우리는 개혁을 원하지, 문화대혁명을 원하지 않는다. 우리는 투표를 원하지, 지도자를 원하지 않는다. 우리는 노예가 아니라 시민이 되고 싶다." 등의 구호가 적혔

2022년 10월 베이징시 하이뎬구 쓰퉁차오 다리 난간에 시진핑 주석의 파면을 요구하는 현수막이 내걸렸다.

다. 이 시위 사건이 발생했을 당시 중국 당국은 '쓰퉁차오'는 물론 아예 '베이징'이라는 단어도 SNS에서 검색할 수 없도록 조치했다.

　이런 일도 있었다. 2021년 11월 2일 밤 중국의 테니스 스타 펑쑤이彭帅가 웨이보중국판 트위터에 장가오리张高丽 전 중국 국무원 부총리에게 성폭행당했다는 글을 올렸다. 그녀는 "부총리까지 오른 분이라 이 사건을 두려워하지 않는다는 걸 안다."라면서 "계란으로 바위 치기라도, 화염을 향해 날아드는 나방이 되더라도 진실을 말하고 싶다."라고 썼다. 하지만 만리방화벽은 '펑쑤이', '장가오리'라는 단어를 금지어로 설정했고, 이 글은 20분 만에 사라졌다. 위챗중국판 카카오톡의 메시지 전송도 막아, 여론 확산을 차단했다. '만리방화벽 The Great Firewall'의 위력이다. 중국에서 위챗微信에 '기차역 폭파'라든가 '시위', '시진핑'이 들어간 키워드를 잘못 사용하면 내용에 따라 공안이 득달같이 쫓아 올 수도 있다. 만리방화벽이 모든 개인간 메시지를 보고 있기 때문이다.

　현재 페이스북과 인스타그램, 트위터, 유튜브 등은 중국에서 쓸 수 없다. 2019년 1월, 중국 당국은 우리나라 인터넷 포털 '다음

중국 테니스 스타 펑쑤이(오른쪽),
중국 전 국무원 부총리 장가오리
(왼쪽)

Daum' 사이트의 접속을 전면 차단한 데 이어, 2023년 5월 '네이버 NAVER'도 중국 현지 접속을 차단했다. 이로 인해 중국에 있는 많은 교민이 유료 사설 통신망인 VPN^{Virtual Private Network}를 통해 국내 포털에 접속하고 있다. 하지만 VPN마저 중국 정부가 막고 있다. 중국 당국은 VPN 서비스를 해외 '불순한 콘텐츠'의 유입 창구로 보고 2017년 제19차 전인대를 전후해 대대적인 단속을 벌이기도 했다.

국가인터넷정보판공실은 인터넷 통제뿐만 아니라 여론을 조작하는 역할도 수행하는 것으로 알려져 있다. 2017년 3월, 사드 배치로 반한 정서가 격화될 즈음, 당시 충칭 롯데마트 앞에서는 수백 명이 모여 롯데 철수를 요구하는 집회가 열리는가 하면 자신의 한국산 차를 망치로 부수고, 상가에서는 롯데 상품을 수거해 폐기했다. 한 중국인 롯데 매장 점원은 "공산당을 옹위하고 공산당 만세! 마오주석 만세!!!" 하며 과자를 내동댕이쳤다. 중국 해커는 온라인에서 사이버 공격을 예고했다. 그 후 롯데면세점의 온라인 홈페이지에서 접속 장애 현상이 빈발했다. 한국전쟁 70주년인 2020년 10월, 방탄소년단^{BTS}은 밴플리트상^{Van Fleet Award} 받으면서 "한미 양국이 함께 겪은 고난의 역사와 수많은 남녀의 희생을 영원히 기억할 것"이라고 수상 소감을 밝혀 중국 네티즌들의 공격을 받았다. 이들은 "중국인민군의 고귀한 희생을 무시했다."라며 도를 넘는 비난 댓글을 쏟아냈다. 중국의 뜬금없는 '방탄소년단^{BTS} 때리기'에 중국의 인터넷 댓글 부대인 '우마오당^{五毛党}'이 조직적으로 개입한 게 아니냐는 관측이 나왔다.

중국에서 1위안^{약 180원}은 지폐도 있고 동전도 있다. 또 1위안의

10분의 1에 해당하는 '마오毛' 혹은 '자오角'라는 동전이 있다. 이 동전은 존재하지만 거의 쓰지 않는다. 우리나라 1원짜리 동전과도 같은 처지다. 그러니까 '우마오당五毛党'은 우리말로 풀이하면 5마오 즉 0.5위안약 90원을 받는 무리党라는 뜻이다. 즉 이들은 5마오를 받고 전문적으로 인터넷 댓글활동을 벌이는 사람들이다. 우마오당이 중국에서 여론조작을 위해 처음 등장한 것은 2004년 10월의 일이다. 당시 중국공산당 후난湖南성 창사長沙시 선전부가 600위안약 11만원의 월급을 주고 전문적으로 댓글을 다는 사람을 고용했다. 이 사람들이 댓글 하나를 달 때마다 '5마오毛'를 보너스로 받으면서 '5마오'란 말이 생겨났다. 이렇게 유래된 '5마오'는 요즘 전문 인터넷 쇼핑몰이나 정당 등에서 은밀히 사람을 고용해 댓글을 달아 여론을 조작하는 이른바 '알바'로 진화했다.

우마오당의 활동은 매우 광범위하지만 실제 참가인원은 알려진 바 없다. 다만 학내 공산당위원회 선전부, 학생처, 중국공산당청년단共青团.공청단과 대학생들이 우마오당에 많이 참여하는 것으로 알려져 있다. 공청단은 중국공산당의 청년조직으로, 당의 이념을 확산하고 지지하는 데 중요한 역할을 한다. 이들은 인터넷상에서 정부의 정책을 옹호하고, 중국에 대한 긍정적인 이미지를 만드는 데 참여한다. 중국공산당은 여론장악을 위한 우마오당 활동에 긍정적이고, 이를 확대하여 국가적 목표인 정치적 안정과 사회통제를 강화하고 있다.

디지털 독재와
정어일존定於一尊

코로나19가 재확산 조짐을 보이던 2022년 3월, 랴오닝방송국辽宁广播电视台 아나운서 주샤朱霞는 개인 SNS 생방송 플랫폼을 통해 "오늘 보도된 선양 확진자 1명은 위홍于洪구에서, 7명은 허핑和平구에서 나왔지만, 사실 황구皇姑구는 더 조심해야 합니다. 알겠어요?"라며 주의를 환기시켰다. 코로나19가 다시 엄중해진 상황에서 특별할 것도 없는 내용이지만 정부 당국은 가볍게 생각하지 않았다. 코로나19 재확산으로 선양이 아주 위험한 상태임을 암시하는 뉘앙스로 판단했다.

랴오닝방송국은 곧바로 그녀를 모든 프로그램에서 하차시킨 뒤 면직시켰다. 코로나와 관련한 부적절한 발언으로 사회에 좋지 않은 영향을 끼쳤다는 이유에서다. 특히 징계 사실이 외부에 유출되지 않도록 방송사 측이 엄격히 막은 게 알려지면서 네티즌들의 반발이 이어졌다. 한 네티즌은 주샤가 주민들을 위해 용기 있게 일해 랴오닝과 선양에서 시청자들의 많은 사랑을 받았다며 업무에 복귀할 수 있도록 해달라고 부탁했다. 이처럼 중국 내 코로나19 상황이 심각해지면서 보도 매체나 SNS 통제도 강화됐다. 이러다 보니 중국인들이 주류 매체보다 비공식 채널에 더 의지하는 경향이 나타났다.

2022년 10월 16일 열린 중국공산당 제20차 당대회에서, 시진핑 주석은 제로코로나 정책에 대해 변함없는 유지 입장을 밝혔다. 그런데 한 달도 안 된 2022년 11월 11일, 중국 정부는 '방역 최적화'라는 이름으로 20가지 방역 유연화 조치를 내놓았다. 3년간 많은 희생을 치른 과정을 생각한다면 중국 정부의 방역완화는 한마디로 허망했다. 중국 정부의 갑작스런 위드코로나 정책으로 현장에서는 큰 혼란을 겪었다. 수도 베이징과 가까운 허베이河北省성의 성도 스자좡石家庄시가 대표적이다. 인구 1,100만 명의 스자좡시는 정부의 방역완화 방침을 따른다며 이틀 후인 13일부터 전 주민 PCR검사를 전격 폐지했다. 중국 내에서 처음 있는 일이다. 이에 따라 길거리에 있던 무료 PCR검사소가 대거 폐쇄됐고, 버스나 지하철을 탈 때 확인하는 건강코드 검사도 중단됐다.

주민들은 당황했다. 하루 사이에 세상이 달라졌기 때문이다. 무료 검사소가 사라지면서 주민들은 병원으로 달려갔다. 병원 앞에는 밤새워 검사받으려는 주민들로 장사진을 이뤘다. 코로나19에 효과가 있다는 독감약을 구입하려는 주민들은 약국으로 달려갔다. 약국은 예약받고 있다며, 이미 오전 10시쯤 약이 동이 났다고 말했다. 이런 일은 하루 코로나19 감염자가 300명씩 발생하는 스자좡에서 주민들이 정부의 방역 완화방침에 불안감을 느낀 탓이다. 심지어 학부모들은 등교방침을 듣고도 아이들을 학교에 보내지 않았다. 학교에 등교한 학생이 2, 3명에 불과했다. 중국 정부가 그동안 강력하게 견지해 온 제로코로나 정책이 아무런 설명도 없이 손바닥 뒤집듯 바뀌면서 많은 중국인들은 더 큰 혼란에 빠진 것이다.

하지만 이후 급격히 감염이 확산하자 또다시 제로코로나 정책으로 돌아갔다. 또다시 길거리 PCR검사소가 등장했고 봉쇄 움직임도 보였다. 이렇게 중국 정부가 오락가락하는 사이 10명이 숨지는 신장 우루무치의 아파트 화재는 전국적인 시위를 촉발하는 도화선이 되었다. '백지시위'가 잇따르자 중국 정부는 또다시 위드코로나로 돌아갔다. 특히 코로나19 중국 내 전문가들의 입장변화는 놀라울 따름이다. 관영 CCTV에 나온 중국 내 최고 감염병 권위자인 중난산鍾南山 중국공정원 원사는 "오미크론 변이 감염자의 99%는 일주일, 길면 열흘이면 완치된다."라며 "감염을 두려워할 필요가 없다."고 밝혔다.

방역 해제는 정부의 공식적인 발표나 관영매체의 보도가 아닌 방역 현장에서 '슬그머니' 이뤄졌다. 하지만 이런 식의 방역 해제는 많은 문제를 야기했다. 또다시 약국에 사람들이 줄을 서고 중의약 독감 치료제인 '렌화칭원連花清瘟' 판매 가격은 3배가량 뛰었다. 이렇듯 중국 정부와 전문가, 검열받는 보도매체의 신뢰 추락으로 중국인들은 두려움과 혼돈 속에서 위드코로나를 맞았다. 코로나 발생을 처음 폭로한 의사 리원량李文亮을 유언비어 유포자로 몰던 중국 당국이 많은 대가를 치르고도 교훈을 얻지 못한 것이다.

리원량은 2019년 12월 23일 우한에서 코로나19가 발생했을 때, 새로운 사스의 발생을 경고했다. 중국 최고 인민법원은 유언비어 유포 혐의를 받았던 리원량 등 8명의 우한 의료인에 대한 제재가 과도했다고 밝혔다. 이들이 인지한 사실은 진실에 부합했다며, 이들이 경고하는 내용을 당시 시민들이 들어서 보건에 신경을 썼다면 결과적으로 사회에 도움이 됐을 것이라고 덧붙였다. 당시 대중의 분노를 가라앉히기 위한 제스처로 보이지만 정보공개의 중요성을 강조했다.

중국의 모든 정보가 1인에게 집중되고, 그 1인이 결정하는 통치방식은 많은 문제점을 낳았다. 코로나19는 바로 이 정어일존^{定於一尊}이 불러온 재앙으로 볼 수 있다. '정어일존'은 하나의 절대적인 권력이나 권위를 세우고 다른 경쟁자나 대안을 배제하는 상황을 나타낸다. 시진핑 주석은 2021년 7월 1일, 중국공산당 창당 100주년 기념연설에서 '정신의 해방^{사상 해방}'과 전진을 통해 중국이 발전했음을

우한 시민의사 리원량을 추모하면서 헌화하는 시민들

강조했다. 즉 개혁개방과 사회주의 현대화를 달성하는 핵심 덕목으로 자유로운 사고를 꼽았다. 하지만 현재 중국에서 자유롭게 사상을 얘기할 수 있는 사람이 몇 명이나 될까.

국가안전부 감시의 '눈'

국가안전부國家安全部는 우리나라 국정원에 해당하는 중국 국무원 산하 방첩기관이자 정치 보위기관이다. 1983년 6월, 제6기 전국인민대표대회 제1차 회의에서 국무원은 방첩 기능을 강화한 미국의 CIA중앙정보국를 모델로 하는 지금의 국가안전부를 설치했다. 중화인민공화국 국가안전법 시행세칙 14조는 국가안전부 요원이 국가안전업무를 수행할 때 다른 조직과 개인의 간섭을 받지 않도록 규정해 놓았다. 그야말로 누구의 통제도 받지 않고 막강한 권한을 행사할 수 있다.

니컬러스 번스 주중 미국대사는 2024년 6월 월스트리트저널과의 인터뷰에서, 미중 정상회담이 열린 2023년 11월 이후 중국 국가안전부 등이 미국 대사관 주최 공공행사에 중국 시민들에게 가지 말라고 하거나 참석한 중국 국민을 뒷조사한 사례가 61건에 달한다고 말했다. 또 몇몇 중국인은 당국자들에 의해 심문을 받았고, 어떤 경우는 자택에서 밤늦은 시간에 조사받았다고 주장했다. 번스 미국대사가 말한 것처럼 중국에 파견된 외국 외교관이나 특파원은 중국 공안과 정보기관이 늘 지켜보고 있다고 생각하면 된다. 추측하지 않고 단정하는 이유는 이들 기관원이 몰래하지 않고 늘 드러내놓고 하기 때문이다. 코로나1 시진핑 주석의 3연임이 확정된 뒤로 더욱 강화되고 있는 느낌이다.

2022년 1월 16일, 코로나19로 막혔던 북한과 중국의 국경이 열렸다. 2020년 9월 운행을 중단한 북중 화물열차가 1년 5개월 만에 운행을 재개했다. 이를 취재하기 위해 이른 새벽 랴오닝성 선양에서 북중 국경 도시인 단둥으로 향했다. 차량 편을 이용하는 이유는 비행기와 열차는 개인신상을 입력해야 발권이 되기 때문에 바로 신분이 노출된다. 이 때문에 도착지 공항이나 기차역에서 늘 기관원들이 미리 기다리고 있다. 그렇다고 회사 차량이 안전한 건 아니다. 회사 렌터카에 GPS를 부착해 놓아 차량 동선을 실시간으로 파악하기 때문이다.

당일 오전 일찍 단둥 고속도로 요금소에 도착했지만 중국 공안이 기다리고 있었다. 신원을 확인하던 중국 공안은 기자 여권을 보더니 조회하겠다며 어디론지 사라진 뒤 한참을 나타내지 않았다. 그러는 사이 취재차량을 중심으로 앞, 뒤, 옆에 차량이 잇달아 주차하더니 오도 가도 못할 지경에 빠졌다. 1시간쯤 흘렀을까, 공안이 별문제가 없다며 그제야 여권을 돌려줬다. 하지만 우리 차량은 이미 다른 차량에 의해 포위된 상태라 빠져나갈 수 없었다. 할 수 없이 장비를 꺼내 들고 인근 정류장 쪽으로 걸어가 택시를 잡으려 했지만 애를 먹었다. 단둥 안전국 요원들이 택시 기사를 위협해 택시를 탈 수 없었다. 안전부 요원에게 항의했지만, 이들은 듣지도 않고 멀찌감치 차를 몰고 사라졌다. 결국 1년 5개월 만에 개통된 북중 화물열차 운행을 안전국 요원의 방해로 코앞에서 놓치고 말았다.

2021년, 2022년 2차례 심각한 전력난을 겪은 중국은 2022년 여름 최

차량에 붙여 놓은 위치추적 장치

악의 가뭄까지 덮치면서 석탄 생산에 더욱 열을 올렸다. 수력 대신 화력으로 부족한 전력을 메우기 위해서다. 2022년 11월 초 석탄도시 산시陝西성 위린楡林을 찾았다. 북쪽으로 네이멍구자치구內蒙古自治區와 접하고 있는 위린은 비행기에서 내려다보면 땅이 시커먼 흑토로 끝도 없이 펼쳐져 있다. 모두 석탄이다. 노천탄광을 드론 띄워 취재를 마치고 호텔로 돌아왔다. 저녁식사를 위해 잠시 들렀는데 중국 공안이 호텔 객실로 들이닥쳤다. 비좁은 방에 7~8명이 한꺼번에 우르르 들어오니 금세 방이 가득 찼다. 코로나19로 거리두기하는 상황이었지만 이들은 별로 상관하지 않는 분위기였다. 신분증을 제시한 정복을 입은 공안과 시 외판이라고 밝힌 직원과 영도자라는 사람, 이 사람은 국가안전부 소속으로 보인다. '시 외판'은 '시 외사판공실外事辦公室'을 말한다. 이곳은 대외 업무를 담당하는 기관으로, 예를 들면 외국 특파원이나 외국인이 취재하거나 방문하려면 이곳의 통제를 받는다.

이들은 취재하면서 기자 신분증을 제시했는지, 둘째 드론을 허가구역이 아닌 곳에 띄운 이유는 무엇인지 물었다. 하지만 이들은 취재하는 내내 우리를 따라다니며 동태를 감시했다. 인터뷰를 누구와 하는지 드론을 띄울 때도 바로 옆에 있었다. 하지만 그들은 전혀 제지하지 않았다. 탑승한 차 안에서 바라만 보고 미행하다가 저녁에 호텔로 돌아온 뒤 문제삼은 것이다. 그사이 또 다른 공안은 촬영 직원이 묵고 있는 방을 찾아가 카메라와 노트북을 압수해 갔다. 나중에 돌려받았지만 찍은 그림을 모두 삭제한 뒤였다.

다음 행선지인 장시江西성 이춘宜春으로 이동했다. 그런데 이춘에서도 공안이 기다리고 있었다. 비행기와 열차를 타는 순간 동선이 드러날 수밖에 없다. 그런데 그 넓은 중국에서 비행기와 열차를 타지 않는다는 건 쉽지 않은 일이다. 이동하는 지방도로에서 공안과 안전국 차량을 따돌리려 했지만, 그들은 집요하게 뒤쫓았다. 난창까지 오는 3시간 내내 고속도로에서 상향등을 켠 채 바로 뒤에서 5~6대가 추격해 왔다. 다음날 십여 명의 안전국 요원들이 호텔 로비에서 주차장 차 안에서 우리를 기다리고 있었다.

이런 경험은 또 다른 석탄 도시인 랴오닝성 푸신阜新시를 방문했을 때도 마찬가지였다. 2022년 2월 하순, 인구절벽에 노출된 지방도시를 취재하기 위해 찾았다. 드론을 띄워 광산공원을 찍으려 했지만, 이들은 드론을 띄우지 말라고 제지했다. 중심가 경기 흐름을 알아보기 위해 가게주인을 섭외했지만, 곧바로 쫓아 온 안전부 요원이 인터뷰 중인 가게주인을 막무가내로 상점 안으로 데리고 들어갔다. 이날 중심가는 행인이 별로 없어 한산했지만, 곳곳에 배치된 이들 안전국 요원과 공안으로 인해 긴장감이 감돌았다.

그리고 취재팀이 가는 곳마다 따라다녔다. 그 추적하는 차량이 20여 대 정도로 긴 차량 행렬을 이뤘다. 차량이 너무 길어 일부 차량은 신호에 걸리기도 했다. 이 작은 도시가 마치 중앙의 고위관료가 온 것처럼 떠들썩한 풍경이 연출된 것이다. 점심 먹으러 들어간 식당에도 이들은 에워싸듯 자리

푸신 국가안전국 차량 20여 대가 도로변에 주차해 있다.

를 잡았다. 그리고 이들은 옆자리에서 얘기를 듣는 듯 숨죽이며 식사했다. 하는 수 없이 푸신을 떠나 하얼빈으로 향하기 위해 고속열차에 오르자, 이들은 열차까지 따라와 우리의 좌석을 촬영해 갔다.

2023년 말까지 3년 동안 주중 일본 대사를 지낸 다루미 히데오垂秀夫 전 대사가 귀임한 뒤 일본 월간지 문예춘추에 재임 시절 경험을 기록한 회고록이 화제가 된 적이 있다. 시진핑 주석 집권 이후 벌어진 일본 외교관에 대한 구금과 도청, 협박 등을 직설적으로 비판했기 때문이다. 그는 일본 외교관들이 자주 이용하는 베이징의 한 일본 식당에는 도청기가 설치돼 있다고 증언했다. 그런데 외교관만 그런 게 아니다. 중국에 주재하는 외국 특파원도 마찬가지다.

2022년 9월, 북한이 중국에 공동어로를 제안했다는 내용의 공문을 보

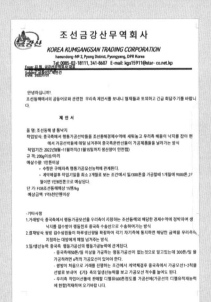

2022년 9월, 북한 조선금강산무역회사 명의의 공동어로 제안 공문

도했다. 당시 코로나19 방역을 이유로 수산물 조업을 제한했던 북한 당국이 북한 수역에서 잡은 수산물을 바다에서 중국 선박에 넘기겠다는 내용이다. 조선금강산무역회사 명의의 이 공동어로 제안서 공문에는 우리의 오징어를 뜻하는 '낙지'를 북한 동해 수역에서 중국 냉동가공 선박에 넘기는 거래 방식까지 자세히 명시했다. 유엔의 대북제재를 위반하는 해상환적이다. 이런 공동어로에 대한 제안이 보도되자 중국 공안이 북한과 거래하는 단둥과 동강지역 수산업자에 대한 대대적인 단속에 나섰고, 당시 한때 북한산 수산물이 국경 도시 어시장에서 자취를 감췄다.

이와 함께 보도 경위에 대한 조사도 벌였다. 선양 국가안전국 요원은 중국인 무역업자를 찾아내 앞으로 특파원을 만나 북한 동향에 대한 언급을 삼갈 것을 경고했다고 한다. 누굴 만났는지 특파원의 위챗 내용을 들여다본 뒤 알아낸 것이다. 이 일이 있고 난 뒤 중국인 무역업자는 연락을 끊었다. 그래서 미국 외교관들은 중국에서 위챗을 사용하지 않는다. 현금을 들고 다니며 불편하게 생활한다.

13

아무도 말하지 않는다:
내부의 적

2인자 없으니
총리 기자회견도 없다

2018년 3월, 중국은 이전과 전혀 다른 새로운 시대를 맞았다. 시진 핑習近平 국가주석의 1인 체제와 장기집권이 법적으로 완성됐기 때문이다. 3월 11일 오후 3시. 베이징北京 인민대회당에서 열린 전국 인민대표대회전인대 제3차 전체회의는 그 어느 때보다 긴장감 속에 진행됐다. 약 3,000명에 달하는 전국인민대표들이 이른바 '체육관 선거'를 진행했다. 안건은 국가주석 3연임15년 이상 금지조항을 삭제하고, 시진핑 신시대 중국 특색 사회주의 사상을 헌법 서문에 삽입하는 다섯 번째 개헌안이다. 순조롭게 진행된 개헌안 투표는 회의시작 1시간 만에 통과됐다. 찬성 2,985표, 반대 2표, 기권 3표, 무효 1표. 왕천王晨 전인대 상무위원회 부위원장이 개헌안 통과를 선언하자 우레와 같은 박수소리가 인민대회장 안을 가득 메웠다. 찬성률은 99.79%였다.

공산당 당장黨章,당헌에는 총서기에 대한 임기제한 규정이 없다. 헌법에만 있는 임기제한 규정이 삭제되면서 시 주석은 2022년 제20차 전국 공산당 대표대회20차 당대회에서 7상8하七上八下,67세는 유임하고

68세는 은퇴한다 관례를 깨고 15년 이상 당 총서기 겸 주석으로 장기 집권할 수 있는 법적 기반을 마련했다. 이로서 시진핑 주석은 공산당 총서기, 국가주석, 중앙군사위 주석 등 당·정·군의 '3위 일체' 전권을 2023년 이후에도 계속 유지할 수 있게 됐다.

국가주석의 임기제한이 없어진 중국의 새 헌법안이 전인대 전체회의를 통과하면서 일반 중국인들조차 우스갯소리로 시 주석을 '시황제'로 부르기 시작했다. 개헌 다음 날 그런 묘한 만남이 있었다. 시 주석이 인민대회당에서 한국에서 온 정의용 국가안보실장 일행을 맞았다. 마치 황제 즉위식에 배알하러 온 사신단 같은 분위기이다.

중국 최대 정치행사인 '양회兩會' 기간에 시 주석이 일부러 시간을 내어 한국의 특사단을 만나줬다는 왕이王毅 외교부장의 설명에 화답하듯 정 실장은 "한반도 상황의 긍정적 변화는 시진핑 주석님의 각별한 지도력 덕분"이라며 깍듯한 예를 갖췄다. 곧바로 이어진 면담은 논란에 불을 지폈다. 좌석배치가 문제가 됐다. 문재인 대통령의 특사로 간 정 실장 일행을 시진핑 주석의 우편에 앉히고, 맞은편에는 양제츠楊洁篪 외교담당 국무위원과 왕이 외교부장 등 중국 측 관리들을 앉힌 뒤, 시 주석 자신은 중앙에 앉았다. 황제와 조공국 신하를 연상케 하는 외교결례 논란이 일었다. 마치 홍콩의 캐리람 행정장관에게 업무보고를 받듯 시 주석이 상석에 앉아 있는 장면은 개운치 않은 뒷맛을 남겼다.

시진핑 주석의 힘이 막강해진 만큼 총리의 권한은 약화될 수밖에 없다. 2024년 3월 11일 전국인민대표대회전인대가 분기점이 됐

2018년 3월 정의용 국가안보실장 시진핑 면담. 좌석 배치 논란이 일었다.

다. 당시 전인대는 중앙정부에 대한 중국공산당의 지도를 명문화한 국무원조직법 개정안을 표결로 통과시켰다. 개혁·개방 이후 지속된 집단지도체제에 의한 '당정 분리' 관행을 공식적으로 끝내고 2인자 총리의 위상을 명시적으로 떨어뜨린 조치다. 이는 2024년 3월 전인대 기간 '2인자' 리창李强 총리의 달라진 위상으로 확인할 수 있었다. 리창 총리는 개막일 정부업무보고 외에는 양회 기간 거의 보이지 않는다는 평가를 받았다. 더구나 1991년 당시 국무원 총리였던 리펑李鵬 때부터 30여 년간 이어오던 국무원 총리의 내·외신 기자회견마저 폐지됐다.

베이징北京 천안문 광장 서쪽에 인민대회당人民大会堂이 있다. 중화인민공화국 건국 10주년 기념 '10대 건물' 중 으뜸으로 꼽히는 인민대회당은 남북 길이 336m, 동서 폭 206m, 높이 46.5m, 부지 면적 150,000m², 건축면적 171,800m² 규모로 지어졌다. 1958년 10월부터 공사를 시작해 1959년 9월 준공됐는 데 불과 11개월 만에 이런 초대형 건축물이 지어졌다는 데 놀라움을 금할 수 없다. 총리 기자회견은 이 인민대회당 3층 '금색대청金色大厅, 황금홀'에서 열린다.

총리 기자회견은 최고 지도자가 참석해 여러 현안에 대해 중국의 입장을 직접 알리는 장이기 때문에 일찍부터 실무진이 구성돼 꼼꼼히 준비된다. 양회가 열리기 두세 달 전인 12월 말이나 1월 초에 양회 신문보도팀이 가동된다. 신문보도팀은 전인대 대변인이 팀장을 맡고 전인대와 정협 상무위원회 부비서장과 전인대와 정협 신문국장, 중앙선전부, 국무원 신문판공실, 광전총국, 인민일보·신화통신 등의 각 부문 책임자로 구성된다. 신문보도팀 산하에 국내 기자팀, 홍콩·대만 기자팀, 외신 기자팀, 기자 회견팀 등 4개 팀과 1개 사무처가 운영된다. 이 가운데 주로 총리의 기자회견 준비를 담당하는 기자 회견팀은 전인대 상무위원회 외사위원회를 비롯해 전인대 신문국, 국무원 신문판공실, 외교부 신문사 등이 참여한다. 기자 회견팀은 그 중요성 때문에 보통 신문보도팀장인 전인대 대변인이 직접 챙긴다.

총리 기자회견 질문권은 사전에 외교부로부터 선택받은 소수의 기자에게 주어진다. 국내외뿐만 아니라 나라별로 골고루 배정된다. 질문 주제도 겹치지 않게 사전에 조율된다. 2015년 양회 폐막 리커창 총리 기자회견에 질문자로 나선 적이 있다. 특파원을 관리하는 중국 외교부 신문사新闻司로부터 기자회견 한 달 전쯤 미리 통보를 받고 준비했다. 그 어느 때보다 좋았던 한중관계의 배경이 있었기에 가능했다. 가장 궁금한 남북 관계를 비롯해 정치, 경제 현안에 관한 사전 질문지를 보냈는데 중국 외교부는 경제에 관한 질문을 해줬으면 좋겠다는 회신이 왔다.

그리고 2015년 3월 15일 오전 10시 30분 총리 기자회견이 열렸다. 약 2시간 정도 진행된 기자회견은 국내외 900명 가까운 기자가 참석해 취재경쟁을 벌였다. 중국 경제의 디플레이션 여부와 경기부양 가능성에 관한 질문을 던지자 리커창 총리는 중국의 소비자물가지수CPI가 1월에 플러스 성장을 했고, 2월에는 1월 동기 대비 더 높게 나타나 중국이 이미 디플레이션이 발생했다고 말할 수 없다고 답변했다. 이밖에도 중국 부동산 문제와 전자상거래, 환경 문제 등에 관한 질문이 이어졌다. 하지만 무엇보다 총리의 솔직한 마음을

2015년 양회 기자회견 중 리커창 총리에 질문하는 필자

읽을 수 있는 인상적인 답변도 나왔다.

중국일보 기자가 최근 중국이 세계 최대 경제대국이 되면서 미국의 지위에 도전하고 있다는 국제적인 시각이 있는데 미중 관계에 대해 어떻게 생각하느냐는 질문이었다. 이에 대해 리커창 총리는 어처구니없다는 듯이 "중국이 세계 최대 경제대국입니까?"라고 반문했다. 그러면서 그는 외국에서 이런 얘기를 많이 들어서 자꾸 현혹되는 기분이라며 국제적으로 권위 있는 통계에 따르면 중국은 두 번째로 큰 경제대국이지만 1인당 GDP로 따지면 80위권 아래라고 말했다. 그러면서 현실적인 예를 들어 설명했다. "춘절 전에 제가 중국 서부에 가서 농촌 두 곳을 잇달아 방문했어요. 한 모자母子 가정을 들렀는데, 이 집은 사방이 뚫려서 바람을 막을 수 없는 집이에요. 아들은 40세가 넘었지만 가난해서 아직 결혼도 하지 못했어요. 또 다른 집은 어렵게 대학생이 한 명 나왔는데 여동생은 오빠를 공부시키기 위해 춘절에 고향에 오지도 못하고 객지에서 일했어요. 이런 예는 얼마든지 있어요. 세계은행 기준으로 보면 중국은 아직 2억 명의 빈곤층이 남아 있어요. 중국은 확실히 개발도상국입니다."

리커창 총리는 미리 정해진 질문에 기다렸다는 듯이 답변했겠지만, '2인자'의 현실 인식과 앞으로의 정책 방향을 가늠할 수 있는 의미 있는 기자회견 자리는 그의 퇴장과 함께 사라지게 됐다. 총리 기자회견을 없앨 수 있는 사람은 중국에서 단 한 사람, 시진핑 주석뿐이다. 시 주석이 기자회견으로 심기가 불편했다면 얼마든지 가능한 일이다.

사람이 떠나가면
차는 식는다

리커창 총리의 죽음은 견제받지 않는 시진핑 권력의 탄생을 예고했다. 2023년 10월27일 0시 10분. 리커창 전 국무원 총리가 상하이에서 휴식하던 중 돌연 심장마비로 사망했다. 퇴임한 지 불과 7개월밖에 되지 않은 총리의 갑작스런 사망소식에 14억 중국인은 큰 충격에 빠졌다. 특히 68세로 비교적 젊은 나이였기에 믿기지 않는다는 분위기가 역력했다. 하지만 더욱 놀라운 일은 리 전 총리 사망을 대하는 중국 관영매체들의 반응이다. 전 중국인의 추모 분위기에도 불구하고 적극적으로 다루지 않았다. 중국 당국이 수위조절에 나선 것 아니냐는 강한 느낌을 받았다.

　관영매체뿐만 아니라 인터넷 공간에서도 추모 분위기를 찾아보기 어려웠다. 중국 대표 포털사이트 바이두百度에서 사망 사흘째를 맞으면서, 돌연 리커창 전 총리 관련 검색어가 사라졌다. 웨이보微博 실시간 검색어 상위 50위에서도 리 전 총리 관련 검색어를 찾아볼 수 없었다. 대학가에는 추모 경계령이 내려졌다. 베이징의 한 대학 교수는 "리 전 총리와 관련된 발언을 자제하고, 학생들의 활동을 주시하라는 통지를 받았다."라고 전했다. 실제로 한 중국 대학의 통지

문엔, 침통한 심정을 표현하려면 공산당이 배포한 부고만 게시하라며 온오프라인 단체 추모활동은 엄격히 금지했다.

중국 당국은 한동안 리 전 총리의 장례 일정조차 발표하지 않았다. 일각에서는 친서민적인 행보에 나섰던 리 전 총리에 대한 추모 분위기 확산이 정권에 도움이 되지 않는다고 판단한 당국의 보도통제라는 관측이 나왔다. 리 전 총리의 사망을 둘러싼 의문이 증폭되면서 음모론까지 나왔다. 리커창 전 총리는 사망 전날까지 외부활동을 하는 데 아무런 문제가 없었다는 점, 수많은 비서와 경호원의 보호 아래 있던 리 총리가 제대로 심폐소생술을 받았는지에 대한 의문 등이다. 이 때문에 "리커창 총리가 사망을 당했다."라는 근거 없는 소문이 확산됐다. 통제된 중국 사회에서 진실을 찾기란 쉽지 않다.

하지만 그의 고향은 추모 분위기로 가득했다. 리 전 총리가 어린 시절을 보냈던 안후이安徽성 허페이合肥시 홍싱루红星路 80호 생가 골목엔 200m 가까이 추모객이 늘어섰고 흰 국화와 노란 국화가 바다를 이뤘다. 밤늦은 시각까지도 추모객으로 인산인해를 이뤘다. 골목을 가득 메운 국화꽃 사이사이에 놓인 추모 카드엔 살아생전 리 전 총리가 말한 "창장과 황허는 거꾸로 흐르지 않는다长江黄河水不会倒流."라거나 "사람이 하는 일을 하늘이 보고 있다人在做 天在看." "6억 명이 월평균 1,000위안을 번다6亿人每月收入1000元."와 같은 명언도 적혀 있었다.

그가 44세 최연소 성장으로 6년을 일한 허난성 정저우郑州 시내 광장에도 꽃다발이 산더미처럼 쌓였다. 중국 당국이 리 전 총리

안후이 성 허페이 훙싱루 80호. 리커창 전 총리의 생가 골목에 쌓인 추모 조화

의 추모를 통제하는 것은 '2인자 사망 트라우마' 때문이라는 분석이 많다. 현대 중국 역사상 가장 큰 시위로 기록된 1976년과 1989년의 베이징 천안문 1, 2차 시위는 각각 "인민의 훌륭한 총리"라는 저우언라이周恩来 총리와 "청렴한 지도자"로 불렸던 후야오방胡耀邦 주석의 사망을 계기로 폭발했다. 게다가 근래에 반정부 시위도 심심찮게 벌어졌다. 2019년 홍콩에선 시진핑 퇴진을 요구하며 벌였던 '노란우산' 시위가 있었고, 시 주석의 파면을 요구하는 스퉁차오四通桥 시위에 이어 상하이에서는 시진핑 주석의 3연임을 반대하는 '원치 않는다, 원한다不要, 要'라고 쓴 현수막을 들고 젊은 여성들이 거리로 나섰다. 뒤이어 전국적으로 코로나19 봉쇄에 반대하는 '백지시위'도 있었다. 중국 정부는 시진핑 주석의 장기 집권과 경기 침체, 20%가 넘는 청년 실업률로 누적된 불만 여론이 높아진 상황에서 리 전 총리의 사망이 현 지도부에 대한 반발로 이어질 수 있다는 우려를 하는 것처럼 보인다.

2022년 10월 22일 오전 11시쯤, 베이징 인민대회당에서 진행된 중국공산당 20차 전국대표대회 폐막식 도중, 뜻밖의 일이 벌어졌다. 전임 국가주석으로 당대회에 공식 참석한 후진타오^{胡錦濤} 전 주석이 수행원의 팔에 이끌려 퇴장당하는 사건이 발생했다. 시진핑 주석의 지시를 받은 수행원에 의해 후진타오 전 주석은 내키지 않는 발걸음으로 중앙 단상에서 내려와야 했다. 후진타오 전 주석이 퇴장당할 때 단상 첫 줄, 후 전 주석이 퇴장하던 방향에 앉은 21명 그 누구도 작별인사를 하거나 일어나지 않았다. 후 전 주석 바로 옆에 앉았던 리잔수 전인대 상무위원장이 잠시 일어나려다 말았을 뿐이다.

후 전 주석의 갑작스런 퇴장에도 아무 일이 없다는 듯이 자기들끼리 이야기를 나누기도 했고 '리틀 후진타오'로 불렸던 후춘화^{胡春華}는 불만에 가득 찬 듯 아무 말 없이 팔짱만 끼고 있었다. 심지어 후 전 주석과 같은 공산주의청년단^{공청단} 계열의 리커창 총리와 왕양 정협 주석은 후 전 주석이 일어나도 고개도 돌리지 않았다. 리 총리는 후 전 주석이 어깨를 짚자 그때야 잠시 고개를 숙였을 뿐이다. 리 총리는 시종 굳은 표정으로 정면만 응시할 뿐 미동도 하지 않았다. 중국인들이 평소 자주 쓰는 '인주다량^{人走茶凉}'을 보는 듯하다. 인주다량은 '사람이 떠나가면 차는 식는다'라는 뜻으로, 사람이나 권력이 떠나면 인정도 사라진다는 의미의 중국 속언이다.

이 장면이 외신 카메라에 포착되면서 많은 논란을 불러일으켰다. 중국 정부는 후진타오의 건강문제로 자리를 떠나게 되었다고 해명했지만, 추측만 난무할 뿐 진상은 알려지지 않았다. 이로서 시 주석 중심의 권력 강화와 세대교체가 이뤄졌다. 공산주의청년단共青團 수장인 후진타오 전 주석과 함께 리커창 전 총리까지 사망하면서 공청단은 두 거목과 함께 역사의 무대에서 힘을 잃게 됐다.

후진타오 전 주석의 강제퇴장 사건 이후 한 달 뒤인 2022년 11월 30일 12시쯤, 장쩌민江澤民 전 중국 국가주석이 백혈병과 다발성 장기부전 등으로 상하이에서 치료받던 중 사망했다. 향년 96세. 장 전 주석은 1949년 신중국 성립 후 덩샤오핑의 뒤를 이은 중국의 3세대 지도자로 평가를 받았다. 1989년 천안문 민주화 시위 무력진압을 지지했던 장쩌민 당시 상하이시 당 서기는 상하이에서 시위대를 진압하고 주동자를 처벌하는 등 강경하게 대응하면서 덩샤오핑에 의해 발탁됐다. 2002년 후진타오에게 공산당 총서기직을 물려줄 때까지 10년 동안 국가주석으로 중국을 이끌었다. 한국을 방문한 중국의 첫 번째 최고 지도자로 1995년 11월, 장쩌민 주석은 김영삼 대통령과 정상회담을 가졌다. 장쩌민 전 중국 국가주석 사망으로 그가 지주로서 역할을 해오던 '상하이방'도 역사 속으로 사라지게 됐다. 이로서 정치파벌 가운데 시진핑 주석을 결사옹위하는 측근 세력인 '시자쥔习家军'만 남게 됐다.

중국에서 가장 힘이 쎈
'시자쥔'

리커창 총리의 노점상 경제를 공개 저격해 반대여론을 주도한 '차이
치蔡奇' 베이징 서기는 이전에도 베이징 광고판 철거 문제로 우리와
악연이 있다. 중국 수도 베이징 도심을 동서로 관통하는 도로가 창
안제長安街이다. 길이 3.8km의 이 도로 주변에 천안문 광장을 비롯
해 정부 주요 건물과 중심 상가인 왕푸징王府井이 연결돼 있다. 유동
인구가 많고 출퇴근 시간이 아니더라도 늘 많은 차량으로 길이 밀
린다. 때문에 광고효과가 베이징 중심 도로이다.

　2018년 7월 12일 밤, 베이징시 산하 공기업이 동원한 철거반은
이 창안제 도로변에 세워져 있던 광고판 겸 버스정류장을 대형 크
레인과 용접기 등을 동원해 기습적으로 철거했다. 이 버스정류장에
설치된 삼성 휴대폰과 현대, 기아 자동차 광고판이 도심 경관을 해
친다는 이유에서다. 군사 작전을 벌이듯 버스정류장 60여 곳을 철
거했다. 1년 뒤인 2019년 6월 말, 120여 곳을 또다시 없앴다. 이 때
문에 한국 업체는 계약 기간이 7년이나 남은 상황에서 수백억 원의
손해를 보게 됐다며 피해를 호소했지만, 베이징시 당국은 상부 방

침에 따른 것이어서 어쩔 수 없다는 입장만 되풀이했다. 철거를 지시한 상부는 바로 2016년 베이징시 시장으로 취임한 차이치다.

차이치는 이전에도 저돌적인 업무추진 방식으로 논란의 중심에 선 적이 있다. 2017년 11월 18일 베이징 다싱大兴구 신젠新建촌의 한 임대아파트에서 불이 나 19명이 숨지고 8명이 다치는 사건이 발생했다. 화재사건이 발생하자 베이징시 당 서기로 막 부임한 차이치는 화재점검을 전면적으로 실시할 것을 지시하면서 귀를 의심케 하는 발언을 했다. "기층 민중을 대할 때는 그야말로 진짜 총칼을 빼들어야 한다. 총검으로 피를 보여야 하고, 대담하게 나가야 한다."라고 말한 것이 알려졌다. 이후 40일 동안 베이징 당국이 전면 '청소'에 나섰고, 이어 2만 5,000여 곳의 위험 지구를 정리했다. 이 조치로 10만 명에 달하는 빈민이 한겨울에 졸지에 살던 집에서 베이징 밖으로 내쫓겼다. 유명한 베이징의 '하층민 청소운동'이다. 이 조치는 중국 안팎에서 큰 파장을 불러일으켰고, 베이징시 당국은 여론의 뭇매를 맞았다.

이런 상황에서도 차이치는 승승장구한다. 20차 당대회에서 공산당 최고 지도부인 정치국 상무위원회에 입성한 그는 시진핑, 리창李强, 자오러지赵乐际, 왕후닝王沪宁에 이어 서열 5위에 올랐다. 특히 공산당 내 모든 업무를 총괄하는 중앙서기처 서기와 대통령 비서실과 같은 중앙판공청 주임을 겸임했다. 당 중앙서기처 서기는 공산당 내 통일전선부 · 조직부 · 선전부 · 정법위원회 · 감찰위원회 · 공안부를 총괄하는 자리다. 여기에 당 중앙판공청 주임도 맡은 그는 당 총서기이자 국가주석 · 당 중앙군사위 주석을 겸임한 시진핑에게 당·정·군의 핵심 업무를 보고하고 지시를 받아 하부에 전달하는 역할을 맡고 있다. 이전엔 중앙판공청 주임은 상무위원이 맡는 자리가 아니었지만, 시진핑 주석의 결정으로 차이치가 겸직하게 된 것으로 보인다. 여기에 차이치는 미국의 국가안전보장회의NSC 성격의 공산당중앙국가안전위원회국안위 부주석과 중앙전면심화개혁위원회심개위 부주임에도 임명돼 활동 중이다.

핵심 요직을 한꺼번에 거머쥔 차이치의 권력은 막강하다. 이 때문에 공산당 상무위원 7명의 서열은 시진핑·리창·자오러지·왕후닝·차이치·딩쉐샹·리시 순으로 차이치가 5위지만 실제로는 힘 빠진 2위 리창 총리를 능가하는 권력을 가졌다는 평가가 많다. 중국 내에선 당 중앙위원회에서 일한 경력도 없는 차이치가 '벼락출세'를 한 데에는 시진핑 주석과의 인연이 작용했기 때문이다. 시진핑 주석이 2002년부터 2007년까지 저장성浙江省 당서기로 재임할 때 차이치는 저장성 취저우衢州시와 타이저우台州시 서기를 맡아 보좌했다. 이 때문에 저장 출신 핵심 가신그룹인 '즈장신쥔之江新軍'으로 분류된다. '즈장之江'은 조수해일로 유명한 저장성 첸탕장钱塘江의 또 다른 이름이고, '신쥔新军'은 신세력을 의미한다. 리창李强 총리도 시진핑 서기 비서장비서실장 출신으로 여기에 해당한다. 리창 총리는 상하이시 서기 시절인 2022년 3월 27일부터 시작한 65일간의 코로나19 봉쇄로 시민들의 항의가 빗발쳤지만, 별문제없이 '국무원 총리'에 올랐다.

체제 수호의 보루인 공안부장公安部长에도 시자쥔 출신인 왕샤오홍王小洪이 발탁됐다. 중국 공안부는 전국적으로 약 190만 명의 공안(경찰)을 지휘한다. 이들 공안은 일반적인 법집행뿐 아니라 사회안정 유지와 내부 정치투쟁의 선봉 역할을 맡고 있다. 이 때문에 공안부장은 최고 지도자의 심복이 맡는다. 왕샤오훙은 시 주석이 1985~2002년까지 17년간 근무한 푸젠福建성에서 공안계통 일을 하면서 시 주석과 끈끈한 인연을 맺었다. 왕샤오훙은 1993년 8월부터 1998년 2월까지 푸저우福州시 공안국 부국장을 역임했고 시진핑 국가주석은 1990년부터 1996년 까지 푸저우시 당 서기와 시 인민대표대회 상무위원회 위원장을 역임했다. 3년 가까이 푸저우에서 직접 손발을 맞췄다.

그는 푸젠의 공안계통에서 34년간이나 재직했지만 푸젠성 공안청장에 오르지 못하다가, 시진핑 주석이 2012년 최고 지도자에 오른 후 비로소 날개를 달았다. 그는 2013년 8월, 허난河南성 공안청장에 오른 뒤 2015년 3월에는 베이징시 공안국장을 맡게 된다. 왕샤오훙은 시 주석의 외동딸 시밍쩌习明泽 일을 전담할 정도로 매우 밀접한 사이라는 말도 있다. 왕샤오훙이 베이징시 공안국장으로 재직하던 시절, 가장 먼저 한 일이 매춘과 음란 외설물에 철퇴를 가하는 '사오황扫黄'이다.

왕샤오훙이 베이징시 공안국장으로 임명된 지 한 달여 지난 2015년 4월, 이런 일이 있었다. 베이징 한인 타운인 왕징望京에서 성매매 단속이 전격적으로 실시되면서 큰 파장이 일었다. 사실 당시만 해도 암암리에 성매매가 이뤄졌지만 크게 문제가 되지 않던 시절이었다. 그런데 베이징에 출장 온 한국인 남성이 유흥주점 여종업원과 성매매를 한 혐의로 중국 공안에 체포됐기 때문이다. 실제로 4월 14일 밤 베이징 한인촌인 왕징望京에 있는 한 호텔 룸싸롱에서 벌어진 일이다. 한국에서 출장 온 A씨 등 2명은 1차로 룸싸롱에서 술을 마신 뒤 여종업원들과 함께 속칭 2차를 나갔다가 현장을 급습한 중국 공안에 체포됐다. 이들에겐 15일간의 행정 구류 처분과 함께 2,000위안약 36만 원의 벌금이 부과됐다.

성매매 업소에 대한 첩보를 입수한 베이징 공안은 당일 룸싸롱 밖에서 잠복근무 중이었고 성매매 장소에 대해 사전에 파악한 상태였다. 이런 일로 일부 한국 기업체들은 주재원들에게 유흥업소 출입 금지령까지 내리기도 했다. 이와 함께 베이징시 공안은 성매매와 불법도박 혐의가 있는 베이징 시내 6곳의 유흥업소에 대해 영업을 정지시켰다.

당시 중국 공안은 베이징에서 눈에 불을 켜고 전방위 단속을 벌였다. 베이징시 공안국은 지속적으로 성매매와 불법도박에 대해서는 무관용의 원칙을 견지해 계속 단속할 방침이라고 공언했다. 시진핑 주석의 정치적 라이벌이었던 보시라이薄熙來 전 충칭시 서기가 '다헤이打黑,범죄 소탕'로 전국적인 명성을 얻었듯이, 시 주석에게 집권 초 '사오황掃黃,매춘 소탕'을 통해 개혁 이미지를 심을 좋은 기회였기 때문이다.

왕샤오훙王小洪은 이전 허난성 공안청장 시절에도 사오황으로 매체의 큰 주목을 받은 적이 있다. 정저우鄭州시 '황실 1호' 국제 룸싸롱 사건이다. 그가 허난河南성 공안청장으로 부임한 지 석 달 만의 일이다. 당시 단속은 전광석화처럼 이뤄졌다. 2013년 11월 1일 밤 11시쯤, 정저우鄭州시 신시가지에 위치한 초호화 룸싸롱인 '황실

1호皇家一号'는 금요일 밤을 즐기려는 손님들로 북적였다. 이곳은 룸이 186개나 되는 매머드급 룸싸롱이다. 여성 접대부는 모델급 외모를 갖춘 여성을 채용했고, 실내는 인조옥석으로 단장해 호화롭기로 유명했다.

당일 10여 대의 경찰버스를 나눠 타고 온 100여 명의 공안이 소리소문없이 룸싸롱을 에워싸기 시작했다. 손 쓸 틈도 없이 공안을 투입해 종업원과 손님, 접대부 할 것 없이 통째로 연행했다. 모두 성매매 혐의가 있다는 이유에서다. 당시 중국매체 보도에 따르면 '황실 1호'에서 공공연히 성매매가 이뤄졌지만 단속하지 못했다고 한다. 규모만큼이나 막후에 허난河南에 기반을 둔 실력자들이 많이 연관돼 있었기 때문이다. 왕샤오훙은 당시 단속 정보가 샐 것을 우려해 인근 신샹시新鄕市 경찰력을 동원했다. 경찰은 이 사건으로 룸싸롱 운영자와 성매매 범죄 조직원, 성 매수자 등 모두 133명을 체포했다.

이 룸싸롱 사건으로 경찰 고위간부가 무더기로 낙마했다. 정저우 시 공안국 부국장 등 8명의 경찰간부가 룸싸롱 사건과 관련해 기율 감찰기구의 조사를 받았다. 또한 당시 신향시新鄕市 공안국장도 수뢰 혐의로 조사를 받고 낙마했다. 당시 이권이 실타래처럼 얽혀 있는 성매매 단속을 하기란 쉽지 않았지만, 반부패란 이름으로 추진한 '사오황掃黃'은 결과적으로 시진핑 정부에 힘을 실어주었다.

하지만 영국의 역사학자이자 정치인인 존 달버그-액턴Dalberg-Acton경의 "권력은 부패하게 만들고, 특히 절대적인 권력은 필연적으로 부패한다."라는 말처럼 영구집권을 향해 가고 있는 시진핑 주석의 적은 외부가 아닌 그 곁에 있는지도 모른다. 하지만 설령 이들의 부패를 안다고 해도 시 주석은 이들을 쳐낼 수 없다. 이미 호랑이 등에 올라탔기 때문이다.

여적
餘滴

중국 관료주의의 '적' 공무원

부패의 조짐이 보이기 시작했다. 300여 명의 목숨을 앗아간 정저우 물난리 사건이다. 2021년 7월, 허난河南성 정저우鄭州에서 17일부터 사흘 동안 617.1mm의 폭우가 내렸다. 연간 평균 강수량 640.8mm에 버금가는 양이다. 특히 20일에는 시간당 201.9mm의 집중호우가 내리면서 지하철이 침수됐다. 퇴근길 지하철 5호선이 터널 구간에서 갑자기 운행을 멈추면서 승객 500여 명이 3시간 동안 객차 안에서 꼼짝없이 갇혔다. 가까스로 구조된 승객들은 물이 어깨 높이까지 차올랐다고 당시를 증언했다. 많은 승객이 산소부족 증세를 보였으며 한 임산부는 혼절하기까지 했다고 CCTV가 보도했다.

1.8km의 6차로 징광京广 지하차도는 갑자기 불어난 물에 잠기면서 200대 이상의 차량이 잠겼다. 이날 폭우로 저수지 제방이 무너졌다. 중국 매체들은 '천년만의 폭우'라고 전했다. 정저우시는 초기에는 사망·실종자가 97명이라고 발표했다가 나중에 339명이라고 수정했다. AFP 통신은 "참사가 벌어진 지하철 입구에 헌화 행렬이 이어지자, 당국이 지난주 현장을 봉쇄했다."라고 보도했다.

당시 제때 대피령이 내려지지 않아 지하철역과 지하차도 등에서 인명 피해가 컸다며 '인재人災'라는 지적이 많았다. 피해 규모까지 축소됐다는 여론이 일면서 국무원이 진상 조사에 나서 사망·실종자가 380명에 이른다고 발표했다. 2022년 1월, 국무원은 시 공무원 89명을 문책하고, 사망자가 다수 발생한 지하철역 설계 책임자 등 기업인 8명을 사법처리했다. 이때 쉬리이徐立毅 정저우시 서기가 면직됐고, 허우훙侯紅시장은 강등, 천훙웨이陳宏偉 부시장은 중대과실 기록 처분을 받았다. 이 징계를 놓고 시진핑 버전의 '읍참마속泣斬馬謖'이란 말이 나왔다. 쉬리이 전 서기를 비롯해 징계받은 간부들이 시 주석의 저장성 인맥인 '즈장신쥔之江新軍'으로 알려졌기 때문이다.

하지만 이듬해 이들은 화려하게 다시 복권됐다. 정저우 폭우 사태로 강등됐던 허우훙 전 정저우 시장은 1년 만에 허난성 위건위 부서기로 원래 직위를 회복했다. '중대과실 기록' 처분받은 천훙웨이 정저우 부시장은 부시장직을 유지하면서 당조부서기를 맡았다. 그는 정저우 물난리로 문책당한 지 22개월 만에 오히려 승진했다. 코로나19를 거치면서 이런 중국 속

2021년 7월 폭우로 정저우 징광 지하차도에 침수된 차들. 200여 대에 이르며, 사전에 통제하지 않아 인명 피해가 컸다.

담이 유행했다. '대사화소, 소사화료大事化小, 小事化了', 즉 "큰일은 작게 만들고, 작은 일은 없던 것으로 한다."라는 의미이다. 말하자면 괜히 일을 키워서 사달을 일으키지 말라는 뜻이다. 조용조용 일을 단도리를 해야지 윗선의 심기를 불편하게 하면 안 된다. 코로나19도 마찬가지지만 정저우 물난리도 피해가 커진 이유가 바로 이런 문화에 있다.

재난 상황에서도 시진핑 주석의 결정과 지시를 받을 때까지 단독으로 응급조치해서는 안 된다. 관리가 자체적으로 결정해 사회적 혼란이나 민심이 동요하면 오히려 불이익을 받는다. 승진에 영향을 받고 자칫 감옥에 가야한다. 이 때문에 공무원들은 아무것도 하지 않으려 한다. 복지부동伏地不動의 끝판왕이라고 할 수 있다. 정저우 공무원들은 바로 이점을 잘 지켰다. 이 때문에 이들은 다시 복권되고 지위를 잃지 않았다. 이 사건은 현재 관료주의 중국의 현주소를 적나라하게 보여준다.

중국은 철저한 관료주의 국가다. 700만 명이 넘는 공무원이 주인이다. 그 권한이 막강한 데다 큰 잘못을 저지르지 않으면 해고되지 않는다. 임금 체불도 없고, 정년이 보장돼서 안정적이다. 그래서 철밥통, 즉 절대 깨지지 않는 밥그릇이라는 뜻의 '톄판완铁饭碗'이라 불린다. 지금은 중국의 경제 상황이 좋지 않아 월급도 일부 반납하는 일이 벌어지고 있지만 지금까지 중국 사회의 발전과 함께 모든 특권을 누린 계층이다. 사회주의 특성상 능력 불문하고 평생 직업을 보장해 주다 보니 성과가 적고 게으름을 피워도 해고될 일이 없다. 이 때문에 공무원이 되기 위해 '궈카오国考, 공무원 시험'를 보려는 젊은이들이 해마다 넘쳐난다.

중국 동북 지역은 중국 내에서도 관료주의가 무척 팽배한 곳이다. 남방 공무원은 대체로 민원인에게 친절한 '서비스服务'형인데 반해, 동북 지역 공무원은 '지도자領導'형이란 말이 있을 정도다. 민원인들에게 대체로 거칠고 불친절하다. 그런 권위적인 분위기 속 정점에 공안이 있다. 공안은 대체로 목소리가 크고 당당하다. 최고권력기구로 누구도 범접할 수 없는 막강한 힘을 자랑하기 때문이다. 2013년부터 9년간 랴오닝성 공안청장을 지낸 왕다웨이王大偉는 동북의 대표적인 '공안 호랑이警虎'로 통한다. 그는 임기 중 총 5억 5,500만 위안약 1,020억 원의 뇌물을 챙겼다는 감찰결과가 나왔다. 받은 현찰뇌물 상자 22개가 어찌나 무거웠던지 이 상자들을 실은 왕다웨이의 승합차가 경사진 지하 차고에서 올라갈 수 없을 정도였다고 한다. 과히 대륙급 뇌물이다.

중국에는 '관출수자 수자출관官出數字 數字出官'이라는 말이 있다. 관리는 숫자를 만들고 숫자는 관리를 만든다는 뜻이다. 관리들이 승진을 위해 성과 지표를 과장하고, 이러한 숫자나 통계가 관리들의 승진에 직접적으로 영향을 미친다는 의미이다. 이러다 보니 실적주의와 과장된 성과주의에 빠진다.

실제로 2017년 당시 랴오닝성 성장인 천추파陳求發는 2011년부터 2014년까지 약 20% 정도 랴오닝성의 지방세입이 부풀려졌다고 인정했다. 이 통계조작은 성省 내 일부 관료들이 실적을 과장하기 위해 세입을 허위로 보고하면서 벌어졌다. 인민일보는 지방 정부의 이런 문제를 고발하면서, 이는 경제정책의 신뢰성을 훼손하고 중앙정부의 경제목표 달성에 방해가 된다고 비판했다. 이런 통계조작은 톈진, 허베이성, 네이멍구 등에서 잇따라 발생했다. 이와 관련해 리커창李克強 전 총리가 2007년 랴오닝성 서기로 있을 때 "중국 GDP 숫자는 인위적이며 신뢰할 수 없다."라고 말한 적이 있다. 당시 리커창 서기는 GDP 대신 실제 경제상황을 더 잘 반영하는 전기 소비량, 화물 운송량, 은행 대출 증가율 등 3가지 지표를 더 중요하게 생각했다. 바로 '리커창 지수'이다.

그런데 이런 과장된 실적주의와 통계조작이 다소의 차이가 있을지언정 현재도 여전해 보인다. 중국 통계는 아직도 국제적으로 신뢰할 수 없다는 인식이 널리 깔려있다. 통계 조작은 단기적으로는 성과를 과장할 수 있지만, 결국 경제와 사회 전반에 걸쳐 불신과 왜곡을 초래하며 장기적으로 큰 비용을 발생시킨다. 그 중심에 중국을 이끌어가는 공무원이 있다.

글을 마치며

중국, 잃어버린 10년의 시작일까

2024년 9월 광둥성 선전深圳에서 일본인학교에 다니는 초등학생이 등교 도중 괴한이 휘두른 흉기에 숨지는 사건이 발생했다. 사건이 발생한 뒤 중국 외교부는 "유사 사건은 어떤 국가에서도 발생할 수 있다."라고 말했지만 그렇게 의미가 단순하지 않다. 시진핑 집권 이후 중국 정부가 줄기차게 전개한 항일 캠페인의 후과後果이기 때문이다. 시진핑 정부는 내부결속과 1인 체제 강화를 위해 항일과 반미 캠페인을 꺼내들고 끊임없이 선동하고 있다. 콰이쇼우快手나 더우인抖音, 틱톡 등 중국 인기 동영상 플랫폼에는 항일과 반미를 선동하는 자극적인 게시물을 흔히 볼 수 있다. 하지만 애국주의로 포장된 이들 위해危害 컨텐츠를 중국 당국은 수수방관하고 있다. 일장기를 밟으면 오성홍기를 무료로 나눠주는 행사가 열리는가 하면, 한 중국 공무원은 "우리의 기율은 일본인을 살해하는 것"이라는 막말을 소셜미디어SNS에 올려 파장이 일기도 했다. 이 모든 일은 중국과 같이 거의 완벽한 통제시스템을 갖춘 나라에서 정부의 묵인없이 불가능하다.

더 심각한 문제는 중국의 경제난을 반영하고 있다는 점이다. 일본인 초등학생을 살해한 40대 중국인 남성의 범행동기는 곧바로 알려지지 않았지만, 일자리를 찾지 못해 사회적 불만에서 범행을 저지른 것으로 드러나고 있다. 일본 언론은 범행동기로 "범인이 구직에 어려움을 겪으면서 불만이 있었고 큰일을 저지르면 자신이 주목받을 것으로 생각했다."라고 전했다. 범인이 거주한 둥관东莞은 중국의 제조업 메카였지만 불경기로 많은 공장이 폐업하면서 취업난이 심각하다. 이처럼 중국에서 경기침체로 인한 사회적 불만이 위험 수위에 다다르고 있다. 광둥성 주하이珠海에서 차량 돌진 사고로 35명이 숨지고 수십 명이 다치는가 하면, 산둥성 타이안泰安시에서는 학교 버스가 교문 앞으로 돌진해 11명이 숨지고 13명이 다쳤다. 대중을 향한 무차별 분노 범죄가 잇따르고 있다. 하지만 이런 사건들은 범행동기조차 밝혀지지 않은 채 묻히고 있다.

지금 중국은 휘청이고 있다. 겉보기에 멀쩡해 보이지만 실제로는 취약하다. 신냉전의 충격이 컸고 코로나 3년간의 내상이 깊다. 부동산 경기침체와 은행의 대규모 손실, 지방 정부의 부채위기로 경제 기초체력이 많이 허약해졌다. 여기에 도심 빌딩 공실은 늘고 실업률은 급증했다. 중국 정부는 지급준비율 인하와 장기 유동성 1조 위안 공급, 정책금리 및 부동산 대출금리 인하 등 각종 경기부양책을 잇달아 내놨다. 또 지방정부 부채해소에 초점을 맞춘 10조 위안약 1,900조 원 규모의 재정 부양책까지 꺼냈다. 하지만 마치 폭락 장을 맞은 증시처럼 어떤 호재도 약발이 먹히지 않고 있다. 현재 지방 공무원들은 월급조차 제대로 받지 못하고 있다. 여기에 코로나 시기를 거치면서 중국인들은 돌발 위험과 경제 불확실성에 대비하려는 움직임을 보이면서 소비는 꽁꽁 얼어붙었다. 무조건 저축만 한다. 2024년 3월 말 기준 중국 가계저축 규모는 145조 5,500억 위안약 2경 7,200조 원으로 2016년 대비 두 배 이상 증가했다.

트럼프 1기 행정부 시절인 2019년 5월 류허李鶴 부총리가 미중 무역 협상을 위해 워싱턴으로 향하던 당시, 중국의 소셜미디어에서는 류 부총리를 청일전쟁 패배 후 시모노세키 조약을 체결했던 청나라의 리훙장李鴻章에 비유하는 글이 퍼져 화제가 된 적이 있다. 1895년 청일전쟁에서 패배한 청은 시모노세키 조약을 통해 일본에 타이완을 넘겨주고 거액의 배상금까지 물어야 했다. 이런 비유는 중국 내에서 미국과의 무역 협상에 대한 우려와 불만을 반영한 것으로, 당시 중국 네티즌들은 미국과의 협상에서 중국이 상대적으로 불리한 조건을 수용할 수밖에 없는 처지로 봤다. 그런데 트럼프가 대통령에 또다시 당선되면서 리턴 매치를 갖게 됐지만 지금의 중국은 2019년 협상 당시보다 훨씬 약해졌다.

반면 돌아온 트럼프는 '레드 스윕Red sweep'을 등에 업고 더욱 강해졌다. 미국과 중국 간의 '차가운 평화Cold Peace'의 시대가 다가오고 있다. 미국 기업의 공급망을 중국에서 분리하는 경제적 디커플링Decoupling은 더 강해질 것이고 남중국해와 타이완에서 군사적 경쟁과 긴장이 더욱 높아질 가능성이 크다. 과거 냉전 시기 소련 포위 전략을 연상시키는 '중국 포위Containment of China'는 더욱 공고해질 것이다. 중국이 핵심이익이라고 말하는 모든 분야에서 미국과 충돌할 것이다. 티베트西藏 자치구의 분리독립이나 기술 및 경제 주권,

일대일로一帶一路 전략, 인터넷 통제와 사이버 공간 주권 분야까지 전선이 확대되고 있다. 전선이 넓어지면 그만큼 충돌의 위험은 커진다. 이 상황에서 중국은 맞설 것이냐 아니면 백기를 들 것이냐의 양자택일의 기로에 설 것이다. 하지만 맞서기에는 지금 중국은 준비가 안 됐다.

결론적으로 중국은 '슬그머니' 꼬리를 내릴 것이다. 마치 코로나19 방역을 해제할 때 아무 일 없었다는 듯이 슬그머니 현장에서 종료한 것처럼 말이다. 쌍감정책도 시행 3년 만에 슬그머니 자취를 감췄다. "홍콩인이 홍콩을 통치한다港人治港, 항인치항"라는 슬그머니 "애국자가 홍콩을 통치한다愛国者治港"로 바뀌었다. 가깝게는 한국에 대한 일방적인 비자 면제 조치도 슬그머니 시행됐다. 중국의 이런 슬그머니 전략은 중국 정부가 틀리거나 곤욕스러울 때 쓰는 수법이다. 드러내기에는 창피하고, 안 하자니 급하기 때문이다. 트럼프 정부가 들어선 이후 중국 '경제 사령탑'인 허리펑何立峰 부총리가 워싱턴으로 향할 때는 정말 '리훙장'이 될 것이다. 중국은 '벼랑 끝 전술' 기싸움으로 나서겠지만, 슬그머니 미국의 요구를 들어줄 가능성을 높게 본다. 그동안 아무 일 없었다는 듯이 말이다.

하지만 그것으로 끝나지 않고 중국은 결국 '늪'에 빠질 것으로 본다. 일본과 같은 장기 불황이다. 트럼프 2기는 '클린턴 2.0'이 될 가능성이 크기 때문이다. 클린턴 행정부의 무역정책은 '포괄적 관여와 확대 정책Comprehensive Engagement and Expansion Policy'으로 불린다. 중국의 세계무역기구WTO 가입을 지지하며, 경제적 관여를 통해 중국의 개혁과 개방을 유도하려 했다. 2001년 1월 클린턴이 퇴임하기 직전 중국의 WTO 가입을 위한 협상을 마무리하며, 중국의 국제 경제 시스템 편입을 도왔다. 지금의 중국으로 급성장하는 데 발판을 마련해 준 계기가 됐다.

반면 클린턴 행정부는 일본에 대해서는 '폐쇄적 시장 구조'를 비판하며, 협력보다는 경쟁적 태도를 유지했다. 1980년대부터 1990년대 초반까지 미국과 통상 마찰을 벌였던 일본은 대미수출 자율규제와 대미투자 등으로 미국 측의 환심을 사려고 안간힘을 썼다. 1985년 플라자 합의로 인한 엔고엔화 강세의 타격을 가까스로 이겨낸 일본은 1993년에 등장한 클린턴 행정부에 의해 직격탄을 맞았다. 클린턴 행정부는 일본에 대한 경계심을 드러내면서 '차가운 평화' 시대를 맞았다. 무역 불균형 해소와 시장 개방을 위해 강력한 무역 압박과 제재를 가했다. 헤이세이 버블 붕괴와 디플레이션 늪에 빠진 일본에 치명타를 날렸다. '잃어버린 10년' 또는 20년, 아니 30년에 불을 붙였다.

카를 마르크스의 말처럼 "역사는 반복된다. 한 번은 비극으로, 두 번째는 희극으로." 클린턴 행정부 시절 일본이 맡았던 비극의 주인공을 32년 만에 돌아온 트럼프에 의해 중국이 맡게 될 가능성이 크다. 트럼프 2기 행정부는 중국에 대해 더욱 공세적으로 나올 것이기 때문이다. 대립과 강경 배제로 미중간 글로벌 분업 체제도 해체될 전망이다. 혹자는 중국공산당의 강력한 영도력과 막대한 재정 투입으로 미국을 이겨낼 것이라고 얘기하지만 그건 항공모함을 띄우면 바닷물이 넘친다는 얘기와 다를 바 없다.

우리는 이미 미중간 안보적 디커플링으로 피해를 본 적이 있다.

'사드' 배치 때이다. 중국은 사드를 마치 미국이 보낸 '트로이 목마'로 보는 듯했다. 《장자莊子》에 나오는 '당랑재후螳螂在後' 고사에서 매미가 이슬을 마시려 집중하는 동안 뒤에서 사마귀가 매미를 잡아먹으려 집중하고, 또한 사마귀가 매미를 잡아먹으려 집중하는 동안 그 뒤에서 참새가 사마귀를 잡아먹으려 노려보고 있음을 알지 못하는 것처럼 말이다. 한마디로 중국은 사드 배치를 통해 미국이 무슨 수작을 부릴지 알 수 없다는 것이다. 현실적으로 중국이 애지중지하는 미사일을 노출하는 문제이며, 더 넓게는 동북아를 둘러싼 미국과의 복잡한 국제안보적 게임으로 사드를 보고 있기 때문이다. 우리가 아무리 중국에 사드는 북한 핵을 겨냥한 자위적 수단이라고 설명해도 들리지 않는 이유이다.

우리는 사드를 통해 정치와 경제가 결코 분리될 수 없으며 경제도 정치의 직접적인 영향을 받는다는 사실을 새삼스럽게 깨달았다. 신냉전이 도래하면서 한중 관계가 아무리 뜨거워진다고 해도 결국 정치, 안보적 한계를 극복하지 못할 것이다. 그것이 설령 한국이 원하는 시진핑 주석의 답방이나 중국이 바라는 친미親美 정부의 교체가 이루어진다고 해도 양국 관계는 결국 유리천정에 부딪치고 말 것이다. 호주도 사드 못지않게 무역보복을 당한 적이 있다. 코로나19 기원조사를 촉구했을 때이다. 중국은 호주 수출 비중에서 3분의 1이 넘는 최대교역국이다. 당시 호주 내부적으로 많은 학자들이 중국이라는 거대시장을 대체할 곳이 없는데 중국과 상대할 때는 현실적이 되라고 정부를 압박했다. 중국의 압박에도 호주는 흔들리지 않았고 그 뒤 오히려 리창 총리가 호주를 찾아 관계 개선을 시도했다.

미중간 분업구조를 일컫는 '차이메리카Chimerica'의 협력 모델은 저물고 있다. 미국과 중국은 포괄적이며 다층적인 대결로 이어지고 있다. 외교, 경제, 기술, 안보, 정보, 이데올로기, 소프트 파워 등 중국이 말하는 핵심이익은 트럼프 행정부의 국가안보전략National Security Strategy과 충돌의 접점이 더욱 많아지고 있다. 싱가포르를 20년간 통치한 리센룽 전 총리는 "우리가 어느 한쪽 편을 들지 않는 것이 매우 바람직하지만 아세안이 둘 중 하나를 선택해야 하는 상황이 올 수 있다. 그 시기가 빨리 오지 않기를 바란다."라고 말했다. 하지만 트럼프의 재집권으로 그 시기는 더욱 빠르게 다가오고 있다.

"코끼리가 싸우면 풀이 짓밟힌다."는 말처럼 미중간의 지정학적 경쟁이 과열되고 이로 인해 선택을 강요받는 상황으로 내몰릴 때 우리는 오히려 중국 배제로 요약되는 미국의 공급망 재편과 미국 내 시장공백을 우리의 기회로 삼아야 한다. 이제 14억 거대시장이라는 어설픈 환상을 버리고 교역을 무기화하는 중국에 대해 냉철한 눈을 떠야 한다. 양국이 현실적인 한계를 서로 인정하고 건강한 양국관계로 재정립할 시점에 이른 것이다. 트럼프 2기는 이 점을 분명히 요구할 것이다.